Le Guide du Médiateur International

This book is part of the Peter Lang Regional Studies list.
Every volume is peer reviewed and meets
the highest quality standards for content and production.

PETER LANG
New York • Bern • Berlin
Brussels • Vienna • Oxford • Warsaw

José Pascal da Rocha

Le Guide du Médiateur International

PETER LANG
New York • Bern • Berlin
Brussels • Vienna • Oxford • Warsaw

Library of Congress Cataloging-in-Publication Data

Names: Da Rocha, José Pascal, author.
Title: Le guide du mÍdiateur international / José Pascal da Rocha.
Other titles: International mediator. French
Description: New York: Peter Lang, 2019.
Includes bibliographical references.
Identifiers: LCCN 2019015357 | ISBN 978-1-4331-6584-9 (hardback: alk. paper)
ISBN 978-1-4331-6981-6 (ebook pdf) | ISBN 978-1-4331-6982-3 (epub)
ISBN 978-1-4331-6983-0 (mobi)
Subjects: LCSH: Mediation, International—Handbooks, manuals, etc.
Conflict management—Handbooks, manuals, etc.
Peacebuilding—Handbooks, manuals, etc.
Classification: LCC JZ6045 .D314 2019 | DDC 341.5/2—dc23
LC record available at https://lccn.loc.gov/2019015357
DOI 10.3726/b15681

Bibliographic information published by **Die Deutsche Nationalbibliothek.**
Die Deutsche Nationalbibliothek lists this publication in the "Deutsche Nationalbibliografie"; detailed bibliographic data are available on the Internet at http://dnb.d-nb.de/.

29 Broadway, 18th floor, New York, NY 10006
www.peterlang.com

Table des matières

Avant-propos

L'idée d'écrire ce manuel « méthodologique » sur la médiation de conflits internationaux me trottait dans la tête depuis quelque temps. Je ne savais pas vraiment comment mon expérience et mon expertise m'aideraient à façonner davantage ce domaine. Pourtant, à force d'encouragement, de soutien et de discussions quant à la valeur ajoutée que représente le partage de l'expérience sur le terrain, je me sentais suffisamment d'attaque pour dépasser les craintes que j'éprouvais et qui me laissaient penser que ces contributions ne seraient d'aucun intérêt à la discipline de la médiation. Pour l'heure, la médiation reste en grande partie un art, bien que l'ensemble des disciplines universitaires ait largement contribué à l'étayer. Par ailleurs, un débat plus profond et plus nuancé a vu le jour entre la fin de la Guerre froide où le besoin de médiation s'était développé de façon exponentielle, et le marasme de la guerre civile en Syrie. J'ai fait en sorte de citer la littérature propre à cette discipline au fil du livre, sans pour autant tenter d'apporter un regard critique sur les travaux fondamentaux de ce domaine. La plupart ont d'ailleurs très certainement façonné mes propres écrits ; ils m'ont permis de m'affirmer dans ce domaine et d'y contribuer en toute humilité.

Ce manuel s'adresse donc aux lecteurs avertis, aux praticiens expérimentés, aux étudiants passionnés, aux apprentis accomplis, ou aux plus curieux des universitaires. Il est d'abord conçu pour aborder la discipline sous un angle universel, c'est pourquoi j'ai cherché à mettre en avant les débats d'actualité les plus pertinents en matière de médiation. Afin de proposer un cheminement simplifié, c'est non sans peine que j'ai choisi d'omettre un grand nombre de travaux tout aussi pertinents. Toutefois, je vous invite à parcourir le Web, à lire quelques-unes des références ajoutées ainsi que les notes de bas de page et tout ce qui a trait à la médiation, afin d'approfondir vos propres connaissances. La première partie s'attache à situer en quelques mots le débat qui enveloppe la médiation et à en fournir une définition pratique. Cette partie ne sera pas très longue, le manuel visant à étudier un modèle précis de médiation. Cette conception de processus de médiation en cinq étapes est tirée de mes expériences personnelles sur le terrain et n'a pas vocation à remplacer tout autre modèle de médiation progressif disponible. Au contraire, il enrichit l'art de la médiation qui ne cesse de se développer. Conscient que tout le monde ne sera pas forcément amené à se prêter à ce type d'exercice, j'ai rédigé ce manuel à titre informatif, pour le lecteur moins avisé qui pourrait se demander quel rôle jouerait la médiation dans un contexte syrien ou yéménite. Peut-être ce livre éveillera-t-il un certain intérêt pour les processus quotidiens de pacification. Cette approche étape par étape du modèle progressif de la médiation pourrait profiter aux plus avertis et ainsi alimenter les débats. J'avais une deuxième idée en tête ; celle de provoquer un renouveau de discussion sur la conception de la médiation et sur son objectif global, afin d'apporter de nouveaux éléments à la stratégie de médiation. La dernière partie tentera d'appliquer les travaux plus théoriques de la première partie et l'approche plus conceptuelle de la deuxième partie à un véritable cas complexe de médiation. L'objectif n'est pas de proposer la bonne solution ni les bons remèdes, mais plutôt de se remémorer les interactions complexes qui ont eu lieu et ainsi comprendre si la conception est adaptée à la finalité souhaitée ou si l'élaboration de la stratégie de médiation a mis en évidence des lacunes quant à l'approche des médiateurs dans ce domaine.

Enfin, ce travail n'aurait pas vu le jour sans l'aide et le soutien de beaucoup d'entre vous. Étudiants, enseignants, conseillers et amis de tous horizons ont fait preuve d'une fidélité implacable et j'espère leur faire honneur par le seul fait de publier ce livre. Je suis responsable des erreurs ou inexactitudes qui pourraient y figurer. Un grand merci à Charlotte, mon adjointe de recherche pour son incroyable dévouement et son travail acharné.

Et surtout, je tiens à remercier ma femme, Stacey, pour son soutien sans faille et sa patience infinie. Seul l'amour peut donner tant d'énergie. Rien de tout cela n'aurait été possible sans elle. Je dédie également ce manuel à mon fils, Nicolas, et à mes trois neveux, Rocco, Lenny et au petit Henri. J'espère que vous vivrez dans un monde meilleur. Toute mon affection aussi à Régine, Claudine, Raphaël, et un grand merci à maman Christine/Oma Tine.

Introduction

La médiation est un moyen permettant de gérer les conflits de manière constructive. Il s'agit d'un processus orchestré, mené et géré par un tiers mandaté par les parties en conflit afin de chercher à résoudre à leurs différends. Le[1] médiateur joue différents rôles et a recours à des styles divers pour faire avancer le processus et contribuer à un résultat qui profite aux deux parties. En fonction des problématiques et de l'intensité du conflit, ce processus peut ou non aboutir. Parfois, le résultat est loin de satisfaire l'une ou l'autre des parties. Tandis que les études diffèrent quant à ce que représente une issue fructueuse après la médiation, ce livre propose d'envisager le fait qu'une médiation efficace ne se traduit pas nécessairement par un accord durable. La médiation peut être utilisée dans le but d'établir une nouvelle culture en matière de communication, bien plus souvent qu'on ne le pense, permettant aux parties alors en conflit de poursuivre les pourparlers. Toutefois, l'hypothèse sous-jacente est celle selon laquelle pour que la médiation aboutisse, les parties en conflit doivent avoir un programme et une formule politiques élémentaires. Si nous suivons cet ordre d'idée, nous pouvons alors affirmer que la médiation est le seul processus de gestion de conflit qui cherche à transformer les interactions destructives entre individus en interactions constructives. Comme nous allons le voir, la transformation peut s'opérer à cinq niveaux différents. La médiation est le seul moyen de transformation permettant de gérer le conflit, parce qu'elle vise des solutions finales de portée égale, moyen aussi connu sous le terme de « justice procédurale ». Lors de sa plus récente étude en date, M. Druckman (2011) s'est surtout focalisé sur l'importance que revêtent les accords de paix dans la résolution de problèmes sous-jacents liés aux questions de pouvoir, de concurrence et de justice. Ses recherches indiquent que des résultats équitables diminuaient l'impact des conflits intenses sur la durabilité des accords : pour ce genre de conflits, le fait de mettre l'accent sur le principe d'égalité diminuait la corrélation inverse entre intensité et durabilité.

Lorsque l'on m'interroge sur ce qu'est la médiation, j'ai tendance à répondre qu'hormis les définitions existantes et alambiquées que l'on trouve dans la littérature, il s'agit plus ou moins de trois critères :

1. de bonnes compétences en gestion
2. le sens du contact
3. et de la chance

Je vais essayer d'expliquer rapidement ces trois idées :

Tout d'abord, notons que le processus de médiation fait appel à des compétences solides en gestion. Si les compétences comme la remise en contexte ou l'écoute attentive et les capacités comme l'intelligence sociale et culturelle sont des éléments essentiels, il n'en reste pas moins crucial de savoir comment gérer les conflits et les individus. Comprendre les différentes formes sous lesquelles le conflit peut se présenter et choisir l'approche la plus appropriée pour ne pas tomber dans une impasse sont les maîtres mots d'une bonne gestion de conflit. De même, la capacité à en tirer des concessions, à forger des coalitions, à créer des alliances et à favoriser des mesures visant à développer la confiance sont des caractéristiques essentielles pour obtenir un processus de médiation efficace. En sus de la gestion de conflit, le médiateur doit aussi gérer sa propre équipe, ainsi que d'autres médiateurs.

La médiation internationale se caractérise principalement par la prévalence d'un ensemble d'acteurs de la médiation, allant des individus aux institutions, en passant par les États. Il arrive que l'espace de médiation soit « surpeuplé » en raison de la présence de co-médiateurs et du nombre croissant de parties en conflit. Lorsqu'une telle situation se présente (et comme nous le verrons avec l'étude de cas), le médiateur ne peut pas se reposer uniquement sur ses compétences de médiateur, mais il doit aussi endosser le rôle de responsable, comme s'il dirigeait une équipe. Il est intéressant de noter que ces lacunes en matière de gestion sont souvent à l'origine d'un processus de médiation désastreux. J'ai d'ailleurs pu constater que cela n'était pas enseigné dans les programmes de médiation.

Par ailleurs, un médiateur doit avoir le sens du contact humain. J'entends par là qu'il doit faire preuve de bon sens et le mettre en pratique. Il peut s'agir de savoir à qui s'adresser en premier, qui inviter ou non à la table des négociations et comment utiliser un langage approprié. Néanmoins, outre les paradigmes culturels et le sens de la communication, le médiateur ne doit jamais oublier qu'il a affaire à des personnes. Il doit se rappeler que la passion, le courage, mais aussi la peur, la colère et la frustration sont des sentiments qui les habitent. Lorsque cette frustration et cette peur ne sont pas maîtrisées, l'énergie négative peut alors exploser et s'exprimer sous différentes formes. Le médiateur doit comprendre à quel point des griefs en suspens et profondément ancrés entre personnes, groupes, tribus ou religions peuvent mener à la destruction et au chaos. Sans oublier le fait qu'il ressent, lui aussi, des émotions semblables à celles qu'il est tenu d'apaiser ou de résoudre. Il doit être conscient de ses problèmes personnels, y être sensible, et les comprendre. Ceci peut s'avérer essentiel pour améliorer la recherche et avoir une meilleure compréhension.

Les recherches et les études traditionnelles nous enseignent qu'un médiateur doit être neutre et impartial à tout moment. Si cela est valable pour la médiation nationale ou commerciale, autrement dit, dans des contextes où le médiateur dispose d'une certaine autorité qui lui est conférée par les parties prenantes, faire preuve de neutralité ou d'impartialité peut ne pas s'avérer utile pour le médiateur dans un contexte international ou interculturel ; il peut même être difficile pour lui de le faire. La confiance reste une dimension souvent incomprise et négligée. Elle est pourtant un outil culturel de grande valeur. Par conséquent, comprendre le contexte culturel ainsi que la communication verbale et non verbale qui opèrent sont un atout indispensable pour les médiateurs.

Troisième et dernier point, la chance doit sourire au médiateur. Comme le montrent les études et l'expérience, il est possible qu'un médiateur excelle dans son domaine, sans pour autant être en mesure de mettre fin au conflit ni de sortir d'une impasse, si les parties n'en ont pas la volonté, et ce, quelles que soient les compétences et les combines auxquelles le médiateur aura eu recours. Ceci est dû à la nature de la médiation, qui se fonde en grande partie sur la communication. Chaque modèle de communication est unique et apporte un ensemble distinct d'interactions. Aucune communication ne s'apparente à une autre ni ne peut être reproduite. Par conséquent, même si l'on aimerait croire qu'un bon processus donnera de bons résultats, il existe un trop grand nombre de variables qu'un médiateur ne contrôle pas. Quoi qu'il en soit, il n'est pas dans son intérêt d'essayer de toutes les contrôler.

Afin de donner du sens à la bonne pratique susmentionnée, l'argumentation de ce livre sera développée en trois parties : la première tentera d'apporter une vue d'ensemble de l'état actuel de l'art de la médiation. Bien que d'autres ouvrages publiés en fassent de même, ce livre ouvrira le débat en développant les tendances conflictuelles actuelles, qui ont une profonde incidence sur la façon de mener la médiation sur le terrain et sur les moyens grâce auxquels la théorie cherche à fournir un cadre conceptuel suffisant pour permettre l'opérationnalisation.

La deuxième partie analysera le processus de médiation au cours de ses cinq phases. Elle suivra en grande partie le point de vue d'un praticien-chercheur qui se penche sur le processus de médiation tel qu'il est actuellement mené pour les conflits internationaux, tout en explorant les débats théoriques précis au cours des phases du processus. Une série de petites études de cas serviront à illustrer le principal enseignement à en tirer.

Enfin, la troisième et dernière partie sera axée sur une étude de cas bien précise, détaillant le processus de médiation qui a eu lieu au Soudan entre 1992 et 2014. L'étude de cas, qui se fonde principalement sur la participation personnelle de l'auteur dans certains des processus de médiation (43, au total), a été étayée avec des points de vue et des connaissances supplémentaires, grâce à des recherches informatiques, des reconstitutions de processus, et des entretiens semi-structurés. Cet ensemble fournit un environnement d'apprentissage très riche, qui profitera tant aux érudits qu'aux praticiens de la médiation politique. Le but est de fournir suffisamment d'enseignements et de matière à réfléchir, afin de pouvoir gérer les conflits actuels les plus complexes : la guerre civile en Syrie et le conflit au Mali.

Notes

1. La version originale de ce manuel emploie les deux genres (féminin et masculin) lorsqu'elle renvoie à la personne responsable de la médiation, en employant les pronoms personnels 'she' (elle) ou 'he' (il). La note de bas de page originale indique d'ailleurs que « tout exercice de médiation peut être mené par un homme ou une femme, sans aucune différence. Le seul et unique obstacle à devenir médiateur relève des barrières socio-culturelles. Le fait que le médiateur soit un homme ou une femme n'a aucun lien ni aucune incidence sur l'efficacité du processus de médiation ». Toutefois, en raison du manque de souplesse de la grammaire française et aux fins d'une meilleure compréhension et d'une lecture plus uniforme, la traductrice a choisi de n'avoir recours qu'au genre masculin pour englober les deux, sans discrédit aucun envers le terme de « médiatrice ».

PREMIÈRE PARTIE

L'art de la médiation

Introduction

Certains disent que la médiation est un art, qu'elle s'apparente à la danse, où chacun peut en apprendre les différents styles et pas, mais que la vraie maîtrise vient par le recours à l'expertise et à l'expérience, qui ne peuvent pas s'apprendre, sinon s'approprier. D'autres disent que la médiation est une science et qu'il existe certaines lois généralisables applicables à tous les processus de médiation.

Sans davantage alimenter le débat (cf. Duursma, 2014), concentrons-nous à présent sur un axe spécifique de la médiation, celui de la médiation internationale, et plus précisément, la médiation politique (Da Rocha, 2016). La médiation politique appartient au domaine du rétablissement de la paix. Elle complète les actions étatiques classiques qui ont une incidence sur la souveraineté (comme les sanctions, les bons offices, les embargos, la diplomatie, la navette diplomatique, etc.). C'est un processus de régulation du conflit, au terme duquel la tierce partie mandatée aide les parties à la négociation à mettre fin au conflit violent et à se pencher sur les causes profondes dudit conflit. Ce processus diffère de la résolution de conflit en cela qu'il constitue un processus coordonné d'action étatique, grâce à des outils de diplomatie étatique, dans le but de prévenir les conflits militaires, de les endiguer, et d'y mettre fin. Les critères visant à faire évoluer les comportements conflictuels et à sous-tendre les contradictions structurelles ne sont pas systématiquement impliqués au cœur du processus de régulation du conflit. Par conséquent, la notion de résolution de conflit est plus exhaustive ; elle fait référence à l'intention de faire évoluer les choses et de finaliser le processus de changement. Les questions de justice ou de pardon peuvent être gérées à un niveau plus profond. Parallèlement, la régulation de conflit est un domaine plus large que la gestion de conflit, qui consiste à endiguer la violence (en général par l'entremise des forces du maintien de la paix qui s'interposent). La régulation de conflit cherche à apporter un ensemble de règles et de mesures qui, à différents stades et niveaux, offrent des mesures politiques incitatives ou exigent des concessions de la part des parties afin d'entrer dans des processus pacifiques de changement politique et social.

Quelles sont ces tendances conflictuelles actuelles susceptibles de lancer un processus de médiation politique ? À quel moment la médiation est-elle possible ? Nous nous concentrerons sur ces questions avant de développer les moyens permettant d'engager la médiation.

I. Tendances conflictuelles actuelles

Il est logique qu'un monde multipolaire mène à des réalités multiples en matière de médiation. À l'origine de la médiation, se trouve le conflit. Sans conflit, il n'y a pas de médiation. Bien que la notion de conflit puisse être interprétée de différentes manières, notamment en ce qui concerne ses caractéristiques, ses éléments et ses composantes, nous utiliserons une définition pratique, afin de rendre le terme opérationnel. Ceci nous permettra alors de comprendre si un conflit peut faire l'objet d'un processus de médiation ou s'il existe d'autres moyens de gestion de conflit plus adéquats.

Le conflit est la poursuite d'objectifs incompatibles.

Les conflits sont des interactions comprenant deux acteurs ou plus, dont les objectifs sont mutuellement incompatibles. Cette incompatibilité est soit factuelle, soit perçue. En outre, même si les conflits sont par nature des processus sociaux auxquels s'ajoutent un coût et une certaine défiance, ils ne sont pas toujours violents ou destructifs. En réalité, la plupart des conflits peuvent être gérés de façon constructive. En d'autres termes, la question n'est pas l'EXISTENCE du conflit mais la FAÇON dont il est mené. En général, la marche à suivre a été convenue au préalable par les parties en conflit. Toutefois, de nombreux conflits ne sont pas gérés dans le cadre des accords institutionnels préexistants. C'est pourquoi nous retiendrons que le conflit peut aussi bien être positif que négatif ; tout dépend des dispositions des parties et de leur capacité à résoudre les problèmes. Dans un tel contexte, un médiateur n'interviendrait que s'il était mandaté à ce titre par les parties en conflit. Tout ce qui dépasserait ce cadre demanderait une approche différente de résolution de conflit.

La poursuite d'objectifs peut se faire en ayant recours de manière explicite à un comportement agressif ou pacifique ; elle peut impliquer des mesures d'intensification et de désamorçage. Des recherches solides axées sur les guerres civiles et la médiation internationale ont apporté un ensemble d'explications sur la façon dont le médiateur s'implique. S'engager dans la dynamique du conflit consiste toujours à réduire les tensions et l'animosité entre belligérants, mais aussi à transformer l'espace conflictuel en un espace de sûreté, où chaque voix revêt la même importance. Il s'agit de la première activité essentielle, celle où le médiateur doit avoir recours à l'ensemble des compétences, stratégies et styles pertinents pour transformer le contexte conflictuel à la table des négociations en une nouvelle vision de ce que constitue la communication.

Selon la phase du conflit ou si l'une des parties demande à être convaincue du caractère adéquat du processus de médiation afin de parvenir à un accord, le médiateur peut aussi bien user de méthodes plus coercitives que d'approches plus douces pour impliquer les parties. Les stratégies, l'influence et les réseaux dont dispose le médiateur jouent sur sa capacité à influencer efficacement le processus de médiation et à apporter des solutions acceptables. Il peut aussi utiliser un ensemble de techniques et stratégies non définies, comme des styles de médiation visant à faciliter ou à influencer telle ou telle issue.

Deux dimensions guident le choix de style du médiateur : (1) la rigidité/sévérité de la question et (2) le mandat octroyé par les parties pour la médiation.

Dans le contexte de la médiation politique, les objectifs restent globalement identiques et sont généralement immuables. Soit les parties se disputent un territoire, ce qui implique alors une dimension identitaire, de gouvernance territoriale ou de ressources extractives, soit elles ont des doléances fondées sur des notions de pouvoir, comme la marginalisation et l'exclusion, la violence structurelle ou les tendances hégémoniques. Il existe un consensus selon lequel une personne déjà en situation de pouvoir ne cédera pas sa place facilement, ce qui signifie que le médiateur doit être en mesure de déployer un ensemble de ressources afin d'alléger les coûts de la partie disposée à faire des concessions. Par conséquent, le médiateur se concentrera davantage sur deux points : étudier l'incompatibilité des objectifs et la travailler. L'incompatibilité est une question de perception, qu'il s'agisse de valeur perçue ou de valeur sacrée, c'est une valeur au nom de laquelle une partie choisit de se battre. Alors que les conflits basés sur des valeurs ne se prêtent traditionnellement pas à la régulation de conflit, le médiateur peut être en mesure de découvrir un nouveau niveau de communication avec tous les participants impliqués permettant d'élargir la discussion sur les valeurs. Ceci, en retour, tend à évoluer vers la diplomatie préventive et la prévention de conflit.

Tandis que le débat subsiste quant à ce que constitue le conflit, plusieurs tendances conflictuelles influençant la façon dont les médiateurs sont formés et leur manière de répondre aux problèmes ont déjà été identifiées.

Voici une liste non exhaustive de tendances conflictuelles : d'un point de vue local, régional et national, les quatre modèles de conflits[1] suivants ont été identifiés pour la plupart des organisations régionales, dont la chronologie devrait s'étendre de 2016 à 2040 :

- Violence politique : alors que les dividendes de la démocratie perçus diminuent,[2] il est devenu acceptable de changer les règles du jeu en ayant recours à des changements anticonstitutionnels au sein d'un gouvernement, en enfreignant les règles pour rester au pouvoir ou encore en usant de violences (post-)électorales.
- Crime organisé transnational : même si les conflits ont lieu au sein du pays, ils touchent également les pays voisins, parfois la région tout entière. Combattants, réfugiés, armes, marchandises, chefs rebelles, entreprises militaires privées, groupes ethniques, entre autres, ont tous franchi les frontières et apporté l'instabilité dans toute la région. Certains des conflits prolongés ont été traduits en processus de paix, comprenant la reconstruction d'après-guerre et le désarmement, mais des groupes armés subsistent dans la région, fragilisant la paix et la stabilité. La prolifération d'armes légères et de petit calibre, associée à une tendance à la fragmentation et à la dissidence des groupes compliquent la situation.
- Insurrection et extrémisme : les guerres modernes se caractérisent par une lutte sectaire, tribale, d'endogroupe et d'exogroupe, et par une violence interethnique, favorisées en particulier par des systèmes de gouvernance fragiles, des inégalités socio-économiques, la marginalisation et la pauvreté ; un sol fertile pour le recrutement et la radicalisation des populations par des extrémistes.
- Inégalité socio-économique : elle constitue un facteur inextricablement lié à la dynamique géopolitique et au contexte. Par exemple, l'Afrique de l'Ouest est généralement plus pauvre que l'Afrique centrale et de l'Est. Lors des simulations de prévisions, ce facteur fait légèrement augmenter l'incidence du conflit par rapport aux 12,5 % observés en 2009, puis la fait diminuer lentement à partir de 2015 pour la faire passer sous la barre des 8 % en 2045. Un accès inégal et une distribution inefficace (le tout corrélé avec de faibles niveaux de gouvernance) sont les moteurs du conflit, que

seules des règles économiques et politiques associées à des mesures de responsabilisation peuvent atténuer ou empêcher.

À un niveau supérieur, la plupart des activités de médiation ont lieu dans un contexte de guerre civile dans des États fragiles. Elles découlent ainsi de la destruction du discours civique et des règles du jeu de contestation politique. Dans les zones de conflit, les conflits civils impliquent des divisions profondément ancrées sur les questions d'identité, de légitimité, et sur les principes d'organisation politique. Il existe deux éléments importants qui régissent la façon dont les médiateurs s'engagent dans ces types de conflits : (1) Qui émet le mandat ? (2) En quoi consiste le mandat ?

Dans la partie qui suit, nous allons approfondir davantage les prérequis du mandat, ce qui précisera certains points, notamment : « Que peut faire le médiateur ? », « À quoi ressemble le processus de médiation ? » ou encore « Qu'est-ce qui constitue une médiation efficace ? ». Dans la deuxième partie, nous explorerons ensuite la façon dont les différents concepts peuvent être appliqués au processus de médiation, en suivant une approche étape par étape.

II. La médiation en contexte : le rôle des accords de sécurité régionaux

La quasi-totalité des activités de médiation politique sont sanctionnées par un accord de sécurité régional, le plus important étant celui des Nations Unies. Sa Charte permet la résolution de conflits par le biais de moyens pacifiques (Règlement pacifique des différends, Chapitre VI). Si une guerre civile au sein d'un pays (appelée « guerre intra-étatique) s'aggrave au point de mettre en danger la stabilité des pays voisins, voire de toute la région, l'Organisation des Nations Unies, par l'entremise de son Conseil de sécurité, peut émettre une Résolution du Conseil de sécurité afin de mandater un processus de médiation, en général en parallèle d'une activité ou d'une opération de rétablissement ou de maintien de la paix ou encore dans le cadre de celles-ci. L'Organisation des Nations Unies étant la garante de la paix et de la sécurité internationales, elle est tenue d'agir de sorte à contenir les conflits armés et violents. Toutefois, l'Organisation des Nations Unies n'agit pas seule. Dans un contexte compliqué où la dynamique entre les intervenants et leurs initiatives (des États aux individus, des organisations religieuses aux organisations de la société civile) est de plus en plus complexe, les Nations Unies se basent sur le soutien des États pour mettre au point une opération de maintien de la paix, en coordination avec ces accords de sécurité régionaux. Il s'agit d'organisations intergouvernementales portées par des états membres, dotées, pour la plupart, d'une charte de paix et de sécurité. Pour n'en nommer que quelques-unes :

l'Union africaine (UA), la Communauté économique des États de l'Afrique de l'Ouest (CEDEAO), l'Organisation pour la sécurité et la coopération en Europe (OSCE), l'Association des États d'Asie du Sud-Est (ASEAN), la Ligue arabe, entre autres. Dans le cas précis des médiations du Soudan, nous avons pu constater des interactions entre les médiateurs locaux, mais aussi l'implication de *l'Autorité intergouvernementale pour le développement (IGAD), celle de l'Organisation de l'Unité africaine (OUA) et sa remplaçante l'UA, celle de l'Union européenne (UE),* ainsi que d'autres États individuels. À l'échelle internationale, les accords de sécurité régionaux et sous-régionaux prolifèrent, en se focalisant sur la résolution de litiges locaux et régionaux et en agissant de manière subsidiaire par rapport aux Nations Unies. Ces institutions ne sont pas présentes partout dans le monde. À titre de comparaison, l'Union africaine (UA) jouit du dispositif de sécurité et de paix le plus sophistiqué, voire le plus démocratique ; il est question d'une architecture travaillant à la réalisation d'une Afrique unie. Dans le cadre de l'Architecture africaine de paix et de sécurité (APSA), il est possible d'identifier huit mécanismes régionaux différents, certains dotés de provisions et de protocoles de paix et de sécurité plus ou moins sophistiqués (comme la CEDEAO ou l'IGAD), et d'autres n'opérant qu'à titre de mécanismes de haut niveau pour que les gouvernements interagissent et communiquent. Il s'agit des mécanismes régionaux.

Sans plus détailler la régionalisation de la paix et de la sécurité,[3] l'on retiendra qu'un médiateur obtient son mandat d'intervention par l'entremise de l'organisation régionale. En général, l'intervention est décidée lors d'un sommet des chefs d'État. Elle est réglementée par un protocole, mettant ainsi en place une structure de médiation, une composante des opérations de soutien de la paix ainsi que les mécanismes de financement nécessaires pour appuyer ces activités. Une structure semblable à un conseil de sécurité nomme une autorité, un(e) secrétaire ou un(e) président(e) du conseil (ou de la commission), qui géreront ensuite l'émission du mandat.

Le mandat peut s'obtenir à la demande des parties adverses concernées, qui émettent ensuite une demande lors du sommet des chefs d'État de chaque accord de sécurité régional. Il peut aussi s'obtenir par l'intermédiaire d'une tierce partie préoccupée – le plus souvent un État, ou en cas de violations très graves des droits de l'homme et de niveaux élevés de violence continue. Laurie Nathan a identifié quatre types de mandats de médiation et leur importance sur les différentes façons de mener la médiation internationale (Nathan, 2017). Un mandat émis par une organisation multilatérale fait office d'instructions pour le médiateur et définit les paramètres du processus et du résultat du rétablissement de la paix. Par conséquent, son impact peut être crucial sur la direction, la trajectoire et les résultats de la médiation. Il peut contribuer à sa réussite en lui conférant un caractère légitime et en dotant le médiateur de qualités comme l'autorité et l'influence, ou encore le statut. Il peut aussi réduire l'efficacité de la médiation en provoquant des tensions entre l'instance de médiation et d'autres organisations multilatérales, le médiateur et les parties en conflit.

De ce fait, les mandats que les organisations émettent ont une incidence sur la trajectoire, la conception et les conséquences de la médiation, ainsi que sur le recours à l'influence et la stratégie visant à dégager des concessions. Il existe une distinction entre la médiation dite « instrumentale » dans la promotion et la création de conditions génératrices de paix et la médiation entendue comme une entreprise « symbolique » du mécanisme régional, visant à amener les parties à la table des négociations, ce qui se présenterait comme un avant-goût de pourparlers.

La deuxième partie qui suit illustre le processus de médiation au sein d'un ensemble d'organisations internationales. Nous découvrirons ainsi la médiation à titre de moyen efficace pour transformer les conflits, voire pour y mettre fin.

III. La médiation efficace : en finir ou ne pas en finir ?

L'objet du débat concernant la médiation réside dans le fait de savoir si cette dernière est fructueuse dès lors qu'un accord a été conclu ou simplement lorsque les parties se présentent à la table des négociations en vue de pourparlers. Par conséquent, la littérature aborde profusément la question cruciale de la fin du conflit par le recours à la médiation.

L'essence de la médiation est de s'engager dans un processus souvent dangereux, long, et semé d'embuches. Ledit processus est mené par un tiers neutre et impartial qui aide les parties à déterminer la façon et les raisons de résoudre leurs incompatibilités perçues ou factuelles. La médiation politique appartient au domaine du rétablissement de la paix. Elle complète les actions étatiques classiques qui ont une incidence sur la souveraineté (comme les sanctions, les bons offices, les embargos, la diplomatie, la navette diplomatique, etc.). C'est un processus de régulation du conflit, au terme duquel la tierce partie mandatée aide les parties à la négociation à mettre fin au conflit violent et à se pencher sur les causes profondes dudit conflit.

La régulation de conflit consiste en un processus coordonné d'action étatique, grâce à des outils de diplomatie étatique, dans le but de prévenir les conflits militaires, de les endiguer, et d'y mettre fin. En d'autres termes, la régulation de conflit cherche à apporter un ensemble de règles et de mesures qui, à différents stades et niveaux, offrent des mesures politiques incitatives ou exigent des concessions de la part des parties afin d'entrer dans des processus pacifiques de changement politique et social. Englobé dans la sphère de régulation de conflit, c'est au cours de la gestion de conflit que l'endiguement de la violence a lieu, en général avec les forces du maintien de la paix qui s'interposent.

La régulation et la résolution de conflit sont deux choses distinctes. Alors que la régulation de conflit a lieu à différents stades et niveaux, les processus de résolution de conflit sont mis en place de manière plus exhaustive. La notion de résolution de conflit fait référence à l'intention de faire évoluer les choses et de finaliser le processus de changement. Faire évoluer les comportements conflictuels et sous-tendre les contradictions structurelles ne sont pas des critères systématiquement au cœur du processus de régulation du conflit et appartiennent donc davantage au domaine de la résolution de conflit. Les questions de justice ou de pardon peuvent être gérées à un niveau plus profond.

Entendre la médiation comme un mode de régulation du conflit met en avant l'argument selon lequel la médiation est le prolongement des propres efforts des parties en matière de gestion du conflit. À partir de cette notion de volonté de sortir d'une impasse, sans pour autant être en mesure de le faire, le médiateur entre dans le conflit dans le but d'affecter, de changer, de résoudre, de modifier ou d'influencer les dynamiques qui animaient les relations antérieures entre les parties adverses (cf. Bercovitch et Houston, 1996 ; Bercovitch, 2002). Une définition élémentaire de la réussite en médiation consiste à considérer cette dernière comme un moyen considérable (voire crucial) de désamorcer les conflits, d'avancer vers un accord acceptable ou vers la réconciliation, au vu des conditions existantes.

Toutefois, les sciences politiques ou les relations internationales ne proposent aucune explication quant aux motivations intrinsèques des acteurs du conflit. Le domaine de la psychologie politique propose des points de vue supplémentaires. Aucune approche ne fournit de manière exclusive la « meilleure » prédiction ni la plus « complète » des explications. Au contraire, chacune apporte sa pierre à l'édifice et nous aide à avoir une vision plus globale. Alors que les conflits reposent souvent sur des doléances politiques, économiques, militaires ou sociétales, l'approche cognitive souligne le fait que les conflits doivent être identifiés en tant que tels dans l'esprit des acteurs impliqués. La responsabilité de définir une situation précise comme étant conflictuelle revient le plus souvent aux décideurs politiques. Une fois verbalisée et mise en pratique, la définition proposée pour le conflit est acceptée par les membres du groupe.

Mais il y a le revers de la médaille : la façon dont les personnes au sein d'un groupe interprètent les éléments externes déclencheurs du conflit dépend d'un ensemble de facteurs déterminants et d'antécédents, comme les construits préexistants, les systèmes de convictions, le degré d'empathie et les motifs. Ainsi, le médiateur est en mesure d'accéder à ces construits et de changer les convictions ou l'engagement à l'égard du conflit. De fait, la cessation du conflit est liée aux facteurs et processus permettant de mettre fin à une conviction (l'accord avec la cessation) ou de la changer (arrêt de la violence et points d'entrée d'une formule politique). Un changement de conviction à l'égard d'un conflit est qualifié de résolution de conflit, tandis que la reformulation de ce dernier en un fait plus positif est qualifiée de dissolution du conflit, voire de cessation au sens strict de la définition.

Supprimer le schéma conflictuel de la position centrale n'est pas un objectif facile à atteindre, dans la mesure où, en situation de conflit, ce schéma devient souvient accessible de façon chronique (cf. Higgins et King, 1981). Cela revient à dire que les deux parties peuvent l'activer en continu, avec ou sans les signaux environnants et pertinents au conflit. Lorsque le schéma conflictuel devient accessible de façon chronique, la quasi-totalité des informations est interprétée du point de vue des convictions propres au conflit. Dans une telle situation, les parties adverses sont à l'écoute d'informations venant appuyer le schéma conflictuel, ce qui, en retour, accroît son caractère accessible. De ce fait, l'accessibilité chronique du schéma conflictuel est non seulement la conséquence de sa relation continue avec des attentes et des facteurs motivationnels de longue date, mais également le résultat d'une exposition fréquente et prolongée aux informations liées au conflit. Dans de telles circonstances, décider dans un premier temps de réduire les informations et les signaux afférents au conflit pourrait mener les parties vers la dissolution du conflit. Une telle décision, si menée à bien par les deux parties, peut représenter un pas considérable vers la cessation du conflit.

Nous allons à présent aborder la préparation du terrain au processus de médiation. Mais avant cela, nous examinerons certains des principes de médiation dans le domaine de la médiation internationale et quelques-unes des questions spécifiques qui en découlent.

IV. Principes de médiation

1. Point de comparaison : la médiation pure

a. Médiation et pouvoir

Le médiateur n'a aucune autorité en matière de prise de décisions. C'est ce qui le distingue du juge ou de l'arbitre. Le médiateur travaille à la réconciliation des intérêts contradictoires des individus. L'objectif du médiateur est d'aider les parties à se tourner vers l'avenir, à examiner leurs intérêts et leurs besoins, et à négocier un échange de promesses et une relation qui seront mutuellement satisfaisantes et qui répondront aux normes d'équité personnelles.

Si un conflit d'intérêts se produit ou si le médiateur n'est pas impartial, ce dernier doit se retirer de la médiation. Un médiateur ne doit causer aucun préjudice et doit s'assurer que son intervention n'empire ni le conflit ni la situation pour l'une ou l'autre des parties.

b. Caractère volontaire et part de responsabilité

La médiation est un processus volontaire. Le fait d'y participer est un choix délibéré, tout comme le règlement. Les parties ne sont pas contraintes d'avoir recours à la médiation ou de régler leur litige par l'entremise d'une partie interne ou externe à ce litige. Les parties approuvent la présence du médiateur et sont disposées à écouter les suggestions de l'intervenant et à les prendre en considération. Le fait pour les parties au conflit d'accepter le recours à la médiation ne signifie pas nécessairement qu'elles accueillent un médiateur à bras ouverts ou qu'elles sont prêtes à suivre chacune de ses recommandations. Par ailleurs, une participation volontaire ne veut toutefois pas dire que le recours à la médiation n'a pas été imposé. D'autres parties au conflit ou des forces externes, comme des juges, peuvent exercer une pression considérable sur une partie pour que celle-ci ait recours à la médiation, sans pouvoir la forcer à régler le différend. Ce caractère volontaire requiert une certaine part de responsabilité des parties. Elles doivent prendre conscience du rôle qu'elles jouent ; le médiateur peut les encourager à prendre leur part de responsabilité. Ce caractère volontaire et cette responsabilisation donnent aux parties les moyens de rechercher activement une solution.

c. Empathie et compassion

Qu'est-ce qui vous pousse à faire ce travail ? Si vous le faites dans l'objectif de faire évoluer votre carrière ou d'établir une certaine réputation, vous ne serez pas réellement présent(e) pour les parties et le conflit qui les anime, ce qui transparaîtra très rapidement.

Pour les parties au conflit, quel qu'il soit, leur expérience, leurs pensées et émotions sont bien réelles et les dévorent. Votre rôle en qualité de médiateur n'est pas de juger leur expérience ni leur réponse à cet égard, mais de les soutenir et de les aider à les utiliser.

Empathie et sympathie sont deux qualités différentes. La sympathie est le fait de ressentir de la peine pour quelqu'un. L'empathie est la faculté à percevoir, à comprendre et à partager. Ressentir de l'empathie envers les parties impliquées dans la médiation consiste à comprendre leur combat, à les soutenir, à évaluer les difficultés auxquelles elles font face et à les respecter. L'un des moyens de faire ressortir l'empathie qui vous habite est de repenser à la dernière fois où vous avez éprouvé ce que les parties expriment. Si quelqu'un vous parle de sa colère, remémorez-vous les fois où vous en avez ressenti ou vos expériences colériques, cela vous permettra d'être réellement à ses côtés et de soutenir cette personne à travers le processus. Ces approches rendront votre médiation authentique et puissante. Les parties vous accorderont rapidement leur confiance et apprécieront l'aide que vous leur apportez par rapport au conflit qui les anime.

La compassion est le fait d'apprécier tous les états ou aspects de la vie de groupe : le calme, le chaos, les tempêtes, la destruction, la réconciliation, la colère, la paix et la violence. Favoriser certains états et en rejeter d'autres ne feront qu'encourager un groupe à rester dans l'impasse. À titre d'exemple, une écoute active effectuée sans compassion n'est autre qu'une imitation et la personne se sentira rabaissée et non aidée. Afin d'éprouver de la compassion pour autrui, il faut d'abord savoir l'éprouver envers soi-même. Tout comme nous portons un jugement sur nous-mêmes, parce que nous nous sentons faibles, insensibles ou critiques, nous jugerons ces mêmes caractéristiques chez les autres. Si nous sommes en mesure de ressentir de la compassion envers ces traits qui nous définissent, nous serons capables d'étendre cette compassion aux autres.

d. Neutralité et impartialité

En médiation, les parties ont le sentiment de prendre un gros risque en accordant leur confiance à un médiateur. Elles vous observeront de très près, afin de s'assurer que vous préservez votre neutralité et votre impartialité. Si l'une des parties a l'impression que vous n'êtes plus neutre ou que vous ne traitez pas les deux parties de façon équitable, il est probable qu'elle remette en cause votre qualité de médiateur ou qu'elle s'y attaque, voire qu'elle retire son mandat au titre duquel vous pouviez procéder à la médiation. Ce sera la fin du processus.

N'oubliez pas que, lors de la médiation, la clé réside dans le fait que les parties elles-mêmes choisissent leurs propres solutions aux problèmes ; le médiateur n'impose pas (aussi subtilement que faire se peut) la solution qu'elles ont choisie.

C'est pourquoi il est crucial de rester neutre et impartial au cours du processus de médiation. Quelle est la différence entre les deux ?

La neutralité est le fait de préserver une certaine distance vis-à-vis du conflit, ou de ne pas y impliquer ses opinions, valeurs et points de vue personnels. Il est possible que votre point de vue soit connu des parties, mais elles ont besoin que vous leur montriez votre capacité à agir indépendamment de cet avis. La neutralité comprend deux aspects : la neutralité envers le processus et la neutralité envers les parties. Dans le domaine de la médiation politique, ce concept est souvent consenti. Certains soutiennent qu'il n'est pas possible d'être neutre et que, dans certains cas, il est préférable d'avoir un médiateur partial. Dans le contexte de ces travaux, ce point de vue n'est pas partagé. Je propose plutôt d'entendre le terme « neutre » dans le sens de perspective « équilibrée » envers les intérêts et les besoins des parties.

L'impartialité est le fait de traiter les parties de façon égale et équitable ; autrement dit, ne pas « pencher » davantage vers un côté ou un autre.

La multipartialité fait à la fois partie de la neutralité et de l'impartialité. La multipartialité signifie avoir autant d'empathie pour chacune des parties et les comprendre. C'est une qualité nécessaire pour rester neutre envers elles. Non seulement il est important d'être neutre de façon objective, mais il est tout aussi important de l'être du point de vue subjectif des parties. La multipartialité diffère de l'impartialité en cela que le facilitateur « favorise tout le monde » plutôt que de ne « favoriser personne » lors de la résolution de conflit, en se penchant sur des besoins divers, de manière à ce que tous les récits puissent être racontés.

Les stratégies multipartiales sont :

- Repérer l'asymétrie qui existe entre les parties et chercher à la comprendre
- Envisager la portée de la dynamique ou de la distraction que l'identité sociale du facilitateur apporte au processus
- Prendre la responsabilité d'équilibrer les pouvoirs ;
- Faire exister le sujet de l'identité sociale ;
- Comprendre que le contexte n'est pas toujours pertinent ;
- Insister sur le fait de créer un espace sûr.

Préserver la neutralité et l'équilibre : En votre qualité de médiateur, vous devez, dans un premier temps, clairement établir que vous n'avez aucun motif ni aucun programme qui soient liés à une issue spécifique du processus de médiation. Avant d'entamer le processus, expliquez vos intérêts aux parties, afin que celles-ci aient confiance en votre franchise et votre honnêteté.

Ensuite, une fois que le processus de médiation a commencé, ayez conscience de ce qui vous anime vis-à-vis du débat. Si vous sentez que vous devenez :

- Distrait(e) ;
- Fatigué(e) ou difficilement concentré(e) ;
- Inattentif(-ive) ; ou
- si vous avez des idées bien arrêtées sur le débat et souhaitez exprimer votre point de vue, alors…vous n'êtes probablement plus neutre. Tentez de mettre le doigt sur le moment où vous avez perdu cette neutralité, et cherchez à comprendre ce qui vous a poussé(e) à la perdre. Prenez le contrôle de ces émotions et mettez-les de côté afin de vous recentrer sur les besoins des parties.

Préserver l'impartialité

L'impartialité est essentiellement structurelle : il s'agit d'offrir à toutes les parties les mêmes droits et opportunités, ainsi qu'une voix, un accès et un espace identiques. Mesurez régulièrement votre progression, le plus objectivement possible (de préférence lors de chaque pause, et au minimum après chaque séance), afin de vous assurer que vous traitez les parties de la même façon.

N'oubliez pas les canaux secondaires : pensez à ce que projettent votre langage corporel, votre mouvement au sein de l'espace de médiation et le ton de votre voix. Sont-ils cohérents avec ce que vous dites ?

Voici les points à garder en tête :

- Accordez-vous la même attention à l'une et l'autre des parties, lorsque celles-ci s'expriment ?
- Tapez-vous du pied, vous grattez-vous le corps ou êtes-vous avachi(e) sur votre chaise ?
- Vos yeux sont-ils fermés ?
- Vous tenez-vous à distance égale entre les parties ?

Le moment qui vous échappe

Au cours du processus, vous pourriez vous rendre compte que vous avez perdu toute neutralité ou impartialité. Si vous sentez que des problèmes émanent des parties, c'est peut-être le signe que celles-ci résistent au rôle que vous jouez ou qu'elles commencent à se retirer du processus ; il est temps d'analyser votre rôle.

La prise de conscience est l'étape la plus importante pour regagner la neutralité. Si le moment est opportun, il pourrait être avisé de faire une courte pause pour que vous vous recentriez et vous réorientiez vers le processus. Ne paniquez pas, essayez simplement de reprendre un rôle neutre et impartial, et le processus suivra son cours.

e. Sincérité[4] et crédibilité

Être **sincère** permet aux individus d'être sur la même longueur d'onde que vous. C'est un point essentiel pour que tous les participants soient ouverts à vos conseils. Un médiateur sincère est en phase avec lui-même et fait comprendre aux parties qui il est. Il existe une congruence entre le travail du médiateur et ses valeurs. Le médiateur est prêt à faire part des défauts et des incertitudes lorsque ceux-ci s'avèrent avantageux pour le processus, en vue de gagner la confiance.

La crédibilité peut se développer auprès des parties en travaillant à l'élaboration d'attentes vis-à-vis du processus et des progrès qui en découleront, afin d'aider les parties à traiter le conflit avec succès.

Il existe quatre types de crédibilité :

- La crédibilité personnelle : le médiateur doit avoir certains traits de caractère qui sont aussi essentiels pour lui que pour les parties ;

- La crédibilité institutionnelle : elle fait référence à la réputation de l'organisation qui emploie le médiateur ;
- La crédibilité de procédure : elle signifie que les parties croient en la réussite du processus que le médiateur a proposé ; et
- La crédibilité substantielle : elle renvoie à la connaissance précise du conflit et à l'expertise concernant les questions pour lesquelles l'aide du médiateur est requise.

f. Transparence et confidentialité

La transparence dans un processus de médiation est le fait de communiquer avec toutes les parties de manière égale et de les tenir informées. Toutes les procédures qui auront lieu au cours d'un processus de médiation seront minutieusement expliquées aux parties afin qu'elles sachent à quoi s'attendre et qu'elles soient en confiance. Les méthodes, le contenu, les objectifs et les limites seront débattus, tout comme les autres possibilités de résolution de litiges.

La confidentialité peut être un principe efficace pour instaurer la confiance et encourager les parties à s'exprimer plus librement au sujet du conflit. Le médiateur devrait préalablement s'entretenir avec les parties au sujet de leurs attentes en matière de confidentialité. Pour savoir si un processus doit être confidentiel ou non, tout dépend des circonstances de la médiation. Les parties et le médiateur doivent se mettre d'accord sur le degré de confidentialité du processus.

2. Questions particulières en médiation internationale

Comme nous l'avons mentionné plus tôt dans cette première partie, la médiation politique a son propre terrain de jeu. Même si la médiation pure et la médiation à l'échelle nationale nous renseignent beaucoup, le domaine de la médiation internationale n'est pas clairement structuré et se caractérise en général par des réalités multiples.

Toutefois, il existe deux réalités desquelles découlent la plupart des exceptions aux principes susmentionnés, à savoir : (1) contrairement à la médiation nationale, le médiateur international est tenu d'arrêter un conflit armé ou un degré élevé d'instabilité ayant fait des victimes, et (2) le médiateur qui se trouve dans un cadre de médiation nationale est une tierce partie de confiance, capable de maintenir les principes de médiation, en particulier ceux ayant trait à la neutralité et à l'impartialité. Le médiateur international, en revanche, doit opérer avec un certain niveau de partialité, ce qui implique d'influencer les parties afin de les mener à la conclusion d'un accord. C'est ce que reflètent les plus solides des Résolutions du Conseil de sécurité des Nations Unies, où le mandat d'établissement et de maintien de la paix devient, la plupart du temps, la carte à jouer habituelle.

Tandis qu'il existe un grand nombre de préoccupations vis-à-vis du concept de médiation basée sur le pouvoir, notamment en matière de normes éthiques et de partialité du médiateur à l'égard de l'accord qui découle de la médiation, il n'en reste pas moins que les styles et la stratégie (de médiation) dépendent largement du contexte et de la situation.

Concentrons-nous à présent sur le processus de médiation. La deuxième partie analysera en détail toutes les phases du processus, par le biais de débats profonds sur les composantes, les éléments et les points particuliers de la médiation internationale. Des études de cas assez brèves seront mentionnées au fil du texte pour illustrer la conception du processus. Idéalement, le degré de complexité croissant et les différentes réalités qui composent la médiation internationale seront appréciés à la fois par le novice en en médiation que par le lecteur plus avisé.

Notes

1. Les données suivantes sont le fruit d'une double activité de recherche : à l'aide d'un questionnaire, les centres de formation CEDEAO ont répondu à un ensemble de questions visant à comprendre leur cadre de fonctionnement. Par ailleurs, les données proviennent aussi d'un examen de la documentation issue des programmes UCDP (programme de données sur les conflits de l'Université d'Uppsala) et PRIO (Institut de recherche sur la paix d'Oslo), de l'Afrobaromètre, de l'ISS Africa (Institut d'études sur la sécurité), du projet de la banque mondiale de données et de la littérature connexe. En raison de contraintes temporelles, une étude ANOVA quantitative n'a pas pu être réalisée dans les délais impartis. Bien qu'elles ne soient pas fondamentales, les données qualitatives rassemblées permettent d'envisager un scénario et de se projeter.
2. In Jose Pascal da Rocha, Ratha Khuon (2018). "The Africanization of Democracy – Elections and Conflict Prevention in Sub-Saharan Africa". *Sociology and Anthropology*, *6*, 152–175. doi : 10.13189/sa.2018.060114. » Lien : http://www.hrpub.org/journals/article_info.php?aid=6734.
3. Très instructif et tout public, cf. : Turner et Kuehn (2016).
4. Ghais, 2005, p. 15 ff.

DEUXIÈME PARTIE

La médiation internationale

Introduction

La médiation consiste en des négociations assistées. Elle vise à faire évoluer l'espace conflictuel et à transformer les approches destructives en approches constructives. Dès lors que les parties s'engagent en médiation, le conflit est souvent à un stade déjà bien avancé, où le mode opératoire le plus répandu des belligérants est un résultat qui ne profite qu'à une seule partie. Afin de mener les parties à la coopération et ainsi éviter des situations de type « gagnant-perdant », le médiateur choisit une stratégie et un ensemble de styles adaptés au contexte. Passer d'un conflit violent à une zone constructive où les doléances et les questions litigieuses peuvent être résolues grâce à des processus institutionnels est une tâche extrêmement compliquée, qui demande une certaine habileté et une coordination, des compétences, des aptitudes, du potentiel, une volonté politique, un financement et un certain soutien.

Dans l'univers de la médiation internationale, le médiateur gère également d'autres acteurs, collaborateurs et agents, tous dotés d'un agenda pour la paix. Par conséquent, la complexité fait partie intégrante du jeu de la médiation politique. Faire évoluer les points de vue et la cognition consiste principalement à négocier et à communiquer sur les points suivants : (1) le moment où les parties se parlent entre elles et la façon d'y procéder ; (2) les raisons et (3) pourquoi sont-elles prêtes à s'entendre sur un point plutôt qu'un autre ?

Il est donc crucial de comprendre l'essence même du processus de médiation et les étapes principales qui le composent, dans la mesure où cela permet aux parties impliquées de s'engager dans un exercice scientifique et ingénieux, offrant l'espace créatif nécessaire pour permettre au cadre et au conflit de se transformer.

Les parties qui suivent exposent les 5 phases de la médiation, telles qu'elles sont généralement menées, en fonction du mandat et de la planification opérationnelle et stratégique. Les phases ne sont pas des activités linéaires, mais elles se superposent selon les dynamiques du conflit et l'unicité de la communication entre les parties. Toutefois, l'approche étape par étape permet au médiateur non initié de vérifier si l'un des éléments ou composantes essentiels de la médiation a été adopté(e) ou non, permettant d'effectuer un meilleur suivi et de voir émerger les enseignements tirés ainsi que le partage de connaissances.

Phase 1 : Se préparer

La préparation à la médiation consiste à analyser le conflit en privilégiant une analyse structurelle (quels sont les antécédents du conflit ?). Elle consiste également à analyser les acteurs (qui sont les principales parties prenantes et quelles sont celles qui peuvent être qualifiées d'amis, de partisans, d'alliés ou de détracteurs du processus et de son issue ?), et la dynamique (au sein du réseau conflictuel, quelle est la portée des responsabilités et des relations qu'entretient chaque acteur du conflit ?).

Phase 2 : Entrer

En se fondant sur une analyse et une préparation solides de l'activité de médiation mandatée, le médiateur et son équipe d'appui entreprendront une série d'activités techniques et procédurales, allant de la négociation du rôle de chacun des membres de l'équipe d'appui à la sélection du lieu, en passant par la prise de mesures adéquates pour garantir l'ouverture ou la fermeture du processus. Recontextualiser les intérêts et les questions soulevées permettra d'établir un programme, lequel servira d'outil au processus pour que les parties s'engagent dans des négociations constructives.

Phase 3 : Mettre en œuvre

Négocier l'accord et établir les fondations d'un Accord de paix durable sont la fonction et la compétence premières du médiateur et de son équipe d'appui. S'attaquer aux défis que représentent la négociation en situation de pouvoir asymétrique ou encore la gestion des problèmes de communication et des intentions cachées des parties et les maîtriser révélera la capacité du médiateur et de son équipe d'appui à créer l'impulsion, à fournir des solutions alternatives, et à présenter aux parties les différents choix qui s'offrent à elles pour faire avancer l'Accord de paix.

Phase 4 : Coordonner

Beaucoup de temps et d'énergie sont consacrés à l'engagement, l'information et la synchronisation des parties et des acteurs impliqués, afin de trouver la solution au conflit. Non seulement cette étape profitera à la médiation, étant donné que la transparence et l'information sont essentielles pour gagner la confiance et être crédible lors d'un processus de médiation internationale, mais elle permettra également aux acteurs de la société civile de faire évoluer leurs positions, de sorte que les parties soient en mesure de faire avancer le processus. Une activité plus cruciale encore au cours de cette phase est le rôle du médiateur dans la création d'alliances, non seulement au sein des parties mais également entre elles et entre autres acteurs secondaires au conflit.

Phase 5 : Clore

Rédiger des accords, choisir les mesures appropriées, gérer les clauses et les mécanismes de réparation, et enfin identifier les outils pertinents pour le contrôle, la vérification et l'évaluation sont essentiels pour réussir à mettre en œuvre un Accord de paix.

Phase 1 : Se préparer à la médiation

À ce stade, les points d'apprentissage clés sont :

1. Comprendre le conflit ;
2. Élaborer une stratégie pour l'intervention de médiation ; et
3. Formuler le mandat.

Vue d'ensemble

La clé de la réussite en médiation repose sur le degré de compréhension du conflit et du contexte. C'est ce qui permet de réussir l'intervention, de créer le mandat et de le rendre opérationnel. La première étape fondamentale consiste à analyser et à évaluer le conflit en question, mais aussi à élaborer des plans à la fois stratégiques et opérationnels pour le processus de médiation. Voici quelques-uns des facteurs clés :

- les éléments que contient une analyse exhaustive de conflit
- la compréhension des différents types de conflits
- l'interprétation des données afin de mettre au point la stratégie d'intervention adéquate
- la planification des procédures, de sorte à rendre le mandat opérationnel
- le choix des médiateurs principaux et de leurs équipes d'appui
- la mise en relation avec d'autres agences et instances gouvernementales

Première étape : comprendre le conflit

Une « bonne analyse du conflit » consiste à se poser quelques questions afin d'obtenir un point de vue nuancé. Généralement, les questions suivantes permettent une première appréciation de la situation :

Parmi toutes les causes du conflit, quels sont les *facteurs dominants* (tant les problèmes que les personnes), et quelles conséquences ont-ils ? Les facteurs dominants sont les éléments sans lesquels le conflit n'existerait pas ou aurait une toute autre forme.

Parmi ces *facteurs, quelles sont les relations et les dynamiques* ? Comment les facteurs interagissent-ils et quelle incidence ont-ils l'un sur l'autre ? Quels sont les liens qui existent entre les acteurs et les facteurs ?

À quoi faut-il mettre fin et qui résistera ? Les interventions les plus efficaces sont aussi celles qui cherchent à connaître les facteurs (acteurs, problèmes, raisons, ressources, dynamiques, attitudes et comportements) qui alimentent ou renforcent le système conflictuel, les personnes qui résisteraient à toute manœuvre en faveur de la paix, et les raisons d'une telle résistance.

L'analyse du conflit doit clarifier la manière d'interrompre le système de guerre ou d'injustice.

Qui sont les acteurs « clés » ? Ce sont des individus ou des groupes d'individus qui ont une influence considérable sur les dynamiques du conflit, qui sont en mesure de prendre des décisions ou d'influencer considérablement les décisions pour ou contre la paix, ou qui parviennent à « abîmer » ou discréditer la notion de paix.

Quelles sont les *dimensions internationales ou régionales* du conflit ? L'analyse et le programme se focalisent souvent sur la zone conflictuelle immédiate et oublient d'y incorporer ce qui devrait prendre fin ou ce qui devrait être soutenu à l'échelle d'une zone plus large. Une bonne analyse consiste à se demander en quoi les politiques et les actions menées par les forces extérieures au cadre local immédiat (village, région et État) affectent le conflit, comment répondre à ces facteurs, et quel genre de coopération locale-internationale est nécessaire pour gérer ces questions externes.

Qu'a-t-on déjà essayé de faire, et quel a été le résultat ? A-t-on déjà essayé cette approche concernant le programme proposé, et si oui, quels ont été les résultats ?

Le conflit est-il prêt à être résolu ? Les parties elles-mêmes sont-elles prêtes à trouver une résolution ? La maturité du conflit survient dès lors que les parties impliquées ont épuisé toutes les possibilités de tirer parti de la situation violente et lorsque le coût de la paix supplante les avantages de la guerre. Quelles sont les opportunités qui se présentent ? Quelles sont les vulnérabilités qui émergent ? Comment les activités parallèles de diplomatie préventive et autres mesures de rétablissement de la paix contribuent-elles à favoriser une intervention ?

Analyser un conflit peut se faire de nombreuses façons. Afin de saisir toute l'ampleur d'un conflit, il est essentiel d'entreprendre un ensemble d'analyses exhaustives et succinctes de la situation. L'arbre conceptuel ci-dessous permet aux analystes expérimentés d'évaluer cette situation avec précision.

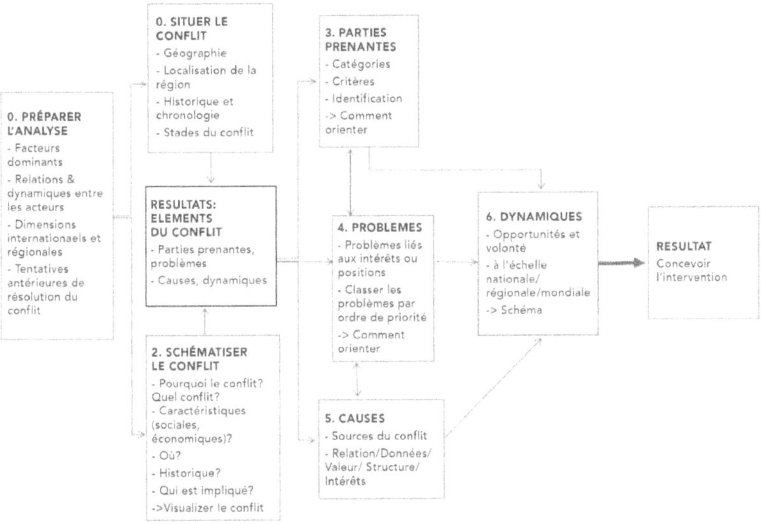

Illustration 1 : Cadre d'analyse des conflits

Tâche 1 : situer le conflit

Situer précisément le conflit permet non seulement de le contextualiser, mais également d'en faire autant avec tous les éléments de la situation conflictuelle, y compris les acteurs principaux, les problèmes et même les méthodes autochtones de résolution de conflit. Le conflit n'existe pas dans un ensemble vide, mais plutôt dans un ensemble prédéfini de modèles et de facteurs déterminants, englobés dans un type particulier de conflits, comme ceux d'ordre international, intra-étatique ou interétatique. Il est essentiel de comprendre et de situer :

- la géographie de la zone conflictuelle
- la sphère géopolitique au sein de laquelle le conflit a lieu
- la région au sein de laquelle le conflit a lieu
- la chronologie du conflit
- les informations pertinentes, notamment : les réfugiés, les personnes déplacées internes (PDI), les champs de mines, les positions des forces militantes, une vue d'ensemble des camps de concentration, les emplacements des ONG, les sites des camps et les lieux d'importance historique.

La guerre civile et les conflits se développent à mesure que des groupes opprimés prennent de plus en plus conscience des conflits d'intérêts et du potentiel qu'ils détiennent pour faire changer les choses. Ils évoluent par étape et passent :

- du stade où la connaissance est inexistante : aucune connaissance du conflit ;
- au stade où la connaissance est faible : la partie opprimée a connaissance du conflit et du statut des parties, mais reste passive ;
- au stade où la connaissance est approfondie : les parties apprennent à comprendre les conséquences du conflit et ont les moyens de mener des actions et de se mobiliser pour agir ;
- au stade de la confrontation : les opprimés et les opprimants s'affrontent en ayant recours à des moyens violents ou pacifiques ;
- au stade du dialogue : stade de la compréhension, de la conciliation, des négociations ou de la médiation ;
- au stade de la restructuration de leurs relations et des dynamiques de leur collectivité pour garantir la paix.

Chaque situation conflictuelle contient quelques éléments et dynamiques prévisibles qui sont sensibles à la régulation et au changement, en fonction des rapports de force qui s'opèrent entre les parties.

L'équipe d'analystes devrait indiquer les événements et occasions sur le court terme susceptibles d'apporter des changements positifs ou négatifs à la situation actuelle. Ces événements sont communément appelés fenêtres de vulnérabilité et fenêtres d'opportunité.

Fenêtres de vulnérabilité : les fenêtres de vulnérabilité sont les moments lors desquels des événements menacent de changer rapidement et considérablement l'équilibre du pouvoir économique et politique. Les élections, la décentralisation et les changements législatifs sont des exemples de fenêtres de vulnérabilité potentielles. Les principaux acteurs peuvent saisir ces occasions pour amplifier les moteurs du conflit.

Fenêtres d'opportunité : Les fenêtres d'opportunité sont les moments lors desquels les principales identités communes prennent plus d'ampleur que les sous-groupes identitaires, par exemple lorsque des catastrophes naturelles touchent plusieurs groupes et requièrent une réponse commune. Ces occasions peuvent présenter certaines ouvertures visant à offrir un soutien supplémentaire aux facteurs atténuants du conflit.

Une fois que l'équipe de médiation a pris connaissance du lieu du conflit et s'est renseignée sur ses différents stades, elle s'attache à organiser visuellement les informations recueillies et les renseignements rassemblés. Ainsi pourront émerger les indicateurs et critères favorisant l'élaboration des scénarios, c'est-à-dire les bases du conflit et de sa résolution (autrement dit, tous les éléments relatifs au conflit).

Tâche 2 : schématisation du conflit

Le sens de tout conflit, quel qu'il soit, tient à son contexte. Le contexte peut être l'historique du conflit, l'environnement dans lequel il se produit ou les circonstances qui l'ont entraîné. La schématisation du conflit permet au médiateur d'évaluer méthodiquement les rapports de force inhérents entre les acteurs, dans un conflit donné.

La schématisation est une technique de remue-méninges ou de regroupement d'idées utilisée dans le but de :

1. *résumer les informations*
2. *transmettre les informations en provenance de plusieurs sources*
3. *réfléchir aux questions, problèmes et processus complexes qui impliquent un ensemble de parties en conflit*
4. *présenter les informations sous un format qui reflète la structure générale.*

Visualiser des informations complexes permet à l'analyste de rester fidèle à la réalité du conflit, mais également de veiller à capturer et à contextualiser les données et informations recueillies pour faciliter le partage d'idées et de concepts.

Conseil : Des informations complètes sur la schématisation de conflit sont disponibles à l'adresse suivante : http://www.colorado.edu/conflict/peace/treatment/cmap.htm

À ce stade de l'analyse, comprendre les éléments qui définissent le conflit permet de voir les points suivants sous un autre angle et d'approfondir les connaissances à leur sujet :

1. le contexte et l'historique qui ont mené les parties prenantes à la situation actuelle
2. les différents groupes impliqués, en plus des principaux groupes
3. les différentes perspectives des parties prenantes dans la poursuite de leurs intérêts
4. la dynamique des relations entre les parties prenantes, et entre les parties prenantes et questions soulevées
5. les facteurs et les tendances qui étayent le conflit
6. l'origine et les causes sous-jacentes du conflit

L'équipe qui mène l'analyse de conflit doit garder à l'esprit qu'il ne s'agit pas d'un exercice ponctuel. C'est un processus continu, qui se déroule à mesure que la situation évolue, et quand bien même les conclusions des délibérations ont été confirmées par les études et les indicateurs, elles doivent sans cesse être revues et adaptées.

Tâche 3 : analyse des acteurs

Au cours de la troisième tâche de l'analyse, l'équipe d'évaluation identifie les acteurs clés qui sont essentiels pour produire, perpétuer ou changer profondément les modèles sociétaux ou l'efficacité des institutions identifiés à la tâche 2. Cette équipe doit déterminer si les acteurs clés sont motivés à l'idée de mobiliser les groupes représentés pour aggraver ou atténuer la violence du conflit et les moyens à leur disposition.

Afin de schématiser les acteurs et comprendre leurs besoins, leurs intérêts et leurs points de vue, il est utile de prendre en compte les cinq éléments suivants :

Relation : quelle est l'interaction qui existe entre les parties prenantes ? Comment les réseaux sont-ils connectés entre eux ? Quels sont les nœuds et les connecteurs importants de l'interdépendance ?

Programmes et pouvoir : quels sont les programmes des principales parties prenantes concernant la paix ou le conflit ? Ont-ils un impact sur les modèles sociétaux et l'efficacité des institutions ? Permettent-ils de soutenir les autres acteurs qui mobilisent des personnes autour des principaux griefs ?

1. Besoins : quels sont les besoins des différentes parties prenantes ? Quels sont les besoins qui s'opposent ou se superposent ?
2. Pouvoir : quelle est la puissance cumulative des parties prenantes qui promeuvent la paix ou le conflit ? Qui sont les dirigeants ?
3. Mesures : quelles sont les mesures prises par les différentes parties prenantes afin de promouvoir la paix ou le conflit ? Quelle est la puissance cumulative de leurs mesures pour la paix ou le conflit ? Comment exercent-elles leur influence ?

Étude de cas : Mali, 2012

Il existe, pour le conflit au Mali, un ensemble d'acteurs impliqués directement ou indirectement sur le terrain, notamment :

Le groupe ethnique rebelle, le Mouvement national pour la libération de l'Azawad (MNLA), dont les militants se battent pour les droits de la communauté touareg minoritaire au Mali.

Les groupes rebelles islamistes, à savoir : Ansar Dine, dont l'objectif est d'imposer la loi islamique au Mali ; Al-Qaïda au Maghreb islamique (AQMI), la branche nord-africaine d'Al-Qaïda, qui vise également à répandre la loi islamique et à libérer les Maliens de l'héritage colonial français ; le Mouvement pour l'unicité et le djihad en Afrique de l'Ouest (Mujao), qui est un groupe dissident de l'AQMI, mais dont l'objectif est de répandre le djihad dans toute l'Afrique de l'Ouest et non de le limiter à la région du Sahel ; et enfin, les Signataires par le sang, une autre branche de l'AQMI.

Les séparatistes touaregs ont formé des alliances avec les rebelles islamistes pendant la rébellion de 2012, ce qui a renforcé leurs tentatives de prise de contrôle des principales zones au Nord, y compris la ville de Tombouctou, une ville du désert vieille de 1000 ans. Le site est aujourd'hui classé au patrimoine mondial de l'Unesco.[1]

L'ex-chef de la junte malienne, Amadou Sanogo, à l'origine du coup d'État fomenté contre le président Amadou Toumani Touré.

Le président par intérim, Dioncounda Traoré, investi de ses fonctions en avril 2012.

Amadou Toumani Touré, le président évincé qui a démissionné de ses fonctions afin que les responsables du coup d'État se retirent et que l'orateur parlementaire prenne le contrôle.

Les acteurs de l'interventionnisme, à savoir la CEDEAO, le Burkina Faso et la France.

La CEDEAO a joué un rôle crucial en nommant le président Blaise Compaoré dans le but de faciliter les négociations avec toutes les parties, immédiatement après que le coup d'État a eu lieu. L'organisation régionale a ensuite menacé le Mali de sanctions si l'ordre constitutionnel n'était pas rétabli. Le Burkina Faso, le pays frontalier, a réagi au conflit en déployant 160 troupes au Mali pour les unir aux forces françaises et maliennes, dans le cadre d'une offensive majeure visant à chasser les rebelles. La France a répondu à l'appel à l'aide lancé par le président par intérim malien, en envoyant dans le pays des forces armées françaises. Celles-ci arrivèrent en janvier 2013 et contribuèrent à maîtriser les actions des insurgés, si bien que les rebelles islamistes ont été incapables de saisir les villes au Nord.

Tâche 4 : analyse des points litigieux

Les points litigieux sont des sujets, des pratiques ou des actions qui nuisent aux intérêts, objectifs et besoins d'une partie. Résoudre un litige consiste à résoudre ces problèmes. L'équipe d'analyse doit identifier les points litigieux afin de comprendre la portée du processus de médiation.

Identifier les problèmes éventuels qui pourraient aggraver la violence du conflit.

Les fenêtres de vulnérabilité sont des situations susceptibles d'aggraver le conflit (p. ex., confirmer les perceptions sous-jacentes aux principaux griefs), qui découlent souvent de réponses à grande échelle aux situations suivantes : incertitude croissante pendant les élections ou après un assassinat ; exclusion des interlocuteurs d'événements importants comme les négociations ou les élections ; ou tentatives de marginalisation des individus mécontents.

Identifier les situations qui pourraient atténuer le conflit violent et encourager la stabilité.

Les fenêtres d'opportunité décrivent les situations qui pourraient permettre de progresser vers une paix stable (p. ex., grâce à des conditions qui permettent de réconcilier les principaux griefs et de renforcer les sources de résilience sociale et institutionnelle), comme lorsque les identités importantes deviennent primordiales pour les groupes en conflit, ou que les catastrophes naturelles touchent plusieurs groupes identitaires, mais que l'externalité implique une réponse unifiée, ou encore lorsqu'un chef important alimentant le conflit est tué.

L'équipe d'analyse réalise la quatrième étape en estimant les fenêtres d'opportunité et de vulnérabilité, en classant les moteurs du conflit par ordre de priorité et en atténuant les facteurs identifiés lors de la troisième étape.

Digression : C'est souvent au niveau de l'État que les conflits critiques se jouent. C'est au sein de la sphère étatique que la contestation d'idées pour une culture démocratique des peuples a lieu. Si cette sphère est contestée et mise à mal par un ou deux groupes, l'État peut alors se retrouver déstabilisé. Une crise interne de l'État lui-même est source de conflit, non seulement au sein de l'État mais également à l'échelle de la communauté régionale et internationale.

Les secteurs suivants, tous liés les uns aux autres, sont sujets aux conflits :

Le secteur social, c'est-à-dire la division sociale :

- Origine verticale du conflit (ethnie)
- Origine horizontale du conflit (classe)
- Origine idéologique du conflit (religion)
- Incompatibilité entre les frontières étatiques et la distribution des peuples.

Le secteur économique, c'est-à-dire les cycles de sous-développement ou de développement inégal :

- Niveaux de sous-développement
- Urbanisation rapide
- Croissance de la population
- Jeunesse sans emploi
- Inégalité réelle ou perçue dans la distribution des avantages.

Le secteur politique, c'est-à-dire le cœur des doléances :

- L'une des parties prenantes remet en cause la légitimité et l'autorité de l'autre
- La manipulation de l'appareil étatique par les régimes autoritaires
- Des États en situation « d'échec » ou « d'effondrement » en raison du manque de moyens pour accroître les recettes ou maintenir l'ordre.

Toutefois, il est possible aussi qu'un conflit se joue dans un ensemble d'environnements appelés « États en échec », « États fragiles » ou « États effondrés ».[2] Les dynamiques spécifiques à cet environnement ont une incidence sur le mandat et la portée de la médiation, car elles impliquent une large ouverture aux parties prenantes, aux acteurs et aux ressources, pour réussir l'activité de médiation. Un mandat est nécessaire afin d'apporter un soutien continu et durable aux multiples initiatives de médiation, en se centrant principalement sur les activités non gouvernementales.

Le facteur régional

À l'échelle régionale, l'évaluation prend en considération deux ensembles d'information distincts :

- Les sources régionales du conflit, et
- Le rôle des acteurs régionaux

Les guerres interétatiques ont des conséquences externes sur la région : propagation des armes, perturbation économique, liens terroristes, afflux perturbateurs de réfugiés et débordements politiques avec les États voisins par le biais du clientélisme, des actions extérieures aux États, des mouvements transfrontaliers de peuples et d'idées, des activités du marché noir, des réseaux de criminels et de la propagation des armes de petit calibre. En ce qui concerne les acteurs régionaux, l'équipe de médiation doit pouvoir évaluer leurs intentions et leur niveau d'influence sur les parties locales au conflit.

Le niveau mondial

D'un point de vue international, l'analyse doit porter non seulement sur les sources mondiales du conflit, comme les transitions géopolitiques, les divisions Nord-Sud ou les contraintes environnementales, mais également sur le rôle des intérêts externes qui alimentent le conflit.

Voici quelques étapes de l'analyse à prendre en considération :

- Identifier les États et les organisations internationales potentiellement influents
- Évaluer le degré d'influence et d'autorité externes
- Identifier et dresser le portrait de la diaspora
- Évaluer les rôles et les activités des ONG
- Identifier les moyens de communication et le rôle des médias.

Deuxième étape : former l'équipe de médiation

Les médiateurs internationaux opèrent au sein d'environnements politiques complexes, c'est pourquoi il est primordial d'avoir une équipe qui les aide et les soutienne pour mener à bien leurs différentes tâches. Le premier défi relève donc de la structuration de l'équipe de médiation.

Expertise et compétences

L'équipe de médiation, doit, dans son ensemble, couvrir les domaines d'expertise et de compétences suivants :

Analyse des négociations et expertise en médiation : facteurs essentiels pour identifier les problèmes, les intérêts et les alternatives sans accord pour toutes les parties au conflit ; planification et mise en œuvre du processus de dialogue et de négociation ; conseils aux négociateurs et chefs des parties et incitation à la coopération de la part des États frontaliers et d'autres acteurs externes ; étude des processus non officiels et non gouvernementaux afin d'étayer des discussions officielles et de s'entretenir avec des groupes de la société civile, dans le but d'informer le processus de négociation.

Expertise à l'échelle nationale et régionale : point crucial pour bien comprendre les parties prenantes et leurs factions, ainsi que leurs débats internes, les pratiques culturelles des collectivités locales, les principaux groupes de la société civile, et enfin, l'histoire et la dynamique du conflit.

Expertise analytique : requise pour discerner et interpréter les conditions qui évoluent sur le terrain, les changements de positions des parties et les relations changeantes entre les différents acteurs.

Compétences rédactionnelles : nécessaires pour pouvoir rédiger des rapports et des accords.

Expertise en matière de communication : permet de dialoguer avec les groupes des interlocuteurs, le public au sens large au sein de la zone de conflit, les états membres et les autres acteurs. Cela inclut une expertise en matière de collaboration avec les médias et d'information au public.

Expertise en gestion, administration et finance, afin de veiller à ce que le processus de médiation soit mené de façon efficace, que des registres soient bien tenus, et que le personnel, les fonds et les autres ressources soient gérés correctement.

Mixité des sexes : élément crucial dans la formation des équipes, non seulement à des fins de conformité avec la Résolution 1325 du Conseil de sécurité de l'ONU, mais aussi afin de montrer l'engagement de l'UA pour l'égalité des sexes dans les processus de prévention, de gestion ou de résolution de chaque conflit.

Les membres clés de l'équipe

L'équipe de médiation peut être formée :

Au sein de la Commission ou du Secrétariat exécutif, dans le but d'apporter un soutien aux responsables de l'organisation régionale et aux représentants lors de la médiation, mais aussi d'entreprendre et de coordonner des activités de renforcement des capacités en médiation ; ou

Au sein d'une structure dédiée à la prévention des conflits, afin d'éviter que le conflit ne devienne violent, grâce aux enquêtes et à la conciliation.

L'équipe sera dirigée par un coordonnateur et sera composée d'experts en médiation et d'un gestionnaire principal.

Mesures optimales :

Médiateur principal, devant être déployé à temps plein pour la durée conclue lors de la nomination.

- Le médiateur principal peut être l'une des personnes nommées suivantes :
- Envoyé spécial : nommé par le Secrétaire Général ou le président de la Commission d'un accord de sécurité régional pour mener une opération de prévention du conflit ou un processus de résolution, pour une période donnée, et ne pouvant résider dans la zone en conflit.

- Représentant spécial : un représentant spécial peut également jouer un rôle de médiateur, ce qu'il fera dans le cadre des responsabilités qui lui incombent en sa qualité de Chef résident de la mission de maintien de la paix.
- Analyste principal, devant être déployé à temps plein. L'analyste principal agit en qualité de conseiller politique de premier ordre auprès du médiateur principal. Il est son « alter ego » pendant le processus (et lorsque le médiateur n'est pas présent dans le pays). Une personne experte en médiation et ayant une connaissance approfondie de la région est requise.
- En situation optimale de dotation en personnel, l'analyste principal est nommé à plein temps pour la durée du processus de médiation. Il peut être recruté de manière externe à l'organisation institutionnelle ou envoyé en provenance d'autres OIG, de pays donateurs, ou d'ONG qualifiées. Dans ce contexte de dotation en personnel, l'analyste principal reçoit un grand soutien de la part de l'Officier responsable (DO) et de l'Agent de liaison (LO), affectés à la région.
- Responsable du personnel (RP), devant être déployé à temps plein. Le RP n'opère pas en médiation, mais il est responsable de la coordination administrative des efforts de médiation.
- Expert du processus de médiation, devant être déployé entre 25 et 50 % du temps.

L'expert du processus de médiation, le médiateur principal et l'analyste principal pourront se consulter tout au long du processus de médiation.

L'expert en médiation devra avoir fait preuve de compétences en matière de négociation et d'analyse de la médiation, d'élaboration d'une stratégie de médiation, et de facilitation du dialogue.

Les experts techniques, devant être déployés de façon ponctuelle, à temps partiel. Parmi ceux-ci se trouvent des experts des questions relatives aux accords de paix et aux processus de consolidation de la paix, notamment dans les domaines suivants : droit international, rédaction juridique, DDR/RSS (Désarmement, Démobilisation et Réintégration/Réforme du Secteur de la Sécurité), développement économique, partage du pouvoir, rédaction constitutionnelle, participation publique, justice transitionnelle, réforme territoriale, questions relatives aux réfugiés, revendications sur la propriété, relations publiques/communication, etc.

Étude de cas : le rôle des experts – appui d'un conseiller sur la problématique hommes-femmes aux pourparlers de paix dans le Nord de l'Ouganda

En 2008, lors des négociations qui eurent lieu dans le Nord de l'Ouganda, menées par Riek Machar, le vice-président du Soudan du Sud, et soutenues par Joachim Chissano, En-

voyé spécial du Secrétaire général des Nations Unies, un conseiller pour la problématique hommes-femmes fut déployé par l'UNIFEM afin d'appuyer la sensibilité de cette thématique au cours du travail de rétablissement de la paix. Le processus de paix fit de grands progrès concernant l'inclusion des normes internationales visant la prise en compte systématique de la problématique hommes-femmes dans ses nombreux accords. Une attention particulière fut portée à la mise en œuvre de la Résolution n° 1325, notamment dans les domaines relatifs aux mécanismes de DDR, de justice et de responsabilité, mais aussi concernant le contrôle du Cessez-le-feu permanent. Alors que M. Chissano, l'Envoyé spécial, alla à la rencontre de militantes pour la paix dès le début de son mandat de facilitateur, l'arrivée d'un conseiller pour la problématique hommes-femmes permit aux groupes de femmes d'avoir un coordonnateur avec qui travailler et de collaborer avec une personne en mesure de les aider à élaborer un programme qui prenne en compte leurs préoccupations. Elles se virent accorder le statut d'observatrices et eurent la possibilité de se faire entendre par les parties. Leurs opinions furent publiées dans ce qui est aujourd'hui connu sous le nom de Protocole des femmes. La plupart de leurs préoccupations figurent dans les Accords signés, qui constituent à ce jour les accords de paix les plus sensibles à la problématique hommes-femmes.

Troisième étape : concevoir la stratégie de médiation

En fonction de l'analyse et de l'évaluation du conflit, les possibilités de conception de l'intervention formeront un mode d'engagement, où la médiation représente une option parmi d'autres formes d'intervention de tiers. Il est primordial de garder à l'esprit qu'en médiation, le contexte revêt une grande importance. En analysant le conflit, l'équipe d'appui à la médiation peut ainsi identifier les éléments contextuels. Parfois, le contexte peut venir appuyer les processus de paix, alors qu'à d'autres occasions, il est attentatoire à l'obtention d'un résultat durable. Le processus de paix peut être ralenti, avant de reprendre de l'élan dès lors que le contexte change. Le plus grand défi pour l'équipe de médiation est d'analyser le contexte et d'attendre que le moment opportun se présente pour confirmer l'engagement pendant les périodes difficiles. Tout en élaborant l'intervention, l'équipe de médiation collabore continuellement avec les mécanismes régionaux et les Nations Unies, ainsi qu'avec d'autres intervenants d'appui, à mesure qu'elle cherche à mettre en œuvre des efforts complémentaires de consolidation de la paix. Ceux-ci peuvent concerner une application de sanctions, des bons offices ou encore des efforts bilatéraux de navette diplomatique.

Concevoir des scénarios d'intervention

Les styles d'intervention diffèrent largement en fonction du mandat, des besoins des parties et du médiateur. Par conséquent, les plans de contingence dépendent d'une analyse profonde de la nature du litige, des parties impliquées, et des mesures permettant de répondre aux questions suivantes :

- Qui sont les acteurs et les parties prenantes du conflit ?
- Que recherchent les parties ?
- Comment le médiateur contacte-t-il les parties et comment continue-t-il à communiquer avec elles ?
- Comment d'autres parties prenantes, comme les groupes de la société civile, seront-elles impliquées ?
- Comment les éléments perturbateurs seront-ils identifiés et gérés ?
- Dans quelle mesure les parties sont-elles soudées ?
- Quelles sont les points de vue et les véritables enjeux des parties ?
- Comment le public doit-il être impliqué dans le processus ?
- Comment la problématique hommes-femmes peut-elle être incorporée au processus de médiation et aux questions importantes soulevées ? Quels aspects de la Résolution 1325 du Conseil de sécurité peuvent être mis en valeur avec le processus ?
- Qu'attendent les parties du médiateur ?
- La médiation est-elle suffisamment objective pour gérer, atténuer ou résoudre le conflit ?
- Que faut-il faire pour augmenter la « maturité »[3] ?
- Quelles sont les conditions opérationnelles essentielles pour que la médiation ait lieu ?
- Faut-il un cessez-le-feu ?
- Quels intervenants fourniront des moyens de pression en cas d'impasse ?
- Un régime de sanctions est-il en place ? Quels défis précis cela pose-t-il vis-à-vis des efforts de médiation ? Ces défis requièrent-ils une coordination spécifique avec d'autres instances des Nations Unies ? S'il existe une liste de sanctions ciblées, comment le critère d'enregistrement ou de retrait de la liste se recoupe-t-il avec les efforts de médiation ?
- Quelles devraient être les étapes des négociations ?
- Quelles sont les techniques et les stratégies requises pour la phase de consultation et de négociation de la médiation ?
- Dans quel ordre les points importants doivent-ils être pris en compte ?
- Des mesures de confiance sont-elles nécessaires ?
- Comment l'accord doit-il être mis en œuvre ?
- Comment l'accord doit-il être surveillé aux niveaux politique et opérationnel ?
- Une expertise spécifique est-elle requise pour favoriser d'éventuels compromis ?
- Quelles sont les conditions pour que la médiation aboutisse ?

Rendre le conflit plus mûr pour intervenir en médiation

Même si l'équipe de médiation évalue la bonne stratégie d'intervention, l'analyse et les stratégies parallèles de rétablissement de la paix doivent veiller à ce que le conflit soit mûr et prêt pour le règlement. L'évaluation doit également rechercher des stratégies qui favorisent cette maturité afin que le médiateur parvienne à forger un Accord de paix entre les parties prenantes. Un conflit peut devenir mûr pour le règlement et la négociation lorsque des parties en conflit reconnaissent qu'elles se trouvent toutes les deux dans une impasse qui leur est mutuellement préjudiciable et qu'elles ressentent l'existence d'une issue possible. Elles se rendent compte qu'il leur est tout simplement impossible de vaincre l'ennemi et que la violence continuelle est aussi inefficace que coûteuse. Par ailleurs, la pression externe via les sanctions, les embargos, les relations diplomatiques figées, les opérations R2P (« responsabilité de protéger ») et les inculpations imminentes par la Cour pénale internationale dans les cas de graves violations des droits humains permettront de stimuler les interlocuteurs et de leur faire prendre conscience qu'elles disposent toutes les deux d'une sorte de règlement acceptable pour l'une comme pour l'autre.

Étude de cas : Mali, 2012

Le 27 mars 2012, à la suite du coup d'État militaire, un Sommet extraordinaire de la CEDEAO eut lieu. Une délégation de haut niveau fut alors envoyée au Mali pour informer la Junte des décisions du Sommet. Dans cette délégation se trouvaient : S.E. Alassane Ouattara, S.E. Thomas Boni Yayi, S.E. Blaise Compaoré, S.E. Ellen Jonhson-Sirleaf, S.E. Issoufou Mahamadou, et S.E. Goodluck Ebele Jonathan.

Sur l'ensemble des décisions prises, l'une d'entre elles était de refuser toute forme de légitimité au Comité national de redressement pour la démocratie et la restauration de l'État (la Junte), et exigeait le rétablissement immédiat de l'ordre constitutionnel au Mali. Le Sommet imposait en outre des sanctions d'ordre financier, économique, politique et diplomatique, qui auraient été mises à exécution dans les 72 heures si la Junte ne se pliait pas à ces décisions.[4]

Le 1er avril, S.E. Blaise Compaoré rencontra le chef de la Junte, le Capitaine Sanogo. Ce dernier s'engagea solennellement à rétablir la Constitution de la République du Mali. Il fut décidé, en outre, qu'un système de transition serait établi, sous la supervision du médiateur et après une série d'entretiens avec tous les représentants du pays, afin d'organiser des élections démocratiques et transparentes, justes et équitables.[5] *Le président intérimaire Dioncounda Traoré nomma Cheick Modibo Diarra en qualité de premier ministre, lequel était censé diriger un gouvernement d'unité. Toutefois, à la suite de son arrestation et démission en décembre 2012, et sous la menace de sanctions des Nations Unies, M. Traoré nomma alors Diango Cissoko comme premier ministre.*

Une feuille de route de transition fut adoptée par les membres du parlement malien sous son gouvernement. Cette feuille de route mettait en évidence deux missions essentielles : le rétablissement de l'intégrité nationale et l'organisation d'élections justes et équitables. Début décembre, les représentants du gouvernement malien rencontrèrent les deux groupes rebelles armés pour la première fois au Burkina Faso, rencontre que Blaise Compaoré avait organisée.

Ansar Dine et le MNLA rencontrèrent ces représentants, avec qui les groupes se mirent d'accord pour « observer une cessation des hostilités », et reconnurent « le besoin de créer un cadre de dialogue ouvert au Mali ».[6] *Le 6 mars 2013, le gouvernement transitionnel malien adopta un projet de décret pour la création de la Commission Dialogue et Réconciliation (CDR). L'objectif de la CDR était, entre autres, d'identifier les groupes armés et politiques susceptibles de prendre part au processus et de suggérer des mesures qui pourraient contribuer à la réconciliation de toutes les communautés maliennes. La commission devait s'occuper de questions comme la sécurité et la gouvernance dans le Nord du pays.*

Développer la stratégie de médiation

Dès lors que les instances protocolaires régionales et continentales concernées désignent la médiation comme outil d'intervention approprié, une stratégie est élaborée en conséquence. La stratégie de médiation est le premier plan d'action que le médiateur et l'analyste principaux doivent développer. Voici un extrait tiré du Plan d'action de 2009, Article 7 :

> *« Le plan stratégique sera basé sur des jugements et des choix politiques. Il doit préciser le mandat du médiateur, apporter une direction et un axe clairs, contenir des objectifs et des stratégies clairement formulés, identifier les alliés et les partenaires clefs et enfin définir l'approche à prendre pour s'occuper des défis et risques principaux. Le plan doit prendre en compte tous les acteurs principaux. Dans le cas d'une guerre civile, par exemple, il doit inclure des objectifs et des stratégies spécifiques concernant le gouvernement (et les éléments en son sein), chacun des mouvements rebelles, les organismes importants de la société civile, les États frontaliers, l'ONU, la CER compétente (Communauté économique régionale) et les autorités étrangères ayant un intérêt au conflit. »*

Les stratégies doivent être modulables et s'adapter en fonction de l'évolution des circonstances ou des événements, lesquels pourraient modifier les relations entre les acteurs et leurs positions. Les ressources permettant d'élaborer une stratégie comprennent les instances protocolaires, l'équipe de médiation et les partenaires du Réseau d'appui à la médiation (MSN). Ces ressources peuvent être utilisées de multiples façons lors d'un atelier de développement stratégique, afin de fournir un processus de médiation de nature proactive plutôt que ponctuelle ou réactive.

Étude de cas : Soutien au développement de la stratégie – le Sahara occidental, 2009

À la demande de Christopher Ross, Envoyé personnel du Secrétaire général (EPSG) pour le Sahara occidental, le MSU et la Division de l'Afrique II organisèrent un atelier vers la fin de l'année 2009 pour aider l'EPSG à affiner sa stratégie de médiation. L'événement informel se concentra sur le processus de la stratégie, à savoir « comment » négocier. Ces aspects peuvent représenter un défi pour le médiateur, notamment les questions qui ont trait à l'essence des négociations. L'atelier permit de développer plusieurs approches potentielles pour les phases ultérieures de l'activité de médiation. L'EPSG trouva l'analyse comparative des différents processus de paix utile pour pouvoir développer les possibilités de médiation au regard de la situation au Sahara occidental.

La stratégie de médiation établit la base permettant de conceptualiser la structure d'une équipe de médiation ainsi que les besoins logistiques, administratifs et substantiels. Cette base peut être intégrée à un plan opérationnel, axé sur la *mise en œuvre* de la stratégie. Tandis qu'un plan global donne l'axe et l'orientation grâce à des objectifs et des stratégies clairement formulés, le plan opérationnel est un document technique qui permet d'activer le plan stratégique. Il doit le traduire en activités, tâches et cadres temporels, attribuer la responsabilité des actions et identifier ce qu'il convient de faire en matière de postes, expertise, logistique, équipement et financement.

Une fois au point, la stratégie de médiation doit être communiquée et soutenue au niveau des instances protocolaires. Toutefois, il se peut que certains renseignements demeurent hautement confidentiels. L'autorisation nécessaire pour que les médiateurs aient accès à ces renseignements devrait être préalablement énoncée dans la stratégie de médiation, ainsi que dans le Cadre de référence pour l'équipe de médiation.

Outre le plan stratégique, l'élaboration d'un plan opérationnel doit suivre. Ce dernier doit consister en un « document technique qui permet d'activer le plan stratégique. Il doit le traduire en tâches et activités, attribuer la responsabilité des actions et identifier ce qu'il convient de faire en matière de postes, expertise, logistique, équipement et financement. » La finalité du plan opérationnel est de traduire la stratégie en étapes faisables. Ceci inclut :

- définir les étapes concrètes à suivre ;
- identifier le membre de l'équipe impliqué à chaque étape ;
- chronologie approximative pour la réalisation de ces étapes ;
- stratégies de communication entre les partenaires et les membres de l'équipe ;
- critères logistiques et budgétaires pour chaque étape ;

- quand et comment actualiser la stratégie à mesure que les événements se déroulent, et enfin
- informer continuellement le président ou le Secrétaire Général qui envoie l'Envoyé spécial.

Développer les plans opérationnel et stratégique

Après avoir examiné le dossier explicatif, le médiateur prépare sa visite en zone de conflit afin de rencontrer toutes les parties prenantes et d'établir son évaluation stratégique préliminaire.

Le médiateur convoque ensuite une séance stratégique avec son équipe de médiation, au sein du pays, afin d'élaborer une stratégie de médiation initiale. Doivent être présents à cette réunion : l'analyste principal, le Responsable du personnel, le Représentant spécial ou le Chef de mission s'il y en a un dans le pays, ainsi que des experts externes que le médiateur aura sollicités.

Le médiateur fournit ensuite un plan stratégique et confidentiel au président ou au commissaire. Ce plan doit être examiné tous les six mois au moins pour être mis à jour.

Le médiateur et l'équipe de médiation mettent au point un plan opérationnel et le mettent à jour en tant que de besoin. L'analyste principal doit veiller à ce que tous les membres de l'équipe de médiation disposent du dernier exemplaire en date du plan, à mesure que ce dernier évolue. Le plan opérationnel est un document confidentiel et est destiné exclusivement à l'équipe de médiation.

Si des organisations intergouvernementales (OIG), comme l'ONU ou les CER disposent également de médiateurs exerçant dans la zone de conflit, le médiateur devrait, dans la mesure du possible, élaborer le plan stratégique en collaborant avec ces organisations, à des fins de coordination et de coopération.

Quatrième étape : mandater le médiateur principal

À mesure que l'Officier responsable et l'Agent de liaison continuent de mener l'évaluation et l'analyse du conflit, les plans stratégique et opérationnel prennent forment. S'ensuit la formulation d'un mandat de médiation et la nomination d'un médiateur principal.

Étude de cas : Mali, 2012

Le 27 mars, les Chefs d'État et de gouvernement de la CEDEAO se rencontrèrent à Abidjan, en Côte d'Ivoire, pour s'entretenir sur la situation politique au Mali. Ces derniers décidèrent d'imposer des sanctions d'ordre financier, économique, diplomatique et politique à l'encontre du pays si l'ordre constitutionnel n'était pas rétabli. Un mois plus tard, à la suite de consultations entre le médiateur, S.E. Blaise Compaoré et de nombreuses parties prenantes, y compris le Chef de la Junte, un accord-cadre était signé. L'Article 36 de la Constitution du 25 février 1992 fut mis en œuvre, ouvrant ainsi la voie au rétablissement de l'ordre constitutionnel au Mali. Les sanctions furent levées. Par ailleurs, les chefs de la CEDEAO autorisèrent le déploiement de troupes régionales au Mali dans un effort de rétablissement de la paix à la suite du coup d'État militaire et de la rébellion séparatiste dans le Nord du Mali.

Les Nations Unies répondirent à cette situation en adoptant, en collaboration avec la CEDEAO, trois Résolutions pour le Mali :

- *La Résolution n° 2056, adoptée par le Conseil de sécurité le 5 juillet 2012, laquelle définissait les demandes de la CEDEAO et de l'UA au titre d'un mandat délivré par les Nations Unies autorisant le déploiement d'une force de stabilisation de la CEDEAO. Cette résolution indiquait que le Conseil était prêt à « examiner plus avant la demande de la CEDEAO dès qu'il aura obtenu davantage de précisions sur les objectifs, les moyens et les modalités du déploiement envisagé… ».*[7]
- *La Résolution nº 2071, adoptée le 12 octobre 2012 par le Conseil de sécurité, en vertu de laquelle ce dernier exprimait son appui au Gouvernement d'unité nationale au Mali et au président par intérim. Le Conseil appelait les groupes rebelles à rompre tout lien avec les organisations terroristes et se déclarait prêt à « adopter des sanctions ciblées à l'encontre de tous groupes rebelles qui ne se conformeraient pas à cette disposition ».*[8]
- *La Résolution n° 2085, adoptée le 20 décembre 2012, en vertu de laquelle le Conseil autorisait le déploiement d'une Mission internationale de soutien au Mali sous conduite africaine (MISMA), pour une durée initiale d'une année. La résolution appelait en outre les états membres à fournir des contingents pour le déploiement de troupes dans le cadre de la MISMA, afin de l'aider à accomplir son mandat.*

En avril 2013, la résolution du Conseil de sécurité des Nations Unies (UNSCR) adoptait à l'unanimité une résolution proposée par la France de créer une force du maintien de la paix des Nations Unies au Mali, la « MINUSMA » (Mission multidimensionnelle intégrée des Nations Unies pour la stabilisation au Mali). La force devait compter 11 200 militaires et 1 440 policiers. « Sa mission était de stabiliser les principaux centres de population, en particulier dans le nord du Mali…, d'exercer un effet de dissuasion contre les menaces, … de prendre les mesures efficaces nécessaires pour empêcher le retour d'éléments armés dans ces zones. ».[9] *Les contingents des Nations Unies devaient prendre la relève de la MISMA.*

Cinquième étape : missions de médiation commune et de coordination à l'échelle internationale

L'évolution des dynamiques inhérentes au système international depuis la fin de la Guerre Froide montre le rôle grandissant que peuvent jouer les organisations régionales et sous-régionales dans la gestion et la résolution de conflits. En Afrique par exemple, l'Union africaine a pris le dessus en matière de création de normes pour la réponse de la communauté internationale aux changements gouvernementaux inconstitutionnels. Les organisations sous-régionales (dont les états membres sont également membres de l'UA) ont tendance à grandement influencer la prise de position de l'instance continentale. Au vu de la proximité entre ces pays et la zone de conflit, leur position revient souvent soit à faciliter le processus de médiation, soit à le discréditer. C'est pourquoi l'un des plus grands facteurs de réussite d'une activité de médiation repose sur une communication étroite avec les structures de coordination régionales et sous-régionales, facilitant ainsi l'appui des pays voisins à la stratégie de médiation.

Groupes de contact internationaux

Lors de conflits prolongés, il est fréquent de voir divers acteurs externes entreprendre des activités de rétablissement et de consolidation de la paix. Ces acteurs incluent généralement l'ONU, l'UA, la CER compétente, les États voisins, l'ancien pouvoir colonial, les pays donateurs et les organisations internationales comme l'Union européenne (UE), la Ligue des États Arabes et l'Organisation Internationale de la Francophonie. Il est crucial que ces acteurs travaillent ensemble et aient un objectif commun. Les comportements contradictoires discréditent le processus de paix et laissent les parties en conflit attiser la rivalité entre les acteurs externes.

Dans de telles circonstances, il est nécessaire de former un Groupe de Contact International comprenant tous les acteurs externes concernés, afin de garantir la coordination, la coopération, la clarification des rôles de chacun, ainsi qu'une répartition adéquate des tâches. Préciser le rôle de chacun et répartir le travail sont des tâches à effectuer régulièrement pour éviter les disputes sur le terrain et la duplication des efforts. Cela permettra également d'exploiter au maximum la valeur et l'avantage comparatif des acteurs externes.

Il est possible que l'acteur le plus à même d'exercer à titre de responsable du Groupe de Contact International change d'un cas à l'autre. Toutefois, l'ONU est souvent l'instance logique remplissant cette fonction au vu de son autorité, de son mandat et de l'adhésion dont elle bénéficie.

Le Groupe de Contact International doit veiller à ne pas s'isoler des organes nationaux. Il doit être conscient que la maîtrise locale représente à la fois un moyen et un objectif fondamentaux pour le rétablissement de la paix. Il doit interagir étroitement avec les acteurs locaux gouvernementaux et non gouvernementaux, les consulter et les écouter attentivement.

Étude de cas : création d'un Groupe de contact international – Guinée, 2008

En décembre 2008, une junte militaire dirigée par le capitaine Moussa Dadis Camara prit le pouvoir en Guinée par un coup d'État. Dans le cadre d'efforts de coordination entre le soutien international, régional et sous-régional vers un retour à l'ordre constitutionnel en Guinée, l'Union africaine et la CEDEAO, soutenues par les Nations Unies, établirent un Groupe de contact international (GCI) pour la Guinée en marge du Sommet de l'Union africaine qui se tint à Addis-Abeba en janvier 2009. Présidé conjointement par la CEDEAO et l'UA, le GCI rassemblait les partenaires externes du pays, y compris la CEN-SAD (Communauté des États sahélo-sahariens), l'Union européenne, l'Union du fleuve Mano (UFM), l'Organisation de la coopération islamique (OCI), l'Organisation internationale de la francophonie (OIF), l'ONU, le président du Conseil de sécurité et de la paix de l'UA, le président de la CEDEAO, ainsi que des membres permanents et des membres africains du Conseil de sécurité de l'ONU. Le GCI se réunissait régulièrement dans divers endroits (comme à Conakry, au siège social de la CEDEAO ou encore au siège social de l'ONU à New York) dans le cadre de ses activités visant à encourager les Guinéens à établir des institutions menant à la transition et à y parvenir grâce à des élections crédibles. Le but était également de mobiliser des ressources internationales pour soutenir ces activités.

À mesure que la transition prenait place, le GCI faisait office de forum pour harmoniser les actions et points de vue internationaux vis-à-vis de la Guinée et pour rassembler toutes les ressources d'appui à la transition. Ce Groupe parvint à canaliser la pression internationale, à mobiliser les ressources financières et techniques, à faciliter le dialogue entre les parties, à encourager le partage des bonnes pratiques et à promouvoir la création d'un environnement encourageant la transition démocratique et pacifique.

Missions de médiation commune

Les missions de médiation commune doivent se baser sur les critères suivants :

- Une analyse exacte et exhaustive des parties, de la dynamique et des causes du conflit, ainsi que du rôle des acteurs externes (p. ex., les autorités étrangères, les États voisins).
- Une évaluation des processus de paix précédents et des accords concernant le conflit.

- Une perspective stratégique vis-à-vis du conflit, les possibilités de rétablissement de la paix, les principaux défis et le scénario privilégié, ainsi que la Ligne de conduite (LC).
- Le cadre de référence du médiateur principal.
- La nature du partenariat entre les Nations Unies et l'Union africaine.

Bien qu'il n'existe pas de règle générale à appliquer, il est recommandé de disposer de procédures écrites convenues et d'un ensemble de critères visant à définir l'instance qui sera responsable de la médiation dans un cas de figure donné. La médiation commune est possible lorsque le médiateur est désigné par l'ONU et l'UA et/ou la CER et qu'il relève de celles-ci. Toutefois, un Protocole d'entente spécial devrait être mis en place afin d'harmoniser les limitations et les problèmes hiérarchiques de la mission de médiation commune.

Les Nations Unies, l'UA et la CER compétente devraient en outre prendre les mesures suivantes, de manière à garantir une coordination et une coopération sur le terrain : le regroupement de leurs bureaux au sein du pays en conflit, des initiatives communes régulières, y compris des visites conjointes dans ledit pays de la part de la direction des organisations, la participation du personnel de chaque mission aux activités de l'autre mission, des actions publiques pour prouver l'unité entre les organisations, comme des conférences de presse communes, la création de mécanismes et de processus permettant la consultation et l'élaboration de réponses communes face aux dynamiques locales, et enfin, une levée de fonds commune pour les processus de paix.

Des plans stratégiques et opérationnels apporteront la cohésion et la convergence requises. Les relations entre l'UA, les Nations Unies et les CER vis-à-vis de la médiation doivent être renforcées par :

- le contact continu entre les services ;
- le partage des informations et une alerte rapide ;
- le développement d'un système visant à identifier conjointement des questions conflictuelles émergentes et la conception des plans et des stratégies pour la prévention de conflit ;
- la collaboration dans la préparation des documents d'information ;
- des formations, séminaires-retraites et ateliers communs ;
- des évaluations conjointes, qui ne devraient pas uniquement se focaliser sur les enjeux politiques, mais également sur les questions d'ordre logistique, opérationnel et financier ; et
- la sensibilisation de la relation stratégique à tous les niveaux des organisations (politique, administratif et financier).

Ressources supplémentaires pour une étude approfondie (en anglais)

Sur l'analyse du conflit

Mitchell, C., 1981, *The Structure of International Conflict*, Macmillan : London.

Wam, P. & Sardesai, S., 2005, "The Conflict Analysis Framework", Conflict Prevention and Reconstruction Team (CPR), The World Bank, Washington.

Kaldor, M. & Luckham, R., 2001, "Global Transformations and New Conflicts", IDS Bulletin, 32(2), pp. 48–59, Institute of Development Studies, Brighton.

Humphreys, M., & Weinstein, J.M., 2008, "Who Fights ? The Determinants of Participation in Civil War", American Journal of Political Science, vol. 52, no. pp. 436–455.

Références socio-psychologiques

Williams, S., Seed, J., Mwau, A., 1994, *The Oxfam Gender Training Manual*, Oxfam

Kelman, H. C., 2009, "A Social-Psychological Approach to Conflict Analysis and Resolution", in Handbook of Conflict Analysis and Resolution, eds., D. J. D. Sandole, S. Byrne, I. Sandole-Staroste, & J. Senehi, Routledge, Oxon and New York, pp. 171–183.

Perspectives sur la sécurité

Aning, K. & Atta-Asamoah, A., 2011, "Demography, Environment and Conflict in West Africa", Kofi Annan International Peacekeeping Training Centre, Accra, Ghana.

OECD, 2011, "Investing in Security : A Global Assessment of Armed Violence Reduction Initiatives", Conflict and Fragility Series, OECD Publishing, Paris.

Phase 2 : Entrer en médiation

À ce stade, les points d'apprentissage clés sont :

- La gestion des équipes d'appui et de la co-médiation ;
- Le caractère inclusif ou exclusif de la participation à la médiation ; et
- Le programme de la médiation.

Vue d'ensemble

À mesure que la mission de médiation se prépare, notamment grâce à une analyse du conflit et à des plans opérationnel et stratégique, la deuxième phase se concentre sur le médiateur principal expert et sur sa manière de gagner la confiance, la crédibilité et l'élan, grâce à une gestion sensible et appropriée, qui permettront de continuer à faire avancer les parties prenantes vers l'accord voulu.

Voici quelques-uns des éléments clés de la gestion de processus :

- Clarifier et attribuer les rôles au sein de l'équipe d'appui à la médiation ;
- Faire des rapports, contrôler, communiquer et évaluer ;
- Harmoniser les activités de médiation parallèles et préciser les rôles et les responsabilités de chacun dans la co-médiation ;
- Définir le lieu et se mettre en relation avec les médias ;
- Choisir les « bonnes » parties devant rejoindre la table des négociations ;
- Identifier les problèmes et les besoins sous-jacents, et ainsi
- Définir un programme convenu pour les négociations.

Les activités définies dans les parties qui suivent ne sont pas nécessairement chronologiques. Toutefois, et dans le cadre de ce manuel à vocation pédagogique, il peut s'avérer utile de développer chacun des aspects, sans oublier que l'expérience et la pratique apporteront d'autres connaissances et techniques non négligeables.

Première étape : gérer l'équipe de médiation

Lors de l'étape de configuration de l'équipe de médiation devant être déployée au sein de la zone de mission ou au niveau de l'organisation principale, la taille et les fonctions de l'équipe dépendront de la situation. Il n'existe aucune configuration standard ; tout dépend de l'emploi du temps, des membres d'équipe disponibles et pouvant être déployés, et de la durée de la nomination.

À titre de recommandation générale, le principe clé en matière de prise de décisions est celui selon lequel « la forme suit la fonction » :

Leadership et gestion

Le leadership qu'exerce le médiateur principal implique une orientation stratégique concernant les activités de médiation, une représentation de haut niveau, ainsi qu'une coordination stratégique avec d'autres acteurs.

Le médiateur principal devrait être choisi en respectant les critères suivants :

- Un niveau d'expérience et de compétence élevé en médiation ;
- Une crédibilité auprès des parties en conflit ;
- Une connaissance du pays, de la région et des parties en conflit ;
- La maîtrise d'au moins une des langues parlées par les acteurs représentés au dialogue ;
- Une disponibilité pour un déploiement à temps plein pendant au moins six mois ;
- Le respect des valeurs et principes de l'organisation principale, notamment des normes démocratiques, des droits de l'homme et de l'égalité des sexes ;
- Les atouts personnels d'un pacificateur compétent, notamment – empathie, capacité analytique, excellentes compétences en matière de communication, de facilitation, de jugement politique et de résolution de problèmes ; et enfin,
- Une aptitude à mener et à diriger une équipe de médiation.

Dans les équipes de taille plus conséquente, le médiateur principal peut recevoir l'aide d'un Délégué ou Chef de personnel, dont le rôle est de coordonner les activités de l'équipe et d'apporter une supervision hiérarchique pendant que le médiateur principal se concentre sur la gestion des activités de médiation.

Dans des situations de conflit avéré ou potentiel, les envoyés ou médiateurs principaux effectuent une ou plusieurs des activités suivantes, en fonction du contexte et du mandat octroyé par le Secrétariat ou par le Conseil de sécurité des Nations Unies :

- Entreprendre des enquêtes dans le pays ou dans la région du conflit et rencontrer les parties et autres acteurs importants, afin d'analyser les causes et les dynamiques du conflit.
- Préparer des rapports pour le rétablissement de la paix et émettre des recommandations à cet égard auprès du Secrétariat ou Cabinet.
- Entreprendre la médiation, faciliter le dialogue ou effectuer la navette diplomatique entre les parties.

- Occuper le poste de médiateur en chef lors de négociations multipartites.
- Conseiller les parties sur les moyens permettant de gérer et résoudre le conflit.
- Faire appel à d'autres acteurs touchés par le conflit (comme des groupes de la société civile ou des pays voisins).
- Communiquer en tant que de besoin avec les états membres.
- Communiquer avec les envoyés des organisations concernées (p. ex. l'ONU).
- Les experts techniques en médiation apportent le soutien suivant aux envoyés :
- Analyser le conflit, les parties prenantes et toute tentative antérieure de rétablissement de la paix
- Effectuer une analyse et un contrôle continus
- Rassembler les documents nécessaires pour les envoyés
- Conseiller les envoyés sur les possibilités tactiques et stratégiques de rétablissement de la paix
- Aider les envoyés à concevoir, gérer et évaluer les processus de paix
- Aider les envoyés à faciliter le dialogue lors de la médiation et des activités de liaison
- Aider les envoyés à préparer des rapports
- Conserver des comptes rendus des réunions, des décisions et de la communication avec les parties.

Rapports

Les organisations attendent des équipes déployées sur le terrain qu'elles fournissent régulièrement des rapports sur l'évolution de la situation. C'est un point essentiel pour permettre au Siège de prendre des mesures visant à renforcer les efforts fournis sur le terrain (cohérence stratégique verticale), et de faire des rapports aux donateurs et aux autres parties prenantes. Il n'y a pas de fréquence de rapports bien définie : en règle générale, les rapports se font en tant que de besoin.

Les Agents de liaison fournissent des rapports à l'Envoyé spécial, qui, par l'entremise de son Responsable du personnel, communique les procédures et la mise en œuvre des directives opérationnelles et stratégiques à l'instance qui octroie les mandats.

Deuxième étape : coordonner la co-médiation et les médiations parallèles concomitantes

En raison de la complexité du conflit et du niveau d'animosité éventuel entre les parties, il est possible que le médiateur principal ait besoin de communiquer avec un co-médiateur sur place ou de collaborer avec des activités de médiation parallèles. Une planification et une coordination précises sont importantes pour entrevoir un point d'entrée à la médiation, qui permettrait de répondre aux problèmes en temps opportun. Il n'est pas toujours recommandé d'avoir des activités de médiation parallèles, car les mesures visant à résoudre un conflit peuvent s'avérer contre-productives. Toutefois, en fonction de la qualité de l'analyse du conflit, les plans opérationnel et stratégique peuvent permettre de planifier tous les efforts de médiation, afin de mettre fin à la violence et d'amener les parties à la table des négociations.

Co-médiation

Pour les médiations de grande échelle, la co-médiation (deux médiateurs ou plus) offre certains avantages, même si cela reste un processus complexe dont doit tenir compte le médiateur principal. La médiation conjointe suppose une bonne entente entre les médiateurs, ainsi qu'une préparation solide, des compétences sociales et de communication avérées, et une relation professionnelle compétente.

Avantages

Partage des tâches : les différents rôles de la médiation peuvent être répartis, comme la présidence des séances, la prise de notes, l'écoute, le soutien aux parties menacées.

Expertise et compétences : plus il y a de médiateurs, plus l'éventail de compétences est varié. On retrouve ainsi des compétences en langue, une connaissance culturelle, des compétences liées à la thérapeutique, une expertise en la matière et une expérience en médiation.

Une vision et une écoute démultipliées : les médiateurs peuvent davantage observer les différents messages et dynamiques qui affluent, en particulier au sein de groupes plus larges.

Entraide en cas de fatigue : la médiation est un processus éreintant. S'ils sont plusieurs, les médiateurs conjoints peuvent alors s'entraider et rééquilibrer les flux énergétiques naturels des uns et des autres.

Modélisation positive : plusieurs médiateurs peuvent modéliser la résolution de problèmes, l'écoute, la communication constructive, l'analyse du conflit, la négociation et le respect envers les interlocuteurs.

Compte rendu et soutien : les médiateurs peuvent se soutenir par le biais de compte rendus mutuels, fournissant ainsi un environnement sain pour libérer les émotions et l'information, mais aussi pour contrôler les pertes de neutralité, d'impartialité ou d'autorité respectives.

Formation : lors de la pratique de la médiation, un médiateur chevronné peut guider et soutenir un jeune médiateur.

Inconvénients

Modélisation négative : si les médiateurs gèrent difficilement le conflit entre eux, cela ne fera que perpétuer le conflit au sein du groupe.

Manipulation : le médiateur doit être pleinement conscient du risque de voir une rivalité s'installer entre les parties.

Coûts : accroître une équipe de médiation implique des coûts en matière de logistique et de ressources humaines.

Éthique : de nombreux médiateurs peuvent faire usage de leur autorité aussi bien délibérément qu'inconsciemment et ainsi manipuler les parties en conflit pour aboutir à des concessions ou des règlements.

La médiation conjointe requiert une planification, une préparation et une coordination minutieuses. Les éléments suivants doivent être pris en compte :

- Comment les rôles et les responsabilités seront-ils répartis ?
- Quand le processus doit-il être interrompu pour que les médiateurs s'entretiennent séparément, si besoin est, et à quel titre ?
- Comment les situations inattendues ou vectrices de stress seront-elles gérées ?
- Quand faut-il mettre fin à la médiation ?
- Comment les médiateurs communiqueront-ils, sans que les parties n'en soient informées, si besoin est ?
- Comment les situations dangereuses ou éventuellement menaçantes seront-elles gérées ?
- Comment l'autre médiateur se comportera-t-il s'il pense que son partenaire a commis un acte préjudiciable ou s'est mal conduit ?

Missions de médiation complémentaires

La multiplicité des médiateurs peut être utile dans la mesure où ces derniers apportent un nouvel élan à des pourparlers « en panne ». Ils peuvent également faire davantage pression sur un acteur en particulier, afin de ramener les principales parties à la table des négociations, ou encore ouvrir de nouvelles voies de communication. Grâce à la coopération, les divers médiateurs peuvent isoler les éléments perturbateurs, être plus influents, répartir les tâches, créer une impulsion et apporter une garantie crédible.

Afin d'éviter les redondances et les malentendus, les médiateurs provenant de différents organes et agences devraient convenir d'un ensemble d'activités et de procédures et les organiser, afin de pouvoir communiquer, coordonner, se compléter et coopérer les uns avec les autres. Idéalement, la coopération impliquerait une répartition intentionnelle des tâches et du travail, voire des interventions par étapes, qui s'appuieraient sur les points forts des divers acteurs et qui encourageraient l'interdépendance. Même lors d'entreprises très étroitement coordonnées, les médiateurs doivent se tenir informés ; une mission que peut remplir le médiateur principal. Il est également conseillé de ne pas s'adonner à la critique publique des activités parallèles. La coordination de la médiation aux niveaux formel et informel sera élaborée à la quatrième phase, portant sur la « Coordination en médiation ».

Étude de cas : la mission de Kofi Annan au Kenya, en 2008

En 2008, John Kufuor, alors président du Ghana et de l'Union africaine, demanda au Secrétaire Général de l'époque, M. Kofi Annan, de présider une médiation mandatée par l'UA au Kenya, à la suite des élections controversées de 2007. La stratégie de M. Annan consista à mobiliser le soutien de la part de la communauté internationale pour le processus de médiation, incitant les chefs d'États africains, européens et américain à s'unir et à soutenir le processus (Keck, 2011 : 7). Après les discussions visant à résoudre l'impasse politique dans laquelle se trouvait le pays, M. Annan proposa au Parti de l'unité nationale (PNU) et au Mouvement démocrate orange (ODM) de former une coalition. (Keck, 2011 : 12). Cette proposition reçut l'aval des principaux intéressés, ainsi que le soutien de l'UA, représentée par le président de la Tanzanie et de l'Union africaine, M. Jakaya Kikwete (Keck, 2011 : 23).

Troisième étape : favoriser la résolution de problèmes – attribution des sièges

Le médiateur endosse certains rôles et responsabilités, tandis que l'équipe apporte une assistance et un soutien techniques aux activités de médiation. Elle agit également en tant qu'équipe d'appui logistique, afin de faciliter l'instauration d'un environnement efficace en matière de résolution de problèmes. Les Agents de liaison, les coordonnateurs au sein des mécanismes régionaux, ainsi que les émissaires du Groupe des Sages de l'Union africaine apportent des recommandations solides concernant le choix du site.

En fonction du contexte et du stade auquel se trouve le conflit, il peut être plus convenable que les parties et les équipes de médiation se réunissent en dehors de la zone de conflit, pour des raisons psychologiques et de sécurité. Pendant que les négociations entre le médiateur principal et les parties centrales au conflit se déroulent en dehors de cette zone, il est possible pour ceux qui soutiennent le processus de médiation de se rendre sur le terrain et de communiquer avec les entités informelles du deuxième circuit, comme les ONG, les OSC (Organisations de la société civile), les médias, les groupes de femmes ou encore le secteur privé, dans l'optique d'évaluer de façon continue la fondation d'un Accord de paix imminent. Consolider l'appui à l'Accord de paix en parallèle des négociations principales est une stratégie recommandée, qui devrait en outre être étayée par une évaluation du conflit, des rapports d'alerte rapide, ainsi que des rapports politiques et sur les droits humains. Une liaison constante entre les principaux organes impliqués dans l'activité de médiation garantira la cohésion et la complémentarité de ces activités.

À mesure que ces activités parallèles se déroulent sur le terrain, le médiateur et son équipe s'emploient à trouver le lieu adéquat pour les négociations. Le choix du lieu est dicté par le processus selon lequel « la forme suit la fonction » : si l'équipe de médiation choisit un type de négociation ouvert, il faut alors des lieux adaptés qui permettent à tous ceux impliqués dans les négociations d'y participer. En revanche, si l'équipe choisit de mettre l'accent sur le caractère mûr du conflit et décide par conséquent de s'entretenir en privé, au préalable, avec les parties (navette), alors des lieux adaptés au caractère confidentiel de ces réunions doivent être choisis.

L'équipe d'appui à la médiation s'assure que les paramètres de procédure suivants sont gérés régulièrement :

- Date de la réunion
- Heure et durée de la ou des séances de médiation
- Lieu de la réunion
- Nombre de participants et identité de ces derniers
- Échange d'informations ou de documents préalablement fournis au médiateur (dans la mesure du possible)
- Rôle des observateurs ou des groupes intéressés
- Dispositions concernant la salle ou le lieu
- Rafraîchissements et collations
- Règles protocolaires (p. ex : ordre de prise de parole, formalité des discussions, tenue de registre, état de la situation).

Étant donné que l'attribution des sièges peut s'avérer cruciale pour les dynamiques du conflit à la table des négociations, le médiateur et l'équipe veilleront ensemble à préparer le cadre de la médiation minutieusement, tenant compte des us et coutumes, des règles et des traditions.

Quatrième étape : élaborer une stratégie médiatique

Les conflits et les initiatives en matière de médiation ont tendance à grandement attirer l'attention des médias à l'échelle locale et internationale. Les déclarations faites par les médias quant à l'évolution de la médiation peuvent ensuite avoir un impact majeur (tant positif que négatif) sur le degré de réussite des activités, en influençant les perceptions des parties et de la population. Au vu des risques et des opportunités en jeu, il est crucial de gérer les relations médiatiques avec précaution et de le faire sous la forme d'une stratégie de communication.

Plusieurs ressources de communication peuvent s'avérer nécessaires en fonction du contexte, comme la nomination d'un porte-parole. Dans tous les cas, pour une stratégie de communication fructueuse, les points suivants sont essentiels : des objectifs clairement définis, des messages clés et un système de contrôle des médias bien précis, afin de mesurer l'évolution des perceptions et d'y répondre. Il est recommandé aux équipes de liaison composées du personnel de l'UA et des agents des mécanismes régionaux de rencontrer les médias locaux. Cela permettra de définir le paysage médiatique, de jauger les affiliations des réseaux médiatiques et d'établir des règles fondamentales pour la communication future au cours des négociations.

L'équipe d'appui à la médiation et les agents de liaison doivent proposer des compromis aux journalistes exclus des négociations, comme des rapports périodiques ou la programmation de conférences de presse. Les médiateurs doivent comprendre à quel point les médias et la presse peuvent jouer un rôle crucial dans la conclusion d'un accord entre les parties en conflit.

La gestion des systèmes d'information publics aide également à mieux comprendre les préoccupations et les centres d'intérêt de la population, grâce notamment à des sondages visant à recueillir l'opinion publique. Cela permet de s'assurer que les questions négociées par les parties concernent les préoccupations de toutes les parties prenantes.

Pour finir, l'équipe d'appui à la médiation doit se composer d'experts médiatiques, d'analystes culturels, et de programmateurs médiatiques ; la création de contenu médiatique à des fins de consommation de masse étant recommandée. Une intervention médiatique peut apporter un appui informatif et instructif de grande ampleur aux négociations de paix, la raison étant que les actualités, les affaires publiques et la programmation culturelle qui en découlent peuvent jeter un pont entre deux sociétés traumatisées et permettre la réconciliation de peuples à l'avenir.

De plus, les médias peuvent être utilisés pour établir des liens entre des sociétés et les réconcilier. En 1995, au Burundi, l'organisation internationale à but non lucratif *Search for Common Ground* entreprit un effort de paix à la radio à cette fin. Toutes les semaines, entre trois et quatre heures de programmation encourageant la paix et la réconciliation passaient sur les ondes à la fois au Burundi et au Zaïre de l'Est de l'époque. Une vidéo de la Walt Disney Corporation faisait également partie de cette stratégie médiatique, dans laquelle des marionnettes sponsorisées par l'UNICEF apprenaient aux enfants la valeur et la signification des notions de paix et de réconciliation.

Cinquième étape : participer aux processus de médiation

La participation implique de savoir quelle partie au conflit doit s'asseoir à la table des négociations, l'un des plus grands dilemmes auxquels le médiateur fait face. Elle implique des questions d'ouverture, de représentation, d'autorité en matière de prise de décisions et de procédures, ainsi que la compétence de la part de la délégation de négociation. En général, plus les négociations sont ouvertes, plus elles sont durables et légitimes. Toutefois, cela signifie aussi qu'elles deviennent plus difficiles à gérer.

Une partie est une personne impliquée dans une affaire et dont l'accord est essentiel pour résoudre un litige donné. Au vu d'analyses de conflits précédentes portant sur la qualité des parties prenantes et de leur implication, le médiateur et son équipe auront peaufiné leur liste de parties prenantes, d'acteurs à prendre en compte, et de parties à accueillir à la table des négociations.

Toutefois, il faut faire la distinction entre être impliqué dans un conflit et faire partie des négociations.

Afin de prendre les bonnes décisions quant à l'ouverture du processus à toutes les parties prenantes (ou l'inverse), le médiateur doit évaluer :

- la façon dont la partie est impliquée dans la prise de décisions
- le niveau de leadership de la partie impliquée
- les situations probables qui pourraient s'ensuivre si cette partie au conflit était incluse ou exclue.

Étude de cas : Accord d'Arusha, 2000

En juillet 1998, dix-neuf délégations du Burundi, représentant dix-sept partis politiques différents, le gouvernement, et l'Assemblée nationale se réunirent à Arusha, en Tanzanie, pour participer à une série de négociations (Boshoff et al., 2010 : 7). Les dirigeants de plusieurs pays africains comme l'Uganda, le Kenya, la Tanzanie et le Rwanda étaient également présents. Néanmoins, le processus fut interrompu lorsque des groupes militaires armés ralliés au Conseil national pour la défense de la démocratie (CNDD), au Parti pour la libération du peuple Hutu (PALIPEHUTU), aux Forces pour la défense de la démocratie (FDD) et aux Forces nationales pour la libération (FNL) se détachèrent de leurs délégations politiques à Arusha et exigèrent d'être représentés de plein droit à titre d'organisations indépendantes, ce qui força les autres parties à continuer les négociations sans la participation de ces factions militaires (Boshoff et al., 2010 : 8).

L'Accord de paix fut signé le 28 août 2000. Toutefois, les groupes rebelles qui n'avaient pas signé cet accord continuèrent les attaques, en dépit des appels répétés de médiateurs africains, notamment des dirigeants de l'Afrique du Sud, de la Tanzanie, de l'Ouganda et du Gabon (Devon Curtis, 2003).

Le médiateur et l'équipe de médiation peuvent prendre en considération les critères de participation suivants :

Les parties à la négociation sont peu nombreuses :

En fonction du conflit, du contexte et du degré de complexité, la participation exclusive peut donner lieu à des négociations efficaces. Même si plusieurs plates-formes de consultation, groupes de travail et délégations de négociation peuvent être impliqués, les délégations en elles-mêmes peuvent être de taille assez réduite. Si seuls les chefs des délégations sont présents, le processus dans son ensemble peut avancer. Ce faisant, les personnes ont tendance à davantage communiquer entre elles et à tester quelques idées et suggestions nouvelles que le médiateur aura avancées, sans pour autant s'y engager immédiatement.

Étude de cas : Accord de Ouagadougou, Côte d'Ivoire, 2007

Les négociations et la médiation qui se déroulèrent en Côte d'Ivoire et au terme desquelles l'Accord de Ouagadougou vit le jour ne comptaient que l'équipe de médiation et deux opposants : MM. Gbabo et Ouattara. L'équipe de médiation était composée de cinq présidents, tous sous l'égide du président du Burkina Faso, M. Blaise Compaoré. Les négociations directes permirent aux deux parties de trouver un accord en un mois seulement. Ces négociations ainsi que la feuille de route pour la paix et la réconciliation nationale supplantèrent quatre ans d'efforts vains de la part des Nations Unies.[10]

Les parties à la négociation sont nombreuses : Le fait d'impliquer le plus de parties possible à la négociation peut apporter le soutien durable nécessaire pour que l'Accord de paix progresse. Ce critère doit être évalué par l'équipe de médiation, en fonction de la rigidité des questions soulevées, de la présence ou non de ressources naturelles à la base du conflit, et de sa durée.

Les parties prenantes sont fragmentées

Certaines délégations de négociations sont fragmentées en leur sein. Les intérêts qu'elles poursuivent lors de ces négociations peuvent converger ou être contradictoires. Il arrive que ces délégations ne soient pas représentées par leurs autorités respectives, auquel cas l'équipe de médiation peut avoir recours à la navette diplomatique plus fréquemment, notamment au Groupe de contact international, aux agents de la paix, aux agents de liaison et aux agents médiatiques, afin de faire mûrir la situation (ce point sera développé dans le cas d'étude des Médiations au Soudan, en particulier avec l'Accord de paix sur le Darfour).

Participation des femmes

En vertu de la Résolution n° 1325 du Conseil de Sécurité des Nations Unies, les médiateurs principaux sont tenus d'évaluer la participation des femmes à la table des négociations. Ceci peut aussi présenter sa part de défis pour l'équipe de médiation, dans la mesure où, dans la plupart des cas, ce sont les parties en conflit qui décident de la composition de la délégation de négociation. Toutefois, le médiateur peut suggérer différentes formes de consultation ou de groupes de travail, pour élargir la participation. Dans les années à venir, davantage de femmes seront inscrites au tableau de service de la médiation, ce qui permettra au médiateur principal d'être une femme, de stature reconnue, ce qui, à son tour, permettra aux parties en conflit de choisir des femmes en tant que membres de leurs délégations.

Même si un processus de médiation est demandé, un médiateur peut estimer que cette option n'est pas la plus convenable pour résoudre un problème donné. Les points forts, les points faibles, les opportunités et les menaces qui caractérisent une situation doivent être pris en compte pour déterminer si oui ou non une intervention ponctuelle serait constructive.

Parmi les nombreuses possibilités, se trouvent :

- Des conférences à grande échelle
- Des sommets de porte-parole clés
- Des séances complètes de tables rondes
- Une médiation dite de la navette
- Des discussions bilatérales
- Une formule mixte de séances plénières et de sous-groupes (désagrégation)
- La reconnaissance des coalitions dissidentes au moyen de rapports des minorités
- Des forums de dialogue

Sixième étape : se préparer aux négociations en médiation

Pendant que l'équipe d'appui à la médiation évalue de façon continue les dynamiques du conflit, en communiquant avec les décisionnaires du processus de médiation et les autres membres des missions de médiation (comme l'ONU, les mécanismes régionaux, le Groupe de contact international, etc.), le médiateur se prépare à mener les négociations formelles. Les activités cruciales de la deuxième phase du processus de médiation sont :

- le recours aux consultations et aux négociations préalables pour poser les bases ;
- la création des rôles et des responsabilités pour les acteurs impliqués ;

- la gestion de la logistique et du cadre de négociation ;
- la préparation pour mener les négociations (Phase 3) ;
- l'information du public et
- la collaboration avec les médias.

La phase de négociations préalables

Il est recommandé au médiateur principal d'être bien au fait des souhaits des parties impliquées dans la négociation, en ce qui concerne les règles fondamentales qui la caractérisent, comme les heures de réunion, les lieux, le fait de savoir si les réunions doivent être enregistrées, etc.

La concertation des acteurs impliqués augmente la confiance et la crédibilité du médiateur concernant sa capacité à guider le processus. Cela permet également à l'équipe de médiation de rassembler des informations d'ordre culturel provenant des parties, du conflit, et des questions soulevées.

Les discussions préliminaires devraient permettre d'établir des accords et des attentes sur plusieurs points, notamment :

- la structure et la forme des négociations (conférence à large échelle, sommet des représentants clés, table ronde, médiation de la navette, discussions bilatérales, etc.)
- le critère de décision (majorité simple, majorité des deux tiers, consensus, unanimité, votes secrets, vote à main levée, etc.)
- les directives de participation (quelle partie est appropriée à la table des négociations, comment assurer la participation de celles qui n'y sont pas, etc.)
- la communication (méthode d'enregistrement du processus, confidentialité, séances ouvertes ou à huis clos, rapports sur l'évolution, gestion des médias, etc.)
- la durée, l'emploi du temps, les étapes, le rythme
- la procédure acceptable pour gérer les points de friction
- le rôle des médiateurs : responsable, facilitateur, officiel ou informel ou les deux
- Comment gérer les marques d'hospitalité.

Définir les participants

Pour déterminer qui sera à la table des négociations, le médiateur a tout intérêt à :

- choisir des parties et des représentants qui disposent d'un contrôle suffisant sur les moteurs du conflit et sur les groupes pertinents ;
- faire participer à la fois des chefs de haut niveau et de niveau intermédiaire, et identifier leurs points forts et leurs points faibles.

L'analyse du conflit effectuée avant la deuxième phase de la médiation devrait permettre de donner suffisamment de précisions sur le contexte concernant tous les acteurs impliqués. En fonction des rapports et des évaluations, le médiateur choisira alors le mode approprié pour identifier et déterminer qui participera aux négociations et dans quelle mesure. Cette décision doit être prise avec raisonnement et en collaboration étroite avec les principaux décisionnaires de la mission de médiation.

Il est important de faire attention à ceux qui sont susceptibles de soutenir les accords de paix et à ceux qui pourraient perturber le processus. Les éléments perturbateurs, qui bloqueront tout règlement si leurs intérêts personnels sont mis à mal, exigent une considération et une gestion extrêmement précautionneuses. Le médiateur devra faire la distinction subtile entre le fait de ne pas inclure d'éventuels fauteurs de trouble à la table des négociations et envisager de les impliquer dans le processus de médiation à plus grande échelle.

Bien que les stratégies suivantes peuvent faire l'objet d'une nouvelle validation, elles peuvent être appliquées afin de gérer les éléments perturbateurs (soit à titre individuel, soit en les combinant)[11] :

1. L'incitation : cette stratégie consiste à prendre des mesures positives pour répondre aux griefs des factions qui empêchent de parvenir à la paix. Lorsque ces éléments perturbateurs agissent par peur, ils exigent en général une sorte de protection physique. Lorsqu'ils agissent à titre d'équité, ils exigent souvent des avantages matériels. Lorsqu'ils agissent selon la notion de justice (à savoir, de leur point de vue), ils exigent en général une certaine reconnaissance ou légitimité.
2. La socialisation : une stratégie de socialisation établit un ensemble de normes en matière de comportements acceptables que doivent adopter les parties qui s'engagent pour la paix ou qui cherchent à rejoindre un processus de paix. Le respect de ces normes est encouragé par le recours à « l'approche de la carotte et du bâton ». Les normes doivent être clairement établies et communiquées à l'ensemble des parties prenantes. Elles doivent rester cohérentes au fil du temps.
3. La coercition : une stratégie de coercition s'appuie sur des menaces de punition si un fauteur de trouble venait à sortir du droit chemin. La coercition peut prendre la forme de menaces, l'utilisation de la force, des avertissements stipulant que le processus de paix continuera avec ou sans eux, ou que le médiateur s'en retirera.

Septième étape : définir le programme

Les participants doivent préalablement connaître le thème général de la médiation et en convenir. De fait, le médiateur doit définir la forme et la structure de la stratégie de discussion en se focalisant principalement sur l'élaboration du programme des négociations. L'annexe I donne un ensemble de méthodes pour l'élaboration du programme.

Le médiateur aide les acteurs à identifier les questions litigieuses devant être négociées, puis oriente les discussions en fonction. Au cours de l'enquête, il les aide également à formuler ces questions en des termes bien spécifiques. Enfin, il les traduit en ayant recours à un langage neutre, qui ne porte aucun jugement, et utilise la technique de remise en contexte : changement de dynamique, de ton et d'orientation de la conversation, afin de pourvoir traiter le développement crucial des points à négocier.

En plus d'être un atout de communication, la mise au point du programme est un outil de traitement clé pour que la médiation continue d'avancer vers la résolution. Le fil conducteur devrait être comme suit : le médiateur discute des points à négocier dans un ordre qui permettrait aux parties de mieux appréhender leurs problèmes et éventuellement de les résoudre.

En général, au vu de toutes les complexités du processus, un programme simple et logique aide les parties à y voir plus clair.

Ligne directrice pour l'élaboration du programme : (méthode « HELPS[12] » en anglais)

Souligner les intérêts communs

Traiter les p*roblèmes les plus simples en premier*

- *le lien entre la partie et le problème*
- *la solution face à la tension*
- *Ordre et catégories logiques*
- *Priorité accordée aux échéances courtes*
- *Stabilité et équilibre*
- *Si l'un des problèmes est commun aux deux parties, il peut être abordé en priorité*
- *Aborder un autre problème, si le poids de la conformité n'implique qu'une seule partie*
- *Temps et attention accordés en fonction des besoins de chacune des parties*
- *Distance égale entre toutes les parties à la table.*

Phase 3 : Négocier en médiation

À ce stade, les points d'apprentissage clés sont :

- Comprendre les mécanismes des négociations consensuelles
- Comprendre les choix et les possibilités dans la négociation de plusieurs thèmes
- S'occuper des problèmes de communication, et
- Négociation des questions particulières.

Vue d'ensemble

Parvenir à un Accord de paix durable demande des négociations intenses. La façon dont le processus et le résultat des négociations sont structurés est cruciale pour parvenir à cet accord. Grâce à une bonne évaluation du conflit et à une conception de l'intervention approfondie, les médiateurs, investis du mandat approprié, conduisent les parties adéquates à la table des négociations et les aident à mener des délibérations constructives pour un règlement pacifique du conflit.

Cependant, l'essence d'une telle stratégie repose sur l'élaboration et l'exécution de stratégies dont la finalité est une négociation consensuelle et liée aux intérêts des parties. Ainsi, le médiateur déploie des compétences diverses de négociation spécifique, comme l'organisation, la facilitation, la remise en contexte, ou le recours au rôle de bouc émissaire, d'agent de la réalité des faits ou d'analyste des risques. C'est grâce à ces outils que le médiateur et son équipe entretiennent la confiance, le changement de perception, la confidence, la crédibilité du processus de paix, l'ordre des décisions, les interactions avec les participants externes au processus de médiation, l'appréciation des possibilités et leur développement, ainsi que la communication avec les mandants. C'est pourquoi le médiateur ne doit pas uniquement se concentrer sur l'aspect procédural de la gestion du processus de médiation, mais il doit aussi être capable de gérer l'essence des négociations et émettre des propositions, pour que les parties en discutent et les approuvent avant d'aboutir à un Accord de paix.

Première étape : utilisation des outils de négociation

En fonction du mandat, du contexte et de la finalité des négociations, celles-ci peuvent prendre plusieurs formes, notamment :

- La navette diplomatique
- Les négociations secrètes

- Les consultations multipartites
- Les référendums populaires
- L'implication des institutions gouvernementales
- Les séances plénières.

Les décisions prises par les parties, la qualité et la rigidité des questions, le choix de médiateur, les ressources disponibles et la confiance établie entre les parties sont autant de facteurs qui orienteront la forme que prendront les négociations. L'analyse du conflit et les discussions préalables aux négociations permettront au médiateur et à son équipe d'appui d'ordonner les formats adéquats des négociations.

Plus généralement, le médiateur oriente le processus au cours des négociations en veillant à ce que les règles de procédure soient établies et respectées, afin de créer une atmosphère constructive et de garder le contrôle sur les émotions.

Les principaux objectifs sont :

1. Générer une compréhension approfondie des préoccupations et intérêts fondamentaux de chacune des parties, pour parvenir à un règlement durable du conflit.
2. Faciliter l'interposition du médiateur en qualité de tiers impartial, qui, dans les faits, devient alors le partenaire de négociation de chacune des parties, examine leurs intérêts et sonde les possibilités nouvelles pour chacune d'entre elles, par le recours à la navette diplomatique ou aux pourparlers de proximité. Cela permet à chaque partie de disposer d'un partenaire productif à titre d'interlocuteur et de surmonter le problème des parties devant gérer directement des relations difficiles.
3. Explorer des possibilités innovantes permettant de gérer des intérêts essentiels, dont la portée dépasse la position de chacune des parties, et identifier les possibilités nouvelles n'ayant pas encore été envisagées et pouvant être mises en commun pour parvenir à des accords mutuellement acceptables. Ces possibilités naissent d'idées provenant des parties, du médiateur, des experts, des ONG, et des organisations de la société civile. Elles peuvent aussi découler de bonnes pratiques, de normes ou de modèles internationaux. Après une série de délibérations, ces idées sont peu à peu travaillées jusqu'à ce qu'un accord soit conclu.
4. Promouvoir l'instauration progressive de la confiance et l'amélioration du climat que suscitent les succès partiels, qui peuvent en fin de compte fournir la base des pourparlers directs.
5. Promouvoir l'encouragement et l'appui apportés par d'autres intervenants influents, qui peuvent récompenser les progrès et pousser les parties réti-

centes à adopter une attitude plus accommodante, un accord, voire une réconciliation progressive.

La séance de médiation se compose de six éléments (réunis sous l'acronyme '*BADGER*' en anglais – soit, ici, l'équivalent de '*ECE-EOC*' en français) :

E :Entamer les discussions
C :Compiler des informations
E :Élaborer le programme de travail et les stratégies de discussion
E :Engendrer la progression
O : Opter pour des séances séparées (réunions à huis clos)
C :Conclure

Grâce à cette approche étape par étape, les parties prenantes ainsi dotées d'un pouvoir décisionnel et d'une appréhension différente de l'autre seront plus disposées à faire un pas l'une vers l'autre. Elle permet aussi de parvenir à des accords exhaustifs et efficaces.

Entamer les discussions (E)[13]

Cette première étape comprend deux composantes :

Établir le cadre de procédure
Commencer la réunion

Cadre de procédure

Avec la collaboration de l'équipe, le médiateur veille de façon continue à ce que les paramètres de procédure correspondent aux principaux objectifs de l'activité de médiation. Le médiateur, en plus de s'assurer que ces paramètres sont appropriés dans le contexte de la médiation, doit également contrôler la position physique des personnes les unes par rapport aux autres. Ces critères permettent de faire progresser la communication, la sûreté, l'égalité entre les parties et la neutralité du médiateur.

Deux principes orientent la décision

Chaque partie distincte aux discussions devrait avoir un emplacement séparé et de même nature dans la pièce. La position des parties devrait faciliter les conversations entre les membres des groupes, ainsi que la communication entre les parties.

La position du médiateur devrait être à égale distance entre les parties, tant que faire se peut.

On croit, à tort, que la meilleure façon de promouvoir la paix est de placer les membres des différents groupes les uns à côté des autres et de faire en sorte que ces derniers se mélangent. En suivant le premier principe, on évite de tomber dans ce piège. Croire en cette idée erronée peut s'avérer catastrophique ; les personnes impliquées ont souvent des intérêts distincts, voire incompatibles. L'existence d'identités distinctes n'exclut pas la possibilité d'un règlement. Si le médiateur n'est pas sensible à ces dynamiques, il pourrait justement ébranler celles qui permettraient peut-être aux parties de concilier leurs intérêts.

Le deuxième principe est important, car il

- *renforce la neutralité du médiateur*
- *renforce le statut du médiateur en qualité de gestionnaire du processus.*

Exemple : si le médiateur s'assoit à côté d'une Partie A à l'une des extrémités d'une table rectangulaire, et qu'une Partie B est assise en face toute seule, celle-ci s'imaginera très vite que le médiateur favorise la Partie A.

En s'asseyant près de la porte, le médiateur peut gérer la frustration, la colère ou l'impatience d'une partie en toute discrétion. Si une partie s'agace ou devient contrariée, voire si elle se lève pour quitter la pièce, le médiateur peut l'intercepter en lui faisant front. Cela permet d'éviter tout comportement injustifié, et la partie peut prendre le médiateur comme bouc émissaire pour revenir aux négociations.

Premiers pas

Un bon départ est crucial. En effet, la phase d'ouverture donne généralement le ton quant à la réussite ou l'échec de la médiation.

Un discours d'ouverture utile peut notamment comprendre les éléments suivants :

- Accueillir les participants
- Se présenter
- Rassurer les participants sur l'absence de liens entre le médiateur et les parties respectives (liens qui pourraient affecter l'impartialité)
- Vérifier les noms et laisser les parties se présenter brièvement : noms, positions et affiliations (le cas échéant)
- Décrire le rôle et le processus de la séance de médiation
- Donner un aperçu des résultats escomptés de la séance
- Établir les règles de base en matière de communication (qui parle, combien de temps, qui prend des notes ?)
- Mettre l'accent sur la confidentialité des séances communes et individuelles
- Mentionner la possibilité de séances individuelles

- Clarifier le principe selon lequel les parties conservent leur autorité quant au règlement du litige et que le médiateur est là pour aider à mettre au point le processus de règlement
- Établir des règles de conduite relatives au fait de fumer, à l'utilisation des téléphones portables, aux pauses
- Poser des questions pour permettre aux parties de faire part de leurs doutes, inquiétudes ou autres questions relatives au processus.

Le médiateur doit utiliser un langage non vernaculaire tout en étant précis, constant et neutre.

Digression : présider une négociation multipartite

Les présidents des négociations multipartites doivent veiller à maintenir un contrôle étroit sur les processus de groupe sans pour autant en affecter les résultats. Lorsqu'un groupe recherche un consensus ou une décision unanime, le président est tenu de rester attentif en tout temps vis-à-vis du processus. Certains conseils sur la façon de mener des négociations multipartites sont semblables à ceux donnés dans les paramètres de procédure déjà abordés, mais peuvent également englober les points suivants :

Décrivez de façon explicite le rôle que vous remplirez à titre de président ; soyez clair sur le fait que vous n'êtes là que dans le but de gérer le processus et que le groupe décidera du résultat final.

Présentez le programme de travail ou élaborez-en un à partir des questions, des préoccupations et des priorités du groupe. Veillez à ce que le groupe ait la possibilité de discuter du programme, d'en modifier la teneur ou de s'y confronter avant que vous ne commenciez.

Mettez en place des dispositions logistiques qui faciliteront le processus de négociation : la disposition de la pièce offre-t-elle la meilleure configuration possible pour des discussions constructives ? Prévoyez un tableau de conférence ou un rétroprojecteur pour noter les problèmes et les intérêts. De nombreux négociateurs estiment qu'une visualisation des problèmes, des propositions et d'autres informations lors des discussions est un avantage.

Présentez les règles fondamentales ou laissez les interlocuteurs les suggérer : Combien de temps le groupe va-t-il se réunir ? Quel est le résultat escompté ? Y aura-t-il un compte rendu ? Le groupe prendra-t-il des pauses ? Où les négociations auront-elles lieu ? Quand et comment les membres des groupes pourront-ils se concerter avec leurs représentants ?

Créez ou passez en revue des règles et des normes en matière de décisions : celles-ci doivent s'apparenter à des règlements justes et raisonnables aux yeux des parties. Quels critères seront utilisés pour juger si une solution particulière est juste, raisonnable et efficace ? Comment le groupe décidera-t-il en fin de compte d'adopter un accord ?

Rassurez les membres individuels quant au fait qu'ils auront la possibilité de faire une allocution inaugurale ou de proposer d'autres façons de mettre leurs préoccupations et questions personnelles sur la table. Une fois les parties au fait des questions en jeu, informez-les clairement de la possibilité de discussions simultanées portant sur divers problèmes. Cela permettra de faire certains compromis eu égard aux problèmes soulevés, plutôt que de traiter chacun d'entre eux individuellement.

Soyez un gardien sans faille : assurez-vous que tout le monde a une chance de s'exprimer et que les personnes qui se font le plus entendre n'intimident pas les autres. Demandez-leur un peu de retenue et invitez ouvertement les plus silencieux à émettre des commentaires et à partager leurs points de vue. Souvent, à mesure qu'un groupe progresse vers une sorte d'accord ou de consensus, certaines personnes se mettent en retrait. Assurez-vous que c'est parce qu'elles ont choisi de le faire, et non que leur retrait est dû à leur ressenti, à savoir que leurs points de vue respectifs n'en valent pas la peine ou sont insignifiants.

Soyez à l'écoute des intérêts et des points communs : encouragez les personnes à faire part de leurs intérêts, prenez-les en compte, et incitez les parties à identifier non seulement ce qu'elles recherchent, mais également pourquoi elles le recherchent. Soyez à l'écoute des priorités et des préoccupations. Une fois les intérêts et les questions identifiés, réservez ouvertement un créneau pour élaborer des possibilités. Ayez recours au brainstorming et à d'autres techniques de prise de décisions de groupe pour créer ces nouveaux champs et les évaluer.

Intégrez des informations externes (comme des études, des rapports, des statistiques, des faits, des témoignages d'experts) qui permettront de faire la lumière sur les problèmes et les intérêts ; demandez des données précises pour étayer des affirmations, tout en veillant à ne pas vous engager dans des interrogatoires contradictoires qui compromettraient votre neutralité.

Résumez souvent la situation, en particulier lorsque les discussions commencent à décrocher, à se perdre ou à devenir tendues. Faites le point avec le groupe sur sa situation, sur les progrès effectués, et sur ce qu'il reste à faire. Le fait de paraphraser et de résumer ramène le groupe à la réalité et à la mission.

Compiler des informations (C)

Le médiateur rassemble des informations dans un but précis : comprendre le litige et comprendre comment les parties vivent leur « version des faits ». Leurs préoccupations respectives, à la fois substantielles et émotionnelles, doivent être réglées afin de parvenir à un accord. Le médiateur ne sera jamais en mesure de tout connaître sur les personnes qu'il cherche à aider dans le cadre des négociations. Les interactions avec les parties sont assez brèves et ne donneront qu'un aperçu du conflit auquel les parties font continuellement face. Par conséquent, celui-ci devrait chercher à recueillir des renseignements qui feront avancer un dialogue constructif.

Pour rassembler ces informations de manière efficace, les médiateurs ont cinq critères à respecter :

- Écouter attentivement
- Soutenir la communication de façon verbale et non verbale (cf. « Digression : utilisation de la communication non verbale » ci-dessous)
- Prendre des notes de manière sélective
- Encourager la clarté
- Encourager la compréhension

Écouter attentivement

Être attentivement à l'écoute de quelqu'un signifie bien plus qu'entendre tout simplement des sons. L'écoute vise à comprendre ce que l'interlocuteur essaie d'exprimer ; une écoute attentive permet de saisir le message dans sa globalité.

Voici quelques lignes directrices :

- Se concentrer : réduire au maximum les distractions, porter des vêtements confortables, manger avant la médiation pour que la faim ne devienne pas une distraction, ranger les téléphones portables et les fournitures de bureau inutiles, prendre des notes de manière sélective afin de rester attentivement à l'écoute.
- Maintenir la concentration : les individus ne peuvent pas écouter au même rythme que d'autres s'expriment. Un médiateur ne devrait pas se préoccuper de certains points. Une bonne posture est un atout ; positionner son corps vers l'interlocuteur, bras détendus et ouverts.
- Être patient : il n'est pas possible d'entendre tout ce qu'une personne a à dire, et encore moins d'être certain de bien comprendre, si l'on ne lui laisse pas la possibilité de s'exprimer pleinement. Parfois, les parties se répètent. Certains interlocuteurs sont difficiles à comprendre. Une oreille attentive et patiente laisse l'interlocuteur faire part de son récit, même s'il est loin d'être parfait.
- Ne pas interrompre : il n'est pas possible d'écouter et de parler en même temps. Quand bien même il serait tentant d'interrompre une partie en lui posant des questions ou en apportant des informations, un tel comportement perturberait le cheminement de pensée de l'interlocuteur et laisserait transparaître une mauvaise conduite, que d'autres participants sont susceptibles d'adopter.

- Comprendre sans porter de jugement : il n'est pas rare que l'on arrête d'écouter sous prétexte que ce que l'on entend ou la personne qui s'exprime, voire la façon dont les propos sont formulés, nous déplaisent. C'est alors que la personne qui était censée être à l'écoute cesse de l'être, estimant connaître les arguments et étant en désaccord avec ces derniers. Un médiateur ne peut se permettre d'être mentalement en désaccord avec un interlocuteur.
- Comprendre d'abord pour évaluer ensuite, voire bien plus tard.

Digression : utilisation de la communication non verbale

La majeure partie du contenu exprimé entre individus se transmet par la communication non verbale, le silence étant aussi considéré comme une forme de communication. Ceci est d'autant plus important lorsque le médiateur se retrouve dans des situations où il fait face à un ensemble de parties très mixte d'un point de vue culturel.

Voici quelques exemples de ce type de communication :

- expressions du visage (mimiques),
- langage corporel,
- mouvements de la tête
- ou ton de la voix.

Certaines actions non verbales, communément appelées « comportement d'écoute », sont particulièrement importantes pour être en phase avec un autre individu dans le cadre d'une interaction coordonnée comme la négociation.

Les trois comportements d'écoute qu'un médiateur rencontrera le plus souvent sont :

- le contact visuel,
- la posture et
- l'encouragement.

Allez au contact visuel : le contact visuel signale que la personne est à l'écoute, qu'elle est présente ; ne pas s'y engager laisse penser qu'elle est absente. Toutefois, il n'est pas conseillé de fixer du regard l'autre personne. En général, les pauses en contact visuel sont moins nombreuses et plus courtes pendant l'écoute active que pendant la prise de parole. Pour persuader, il est important de fixer du regard pour la partie cruciale du message. Cependant, le médiateur doit être en tout temps bien informé de la valeur symbolique que revêt le contact visuel en fonction du contexte culturel. À titre d'exemple, au Sénégal, il n'est pas acceptable pour un jeune de regarder une personne plus âgée droit dans les yeux pendant trop longtemps, ce geste pouvant être interprété comme une preuve d'irrespect.

Ajustez votre posture : pour garantir aux autres personnes présentes que vous êtes attentif, tenez-vous droit, penchez-vous légèrement en avant et soyez bien en face de l'interlocuteur. Si vous acceptez le message de l'interlocuteur et que vous le soutenez, soyez toujours respectueux et veillez à ne pas être avachi, à vous tourner ou à mettre les pieds sur la table. En revanche, croiser les bras, incliner la tête ou froncer les sourcils sont autant de signaux de désaccord ou de rejet du message.

Encouragez le message de l'interlocuteur ou inversement de manière non verbale : un signe de la tête, un simple geste de la main indiquant de continuer, un « mmh mmh » à peine audible ou un petit bruit semblable pour indiquer votre compréhension de la situation sont autant de signes qui font comprendre à l'interlocuteur qu'il peut continuer et que vous l'écoutez. Un contact visuel succinct, un sourire bref ou un signe de tête constituent tous des signes d'encouragement.

Soyez sensible : Le médiateur doit laisser entendre qu'il se met à la page des points présentés lors des médiations.

Prendre des notes de manière sélective

Tout en écoutant les parties, le médiateur prend des notes. Il n'enregistre que les informations qui lui seront utiles pour aider les parties à se comprendre entre elles, à structurer la discussion et à saisir les conditions de l'accord et des propositions. Si la situation et les parties le permettent, l'un des membres de l'équipe de médiation peut également prendre des notes.

Les points suivants sont à prendre à compte :

- Les noms de toutes les personnes présentes dans la salle de médiation
- Les intérêts communs des parties
- Les questions litigieuses
- La formulation précise des propositions
- L'ordre dans lequel les parties présentent leurs possibilités de règlement.

Ces traces écrites sont généralement les premières étapes psychologiques pour parvenir à un accord mutuel vis-à-vis des questions à régler. Il existe des points de repère concernant les progrès effectués par toutes les parties. Une bonne prise de notes améliore la compréhension qu'a le médiateur vis-à-vis des parties, de leurs problèmes et de leurs stratégies de négociation. Cela sert également d'outil d'évaluation une fois le processus terminé et empêche que ne s'ensuive tout désaccord éventuel entre les parties.

Encourager la clarté

Poser des questions est l'une des techniques les plus répandues pour clarifier la communication. Poser les bonnes questions garantit des informations justes sur les besoins, les arguments et la position de l'autre partie. La mission du médiateur est précise : faire en sorte que les parties continuent à s'exprimer. Différents types de questions amènent différents types d'informations et de réactions émotionnelles.

Types de questions

Il existe plusieurs types de questions qui favorisent le dialogue et les informations exactes :

- Questions d'ouverture
- Questions ouvertes
- Questions ouvertes et ciblées
- Questions de justification
- Questions orientées.

Questions d'ouverture : Les questions linéaires visant à obtenir des informations permettent aux parties de savoir quelles informations partager. Les questions formulées selon le principe du *quoi*, *qui*, *quand*, *où* sont particulièrement efficaces. En effet, elles poussent l'interlocuteur à partager des renseignements, sans pour autant être menaçantes ou accusatrices.

Questions ouvertes : Ces questions permettent aux parties d'y répondre en développant le sujet abordé comme bon leur semble, à l'inverse des questions de type fermé, qui ne requièrent en général qu'un oui/non, ou qui restreignent autrement la portée de la réponse. Les questions qui associent le « quoi » à d'autres phrases comme « dites-m'en plus » donnent lieu à de meilleures réponses :

- *Qu'est-ce qui* vous amène ici aujourd'hui ? Pouvez-vous l'expliquer ?
- *Que* s'est-il passé ensuite ?
- Pouvez-vous *développer* ce point précis, je vous prie ?

Les questions ouvertes permettent d'obtenir le plus de renseignements possible en un laps de temps très réduit, la raison étant que les parties sont les plus au fait de ce qui s'est passé, ou du moins, de ce qu'elles pensent s'être produit.

Questions ouvertes et ciblées : Ces questions invitent les personnes à répondre avec leurs mots bien à elles, tout en restant ciblées sur l'objet de la discussion. L'objectif est d'orienter les commentaires des parties vers les sujets liés aux questions litigieuses :

- Pourriez-vous me décrire l'incident qui s'est produit le long des berges ?
- Pouvez-vous me dire comment vous avez mené vos recherches pour ce projet ?

Questions de justification : Il s'agit des questions de type *pourquoi* :

- Pouvez-vous me dire *pourquoi* l'idée de rediriger les troupes n'est pas concevable ?
- Pouvez-vous expliquer *pourquoi* vous n'êtes pas d'accord avec les propositions du président visant à reconduire les postes du gouvernement ?

Il existe deux niveaux de réponse à ces questions : ceux d'ordre substantiel et perceptif.

La réponse substantielle fait état de la justification rationnelle de la personne concernant son adoption ou son rejet d'une solution proposée. Le médiateur insiste pour s'assurer que le point de vue de la partie est cohérent sur le plan interne et convaincant sur le plan rationnel. Une réponse crédible résout les problèmes ou met en évidence les préoccupations que le règlement doit solutionner de façon satisfaisante.

Les réponses perceptives, quant à elles, obligent les parties à révéler si les raisons pour lesquelles elles cautionnent les solutions proposées ou s'y opposent ont davantage trait à la personnalité des parties qu'à la logique de la solution. Les parties doivent aussi être psychologiquement prêtes à régler leurs différends.

Questions orientées : Ce type de question comporte deux éléments : tout d'abord, la réponse figure dans la question, sous la forme d'un fait ; ensuite, la personne à qui la question est posée ne peut répondre que par « oui » ou « non ».

Exemple : *Vous avez soumis le rapport en retard, n'est-ce pas ?*

Un médiateur devrait éviter d'avoir recours à des questions orientées dans la mesure où celles-ci ne sont pas conçues pour favoriser le dialogue ou les discussions, et parce qu'elles ne créent pas de nouvelles idées ou possibilités pour parvenir à un règlement. Elles visent plutôt à établir des points d'ancrage qui orientent les conséquences. En général, ce type de questionnement peut être utilisé lors de réunions privées et individuelles avec les parties afin d'obtenir un ensemble de situations fondées sur l'analyse des risques et l'élaboration de scénarios.

Encourager la compréhension

Grâce à l'utilisation des outils et techniques susmentionnés, un médiateur analyse la conversation à la recherche de :

- valeurs
- règles
- principes
- propositions
- émotions
- intérêts
- problèmes

et de tout renseignement complémentaire susceptible de contribuer à sa compréhension globale de la situation. Généralement, des besoins bien enfouis sous-tendent les problèmes et les requêtes qui émergent lors de conflits axés sur l'identité et les ressources.

D'un point de vue psychologique, les besoins se traduisent en problèmes qui, à leur tour, se traduisent en points de vue ou en droits.

Les intérêts : ils représentent les moteurs puissants et silencieux qui se cachent derrière les positions des parties. Rien ne sera résolu si une partie estime que ses intérêts principaux n'ont pas été respectés, garantis ou s'il n'y eu aucun progrès. Ce qui compte pour les parties, ce sont leurs intérêts. Ceux-ci peuvent être :

- substantiels ; à savoir directement liés aux problèmes au cœur de la médiation ;
- liés à un processus ; c.-à-d. à la façon dont les parties se comportent au cours du processus de médiation ; et
- liés à des relations ; c'est-à-dire axés sur la relation actuelle ou souhaitée entre les parties.

Les problèmes : les problèmes sont les différents comportements ou questions pouvant faire l'objet de négociations, qui frustrent les intérêts d'une partie et qui engendrent un besoin de médiation. Ces problèmes deviennent les axes autour desquels l'accord se construit.

Les propositions : les propositions sont des suggestions visant à résoudre les problèmes. Tout comme les intérêts et les problèmes, les propositions peuvent être difficiles à déceler si elles sont ancrées dans des insultes et des menaces.

Les émotions : il est intrinsèquement difficile d'utiliser les émotions humaines efficacement pour favoriser la réussite des négociations, en raison de leur nature complexe. Elles influent sur la prise de décision des parties et sur leur comportement à la table des négociations.

Elles sont :

- incontournables – on ne peut les éviter, de même qu'il est impossible de ne pas penser ;
- multiples – dans une situation donnée, un individu peut passer par plusieurs stades émotionnels, comme la colère, la frustration, l'enthousiasme ou le regret ;
- fluides – elles changent d'un instant à l'autre, sans crier gare ;
- superposées – les individus peuvent éprouver plusieurs émotions différentes à la fois ;
- d'incidence variable – plusieurs personnes réagiront différemment à une même émotion, exprimée dans des situations semblables ;
- provoquées pour des raisons multiples – les sources émotionnelles sont difficiles à identifier.

Le médiateur doit impérativement comprendre les émotions en jeu et les gérer de façon appropriée.

Les principes, les valeurs et les règles : Bien qu'intangibles en médiation, le médiateur est tenu d'écouter attentivement les principes centraux des parties. En règle générale, les valeurs, les principes et les règles dictent la conduite de la plupart des individus. Les lois érigent également des lignes directrices importantes. Ces principes ne sont pas négociables, mais doivent toutefois figurer dans le processus de résolution du conflit.

À la table des négociations, le médiateur prend en considération toutes les perceptions, les facultés intellectuelles et les émotions des parties. À partir des techniques susmentionnées et après avoir rassemblé toutes les informations de valeur, le médiateur aide les parties à redonner forme au champ de négociation.

Élaborer la stratégie de discussion (E)

Les participants doivent préalablement connaître le thème général de la médiation et en convenir. De fait, le médiateur doit définir la forme et la structure de la stratégie de discussion en cherchant à :

- trouver des intérêts communs
- identifier les problèmes et les mettre en contexte
- développer de façon continue le programme des négociations.

Le médiateur aide les parties à identifier les questions litigieuses devant être négociées puis oriente les discussions en fonction. Au cours de l'enquête, il les aide également à formuler ces questions en des termes bien spécifiques. Enfin, il les traduit en ayant recours à un langage neutre, qui ne porte aucun jugement, et utilise la technique de remise en contexte : changement de dynamique, de ton et d'orientation de la conversation, afin de pourvoir traiter le développement crucial des points à négocier.

Aborder la stratégie de discussion par étapes est un aspect essentiel pour pourvoir contrer les relations asymétriques dans certains contextes de médiation. Cela signifie que le médiateur doit façonner et structurer la stratégie de discussion en cherchant à trouver des intérêts communs, identifier les problèmes et les mettre en contexte, mais aussi développer de façon continue le programme des négociations. Par exemple : alors qu'un gouvernement ou une autorité centrale dispose d'un accès immédiat au pouvoir, l'accès de leur opposant aux ressources est une question plus complexe. L'équilibre des pouvoirs n'est donc pas une question de perspective plus globale, mais de situation à la table des négociations. Dès lors qu'une partie est d'accord avec la représentation d'une autre partie à la table, le médiateur pourra plus facilement entamer les négociations et utiliser des composantes de base ainsi qu'un ensemble de stratégies adéquates pour que les discussions constructives continuent sur leur lancée. Le fait de décider de façon stratégique l'ordre de priorité des questions litigieuses crée un sentiment d'équité à la table des négociations, en veillant à ce que le point de vue de chaque partie soit abordé.

Harmoniser les règles du jeu revient à établir l'égalité à la table. Pour permettre une prise de décision en toute équité, le médiateur et son équipe peuvent prendre en compte les points suivants :

- accepter le droit de toutes les parties à être présentes, a minima dans le contexte de la négociation ;
- convenir des procédures qui permettront d'impliquer des personnes préalablement exclues ou censurées ;
- planifier le temps et les ressources nécessaires à l'ensemble des parties pour qu'elles viennent préparées à la table des négociations ;
- entrer en contact avec des contreparties, développer des connaissances en conséquence et à partir de contextes différents ;
- rechercher un président de séance ou un médiateur externe puissant pour conférer une légitimité temporaire égale à toutes les parties et pour la durée des négociations, mais aussi pour assurer l'égalité entre elles à la table.

Engendrer la progression (E)

Les parties parviennent souvent à clore un débat qui était auparavant source de litiges. Le médiateur doit impérativement être conscient de ces points d'influence et les utiliser pour avancer vers la compréhension, puis la résolution. C'est ce qui permettra de découler sur des accords efficaces et durables.

L'attention doit être portée sur :

- les idées et les intérêts communs
- l'élargissement de la base de données
- la prise de recul
- l'utilisation de normes et de pratiques en matière de négociation
- les coûts occasionnés par l'absence de règlement (MESORE)

Les idées et les intérêts communs

Ils sont étroitement liés aux problèmes et sont étudiés lors des discussions. Afin de gagner la coopération d'une autre partie, une proposition d'accord doit prendre en compte les idées et les intérêts de ladite contrepartie. Un médiateur peut convaincre les parties de prendre certaines décisions en soulignant le fait que les conditions du règlement proposé favorisent leurs objectifs respectifs et non qu'elles renforcent exclusivement les avantages de l'une ou de l'autre.

Interdépendance entre les parties : les parties doivent veiller à développer une vision commune de leurs problèmes pour pouvoir les résoudre de façon satisfaisante tant pour l'une, que pour l'autre. Le médiateur met en avant le fait que la capacité d'une partie à atteindre son objectif dépend de sa capacité à obtenir la coopération des autres parties. Pour que la coopération existe, chaque partie doit être d'avis que sa situation ne sera pas pire après avoir accepté les conditions d'une proposition de règlement.

Identifier les intérêts communs ou partagés : un médiateur doit travailler sur les besoins communs des parties et constamment les leur rappeler.

Faire appel aux principes courants : dès lors que la situation de médiation semble dérailler ou devenir chaotique (menaces, insultes, etc.), le médiateur doit s'assurer que les parties ont toujours un élément sur lequel se fonder et se mettre d'accord. Il peut s'agir d'appels basiques, comme « Pouvons-nous tous nous mettre d'accord pour ne pas nous interrompre ou utiliser un langage irrespectueux lors de nos conversations ? » ; le but étant d'amener les parties à convenir d'un principe ou d'une ligne directrice d'une certaine importance dans la résolution des litiges.

Appeler à la visualisation : visualiser la façon idéale de résoudre des litiges pour parvenir à de meilleures conditions de vie devient un objectif en soi. En exprimant cet idéal, les parties se sentent souvent plus fortes et sont surprises de constater leurs points communs.

Souligner les aspects relatifs à l'instauration de la confiance : les conflits amenuisent la confiance entre individus. À la suite de cette perte de confiance, ils exigent des conditions de règlement lourdes, de peur que toute condition plus souple ne soit exploitée. Le médiateur doit faire en sorte que les parties accomplissent certaines choses les unes envers les autres pour permettre la restauration d'un sentiment de confiance.

Convenir d'un processus de résolution de litiges : si les parties ne sont pas en mesure de résoudre l'une ou l'autre des questions de fond devant être négociées, le médiateur devrait les guider pour qu'elles réfléchissent à la possibilité de se mettre d'accord sur différents processus de résolution des litiges ou des enjeux spécifiques. En aidant les parties à se mettre d'accord sur la marche à suivre, le médiateur leur permet ainsi de stabiliser leurs relations sur le long terme.

Développer une base de données

Les informations sont souvent le facteur le plus influent sur le changement des points de vue des parties. Ce qu'un médiateur recherche, c'est la volonté chez les parties d'accomplir certaines choses ; apporter des informations nouvelles provoque souvent de nouvelles idées pour d'éventuelles mesures. Un médiateur peut :

- Élaborer des faits pour la force de persuasion
- Utiliser l'absence de faits pour laisser planer le doute quant à ce qui s'est passé ou ce qui pourrait se produire
- Utiliser des déclarations incompatibles pour cibler le problème
- Examiner les bonnes pratiques
- Remettre en cause les suppositions
- Explorer les émotions.

La prise de recul

La médiation étant un processus volontaire, les parties peuvent ne pas être d'accord avec les efforts du médiateur visant à faire progresser la résolution de conflit ou à les aider à réévaluer leurs perspectives et positions. Il y parvient alors en utilisant un ensemble de stratégies qui placent les parties en situation d'accord sur le plan psychologique :

1. Accorder de l'importance au choix : lors d'un débat houleux ou en cas d'impasse au cours de la discussion, un médiateur peut poser les questions suivantes : « Souhaitez-vous continuer cette conversation visant à incriminer l'un d'entre vous, ce que vous faites depuis longtemps, ou aimeriez-vous éventuellement trouver une solution à la question de… ? » Le simple fait de mettre en valeur certains choix responsabilise les parties, qui se sentent alors à même de prendre des directions différentes.

2. Faires des compliments : un médiateur doit renforcer un comportement positif en rappelant aux parties que leur volonté d'avoir recours à la médiation, d'entendre ce que l'une ou l'autre a à dire, d'émettre des propositions et de chercher à parvenir à un accord, même après des heures de débat, est une attitude amplement louable.
3. Citer des exemples auxquels les parties peuvent s'identifier : pour faire preuve de persuasion, un médiateur peut utiliser des exemples ayant trait aux expériences personnelles des contestataires.
4. Utiliser l'humour : le médiateur peut utiliser l'humour avec parcimonie et sincérité pour briser les tensions et remettre les choses en perspective.
5. Inversion des rôles : parfois, un médiateur expérimenté peut demander à une partie d'analyser un problème en adoptant le point de vue de l'autre partie.
6. Laisser parler le silence : lorsque personne ne parle, un malaise s'installe. Un médiateur ne devrait pas se précipiter pour combler les silences qui ponctuent les concertations. Le silence peut créer des ouvertures. Parfois, le malaise sera dissipé lorsque quelqu'un proposera de changer potentiellement ce qu'il ou elle est prêt(e) à faire. Le médiateur devrait reconnaître ces moments précieux et exploiter leur champ d'action.
7. Se concentrer sur l'avenir et non sur le passé : un médiateur aide les parties à façonner leur avenir, à mesure que les événements passés influencent la stratégie de médiation.
8. Interdire l'avidité : dans certains débats, il arrive que l'une des parties obtienne l'issue de son choix pour la quasi-totalité des problèmes à négocier. Un médiateur doit être conscient du pouvoir accru de négociation qu'une partie peut exercer sur l'autre par son recours à la tactique. Il est tenu de leur rappeler à toutes que la réciprocité et les résultats finaux profitent à tout le monde, ce qui, en échange, peut découler sur le respect des engagements.
9. Exploiter les vulnérabilités : les parties ont tendance à voir la situation d'un point de vue « gagnant-perdant ». Cependant, tout le monde peut éprouver des regrets. Ces espaces sont des failles que le médiateur devrait approfondir pour rééquilibrer les discussions. En soulignant les vulnérabilités, le médiateur met l'accent sur la responsabilité commune vis-à-vis des problèmes et sur le besoin de mesures mutuelles, et non unilatérales, pour résoudre ce problème.
10. Garder la face : cela signifie que le médiateur cherche à maintenir la dignité ou la réputation d'une partie. Si un médiateur peut aider une partie lors de son changement de position sans pour autant perdre la face ou la fierté, les chances de résoudre le conflit sont bien plus probables.

Pratiques de négociation

Un médiateur aide les individus à trouver des solutions acceptables. À mesure qu'il progresse vers la résolution, il peut éviter les impasses en exigeant des parties qu'elles adoptent certaines priorités de négociation acceptées.

1. Établir des priorités : les parties qui insistent sur le fait que chaque problème est d'importance égale manquent en général d'une vision claire de leurs intérêts personnels. Un médiateur doit identifier les priorités d'une partie, en particulier si celle-ci ne le fait pas.
2. Mettre au point des compromis : la négociation entre les parties implique une série d'échanges. Les parties échangeront des éléments pertinents uniquement si elles sont d'avis que leur valeur est comparable. Toutefois, la valeur accordée aux éléments varie d'un individu à l'autre. Les échanges, et par conséquent les négociations, sont influencés par ces différentes valeurs. Certains individus estiment que le fond est plus important que les relations, ce qui explique pourquoi les priorités doivent être établies avant les compromis.
3. Contraindre les parties à reconnaître les limites : un médiateur doit rappeler aux parties que leurs propositions de négociation doivent non seulement être le reflet de leurs aspirations personnelles, mais également se limiter aux capacités de leurs homologues à la négociation.
4. Rechercher les compromis : l'idée de compromis est souvent sous-entendue dans la notion de médiation. Malheureusement, l'idée d'un compromis renvoie à un style de résolution de conflit qui se caractérise par la réalisation d'un objectif moindre que celui auquel les deux parties aspiraient à l'origine. Dans ce cas, un accord à long terme n'existe pas, il est à peine question d'une entente à court terme, au cours de laquelle une situation se calme, créant ainsi le temps et l'espace nécessaires pour que les problèmes et les parties deviennent « prêts » pour la résolution. Cependant, la stratégie du médiateur va bien au-delà des compromis et vise la collaboration entre les parties. Le médiateur encourage les parties à comparer ce qu'elles obtiennent en ayant accepté moins que ce à quoi elles aspiraient, et à évaluer si oui ou non cet échange est acceptable.

Un médiateur aide les parties prenantes à obtenir ce dont elles ont *besoin*, et non systématiquement ce qu'elles veulent.

1. Rechercher des solutions globales : le médiateur aide les parties à résoudre les problèmes sans avoir à faire de concessions à quelque égard que ce soit. En général, de telles solutions ne sont pas immédiatement disponibles pour

chacune des questions à négocier, mais elles existent, et le médiateur encourage les parties à les rechercher. En échange, cela permet d'encourager la responsabilisation sur le long terme et des accords durables.

2. Brainstorming : en général, la progression lors d'un processus de médiation se produit dès lors que les parties envisagent des possibilités de résolution. Le médiateur les invite à proposer le plus d'idées possible, qu'elles soient bonnes ou mauvaises, le but étant simplement de les mettre sur la table. Le médiateur saisit ces idées, de préférence sur un tableau de conférence, sans les attribuer à une partie en particulier et sans les juger ni les qualifier. Le fait de séparer la création d'idées de l'adoption d'idées libère les individus, qui deviennent plus créatifs.
3. Interdire les requêtes renforcées : lorsqu'une partie à la négociation émet des requêtes plus poussées, l'accord visé n'est plus le même, ce qui rend la résolution inaccessible.
4. Rendre les négociations stratégiques : le médiateur aide les parties à découvrir tout recoupement éventuel de leurs demandes, à savoir une zone d'accord, au vu de ce qu'elles sont éventuellement prêtes à faire. Il transmet les propositions d'une manière qui n'attire pas l'hostilité de l'une ou l'autre des parties, et oriente les discussions pour que les parties dévoilent leurs intérêts sous-jacents et mettent au point des compromis réactifs.
5. Utiliser le programme de travail : parfois, les individus sont au point mort. Casser la routine aide à surmonter cette impasse, en enterrant une question particulière ou en changeant de cible, afin de créer une certaine dynamique et laisser place à la créativité.
6. Développer des contraintes temporelles : les individus parviennent à un accord lorsque le temps presse et que les échéances se rapprochent. Idéalement, lors de tout débat de médiation, il existe un créneau au cours duquel les parties ont la possibilité de résoudre les problèmes par elles-mêmes. Un médiateur a recours à des échéances pour encourager les parties à prendre leurs responsabilités et leur avenir en main.

MESORE : les coûts occasionnés par l'absence de règlement

La médiation a pour but de découler sur un résultat meilleur que celui qui aurait vu le jour sans y avoir recours. Le fait de trouver une issue sans passer par la négociation ou d'en trouver une lorsque la négociation a échoué est communément appelé « Meilleure solution de rechange » (MESORE ou BATNA en anglais). Le médiateur et les parties doivent mesurer les coûts qu'occasionne l'absence de règlement. La comparaison des coûts se fait de deux manières :

- Avantages et limites liés à l'absence de règlement, et
- Coûts du processus.

Vivre dans le conflit signifie vivre avec des problèmes non résolus. Le médiateur doit demander aux parties si elles préfèrent le statu quo qui les a toutes menées à la médiation ou au règlement proposé. Si tel est le cas, la médiation prend fin et il n'y a pas besoin de négocier un accord. Dans le cas contraire, les parties doivent mettre au point une solution acceptable.

Le médiateur doit également mettre l'accent sur les coûts liés au processus ; coûts que subissent toutes les parties prenantes impliquées en cas de non-recours à la médiation au titre d'un litige. Si les négociations qui animent la médiation échouent, les parties devront se contenter d'autres procédures, allant de la guerre aux tribunaux. En fonction de ce que choisissent les parties, elles pourraient être amenées à suivre les méthodes de résolution dictées par un tiers. Voici donc les coûts tangibles associés au fait d'être continuellement dans une impasse, ce qui ne se produit pas lorsque les parties acceptent les conditions d'un règlement proposé.

L'élaboration d'une MESORE implique ce qui suit :

- Dresser la liste de toutes les options pouvant être appliquées si aucun accord n'est conclu.
- Prendre en considération les conséquences pratiques de solutions plus prometteuses.
- Choisir les solutions qui semblent être les MESORE les plus satisfaisantes.

Directives relatives aux MESORE

1. *Examinez le conflit :*
   - *Quelles sont les questions centrales à la négociation ?*
   - *Qui est impliqué ?*
   - *Quelles sont les issues souhaitées ?*
   - *Quelles mesures permettraient au maximum d'atteindre cet objectif ?*
2. *Réfléchissez à :*
   - *La meilleure issue ?*
   - *L'issue intermédiaire ?*
   - *La pire issue ?*
3. *Évaluez les autres possibilités :*
   - *Existe-t-il des issues qu'une partie refuse de négocier ?*
   - *Quelles sont les solutions dont dispose une partie pour répondre à ses intérêts si aucun accord n'est conclu ?*
   - *Quelle serait la meilleure solution ? Renforcer la MESORE ?*

- *Que peut faire une partie pour que ses intérêts soient satisfaits ?*

4. *Des ressources supplémentaires sont-elles requises ?*
   - *La partie aura-t-elle besoin de temps ou d'un soutien financier supplémentaires ?*
5. *Prenez en considération toutes les MESORE des parties :*
   - *D'après le médiateur, quels pourraient être leurs intérêts centraux ?*
   - *Que pourraient-elles faire si aucun accord n'était conclu ?*

Opter pour des séances distinctes (O)

Une séance individuelle (réunion à huis clos) permet au médiateur d'obtenir certains renseignements, de transmettre les informations et d'encourager personnellement les points de vue qui, selon lui, ne seraient pas partagés au cours de séances communes. Cette phase est cruciale pour pouvoir réfléchir aux solutions de rechange dont disposent les parties. Une séance distincte ou réunion à huis clos peut se tenir avec chacune des parties et le médiateur. Il est également possible pour ce dernier de rencontrer divers sous-groupes de participants. Comme avec n'importe quel autre outil, le médiateur doit savoir quand, pourquoi et comment utiliser la technique de la réunion à huis clos.

Choix d'une réunion à huis clos : pourquoi et quand ?

Au vu des avantages que présentent les séances communes en tout temps, le médiateur doit avoir recours à ce type de réunions avec parcimonie. Toutefois, il existe à la fois des raisons stratégiques et psychologiques d'avoir recours à ces réunions à huis clos. Si les personnes font confiance au médiateur, les informations dont elles lui font part au cours des séances distinctes sont d'une portée remarquable. Elles y mettent en évidence les priorités, indiquent leur degré de flexibilité par rapport à la façon de résoudre certains problèmes ; elles révèlent l'étendue de leurs ressources, leurs aspirations personnelles ou leurs ambitions cachées ; elles comparent les problèmes politiques auxquels elles font face ainsi que les personnes qu'elles représentent, et font part du ressentiment qu'elles éprouvent envers certaines personnes dans la salle de médiation.

Par ailleurs, disposer d'une zone de sûreté pendant les négociations constitue un besoin psychologique que ressentent les parties. Elles doivent être en mesure d'envisager des idées, de mesurer les propos des autres et de réfléchir à des solutions sans avoir l'impression de devoir fournir des réponses immédiates ou d'être tenues à ce qu'elles disent. Un médiateur souhaite que les parties reconnaissent les solutions de rechange peu intéressantes et les faiblesses que présentent leurs points de vue. Ces informations peuvent engendrer une certaine flexibilité et des propositions de règlement.

Le moment opportun pour tenir ces réunions à huis clos et le choix des personnes à rencontrer en premier lieu sont motivés par la finalité que le médiateur cherche à promouvoir.

Élargir la base de données et les choix de règlement : le médiateur est plus à même de comprendre pourquoi certaines options sont inacceptables. Les parties doivent pouvoir étudier des solutions éventuelles sans exposer leur flexibilité ni devoir prendre de décisions immédiates. Pour créer une atmosphère qui mène à cette analyse approfondie des informations essentielles, le médiateur demande une réunion à huis clos. En ce qui concerne le fond, la partie que le médiateur choisit de rencontrer en premier est sans importance. Son choix est guidé par certains facteurs, notamment : quelle est la partie qui cherche à changer le statu quo ou quelle est celle qui s'estime désavantagée d'un point de vue émotionnel, politique ou d'autorité ?

Amoindrir l'intransigeance : au cours des négociations, le médiateur sait si quelqu'un est tenu de changer son point de vue sur une question en particulier pour faire progresser le règlement. Lors des réunions à huis clos, le médiateur détaille en profondeur et avec dynamisme les questions liées aux coûts qu'engendrent une résistance continue, étant donné que les parties ont souvent tendance à ne pas calculer correctement l'influence de leur comportement sur les autres. Elles lisent mal les réactions des autres vis-à-vis du langage qu'elles emploient, de leur comportement ou de leurs demandes de compromis, ou n'en tiennent pas compte. Le médiateur règle ces situations.

Encourager l'évaluation : le médiateur a besoin de temps pour évaluer la progression des négociations et mettre au point un plan d'action. Même s'il est préférable qu'il s'abstienne de suspendre les séances, il ne doit pas hésiter à le faire si le besoin se présente. Lorsqu'il demande du temps pour réfléchir et examiner la situation, le médiateur fait part de son besoin de revoir ses notes prises pendant le processus de médiation et d'envisager la meilleure façon de procéder. Il invite les parties à en faire autant.

Confirmer les avancées : parfois, le simple fait pour une partie de ne plus aborder une question soulevée précédemment durant les négociations est un signe de progrès de sa part. Si le médiateur souhaite s'assurer de cette évolution, il peut décider d'une réunion à huis clos puis rencontrer en premier lieu la partie qui a fait ces progrès.

Faire une pause : les parties ont besoin de réfléchir aux commentaires et propositions et de réévaluer leurs propres positions. Elles doivent aussi prendre des décisions sans être sous la pression des adversaires dans la pièce ; d'où l'importance de la zone de sûreté. Le médiateur peut organiser une réunion à huis clos dès lors qu'une partie a émis une nouvelle proposition, ou lorsque quelqu'un semble épuisé, ou encore à mesure que les parties se rapprochent d'une impasse.

Comment mener une réunion à huis clos ?

Chaque réunion à huis clos a un objectif bien précis, et trois principes dictent la façon dont le médiateur la dirige :

- Toutes les discussions sont confidentielles, sauf si la partie autorise le médiateur à partager la substance de ces dernières ;
- Le médiateur se concerte avec toutes les parties à chaque fois qu'il convoque une réunion à huis clos ;
- Le temps de réunion que le médiateur consacre à une partie doit être le même pour les autres, afin d'éviter toute tension ou tout sentiment de parti pris.

Le plan associe des stratégies visant à mettre au point un programme de travail dont le but est d'engendrer une certaine progression :

- La première réunion à huis clos
- Identification des problèmes
- Zones de vulnérabilité
- Zones d'intérêt mutuel
- Principes généraux
- Coûts associés à un non-règlement – MESORE.

La deuxième réunion à huis clos

Protection de l'avancée proposée : le médiateur ne révèle aucun des renseignements de l'une ou l'autre des parties, mais les évalue afin de déterminer si les conditions d'un accord accepté par une partie sont satisfaisantes pour l'autre.

Protection de la source : tester le caractère acceptable des conditions d'un règlement de façon indirecte ne signifie pas qu'un médiateur est trop prudent pour se pencher sur des propositions provisoires de règlement. Il peut proposer des conditions de règlement de façon hypothétique, ou émettre des recommandations à la partie lors de la réunion à huis clos.

Faire part de l'accord

Par les parties : le fait pour les parties de communiquer directement entre elles quant à leurs dispositions respectives pour résoudre un litige présente certains avantages. Si le médiateur choisit de laisser une partie présenter les conditions d'entente à l'autre partie, il les convoque à nouveau après la réunion à huis clos et les guide pour qu'elles expliquent ce qu'elles sont disposées à faire pour résoudre les litiges en suspens.

Par le médiateur : parfois, le médiateur doit sceller l'accord en toute sécurité. C'est souvent le cas lorsque les parties conviennent de faire ce qu'il faut pour résoudre le litige mais conservent une certaine rancœur l'une envers l'autre ou envers certaines des conditions du règlement. Pour ce faire, le médiateur convoque à nouveau les parties, identifie les questions laissées en suspens, explique ce que chaque partie est prête à faire ou à accepter afin de résoudre le problème, et demande aux parties de confirmer leurs déclarations. Une telle approche n'encourage pas nécessairement la communication, mais elle a le mérite d'être précise et concise.

Progresser vers la conclusion (C)

Les médiateurs ne devraient chercher à conclure l'accord que dans la mesure où les parties se sont entendues sur les éléments à mettre en pratique de manière collaborative. Parfois, aucune résolution mutuellement acceptable n'émerge de la médiation, mais les parties se retrouvent tout de même dans une situation bien meilleure, qui leur permet de développer ultérieurement des résolutions ou de progresser vers un autre processus de résolution de litige.

La présente partie examine les différentes issues possibles : accord – en matière de fond ou de forme – ou absence d'accord. Lorsque des solutions sont trouvées, le médiateur recherche l'accord le plus faisable et le plus durable possible pour prévenir tout litige à l'avenir. Un accord clair et satisfaisant pour chacune des parties aura plus de chances d'aboutir et de perdurer.

Voici les étapes à suivre, en fonction de la nature de l'accord :

- Confirmer l'engagement et le mandat de toutes les parties et des parties prenantes impliquées dans le conflit
- Diriger la médiation lors de la rédaction des accords écrits aussi spécifiques que nécessaire
- Autoriser les vérifications menées par les parties représentées
- Parvenir à des accords finaux.

Une fois les parties d'accord sur la marche à suivre, elles envisagent les détails. Les questions clés sont :

1. Comment les parties prenantes garantiront-elles que l'accord sera mis à exécution ?
2. La mise en œuvre de l'accord requiert-elle l'implication officielle d'experts ou de groupes comme des administrateurs, des dirigeants de groupes-clés, ou encore des dirigeants politiques et d'entreprises ?
3. Comment les parties parviendront-elles à gérer des résultats inattendus résultant de l'accord ?

4. Quels sont les mécanismes de contrôle qui seront établis pour garantir la conformité avec l'accord ?
5. Quel est le rôle de l'équipe de médiation concernant ce contrôle ? Existe-t-il des personnes de confiance, neutres ou locales effectuant ce suivi ?
6. Les parties peuvent choisir d'être d'accord ou non ; le médiateur doit veiller à ce que les décisions soient au minimum très bien réfléchies, ou, dans le meilleur des cas, aussi optimales que possible.

S'il y a accord

L'un des objectifs principaux de la médiation est de faire en sorte que les parties en conflit résolvent les questions de fond de manière acceptable pour chacune d'entre elles. Il n'est pas rare que les parties conviennent de laisser de côté quelques-uns de leurs problèmes.

Si le médiateur aide les parties à résoudre certaines des questions de fond, mais pas toutes, les parties peuvent alors : (1) convenir d'un processus pour gérer les questions en suspens, ou (2) convenir de mettre en œuvre les questions réglées, même si certaines restent non résolues. Si le médiateur parvient à mettre les parties d'accord sur un processus visant à gérer les problèmes non résolus, cela signifie en fin de compte qu'elles auront résolu toutes les questions en suspens.

Sauf dans les cas où les parties ont convenu au préalable d'une telle procédure de type « tout ou rien », alors le fait pour ces dernières de choisir de mettre en œuvre les questions de fond résolues, quand bien même d'autres restent en suspens, dépend de deux facteurs : (1) la relation substantielle entre les questions résolues et celles qui ne le sont pas, et (2) l'importance comparative de ces questions.

S'il n'y a pas d'accord

Les processus de médiation qui n'aboutissent pas sur une résolution sont peu nombreux. Dans certains cas, la médiation peut être qualifiée d'infructueuse. Néanmoins, au lieu de se focaliser sur la réussite ou l'échec, le médiateur a tout intérêt à se préoccuper des parties. Il doit faire en sorte que celles-ci quittent les négociations sans éprouver plus d'animosité qu'auparavant. Par ailleurs, les parties devraient, au minimum, avoir une idée plus précise des choix et possibilités qui s'offrent à elles.

L'absence de règlement, comme un Accord de paix, ne signifie en aucun cas que les négociations étaient inutiles. Elles auront certainement clarifié certains points, élaboré une base de données plus crédible, approfondi les points forts et les points faibles des revendications et positions des parties, étudié plusieurs possibilités de règlements et amélioré la communication entre les parties.

Conseil :

Préparation générale de la stratégie de négociation

- Préparez-vous avant de vous lancer dans des négociations
- Établissez des directives et des règles de base
- Fixez les modalités de négociation avant de commencer
- Mettez-vous d'accord sur le programme de travail

Stratégies

- Concentrez-vous sur l'objectif, visez l'avenir, tirez parti de l'instant
- Sachez ce que vous voulez, et ce que les autres parties veulent aussi
- Demandez clairement et ouvertement ce que vous recherchez, comprenez l'importance des mots et du langage corporel
- N'abandonnez rien pour un résultat nul
- Soyez réaliste et rationnel(le)
- Ayez une solution de rechange
- Ayez le contrôle de la situation, prenez les rênes
- Protégez vos documents de négociation
- Convenez de modalités de mise en œuvre, négociez avec des personnes dotées d'une certaine autorité
- Constatation des faits

Conseils pour la tactique

- Faites preuve de caractère avec modération
- Ne vous contentez pas de réponses négatives, ne dites pas « non »
- Soyez ferme et souple à la fois, adoptez un ton amical
- Emportez les informations avec vous
- Dissimulez ce que vous voulez vraiment
- Mettez de côté les problèmes que vous ne pouvez résoudre à un moment donné
- Maintenez la dernière ligne de défense

Deuxième étape : gestion des compétences de communication

Compétences générales de communication appliquées à la médiation

Une résolution de conflit constructive se base sur deux activités principales : une négociation et une communication habiles. Le langage, la sensibilité culturelle et la capacité à écouter les besoins et les intérêts des parties sont essentiels pour créer des jalons et inciter les parties à se défaire de leurs notions préconçues vis-à-vis de l'autre partie. Elles permettent également d'établir une forme de confiance et de crédibilité.

Hormis l'aptitude du médiateur à poser les bonnes questions, sa capacité d'écoute active et réflexive donne lieu à un échange de récits constructifs lors des négociations. Une écoute active ou réflexive vise à établir de nouveaux liens et canaux de communication.

L'écoute active se compose de 5 éléments :

1. *Ne pas parler*. Écouter signifie avant toute chose être capable de rester silencieux et d'écouter le discours d'autrui ;
2. *Rester attentif.* Lorsque vous écoutez, vous émettez des signes d'attention. Un signe de la tête, un contact visuel, des gestes ouverts, un « mmh mmh » de confirmation, entre autres, sont autant de signes pour votre interlocuteur que vous l'écoutez attentivement. Confirmer les faits entre aussi dans cette catégorie.
3. *Demander.* Lorsque vous posez des questions pour vérifier que vous avez bien compris le message, limitez-vous aux questions ouvertes (de type quand, quoi, où…). Ne mêlez pas vos propres réflexions à la conversation, encouragez plutôt l'autre personne à expliquer son point de vue plus précisément et à donner des exemples.
4. *Paraphraser.* De temps en temps, profitez des courtes pauses pour résumer, avec vos mots à vous, les points pertinents concernant ce que vous venez d'entendre. De cette manière, vous pourrez vous assurer d'avoir tout compris et vous renforcerez par ailleurs la relation.
5. *Répéter.* Si vous pensez qu'il est bon de le faire, pourquoi ne pas également aborder la question des « sentiments » ? Demandez-vous ce que l'interlocuteur exprime en lisant entre les lignes, et cherchez à comprendre le type de frustration ou d'agacement qu'il ressent. En reformulant en une phrase ou une question ce que vous pensez que l'interlocuteur ressent, vous renforcez énormément les liens et la relation de confiance.

Les questions sont un outil important pour que les modérateurs puissent piloter la réunion sans paraître trop directifs, mais pas seulement : un état d'esprit interrogateur est un prérequis élémentaire pour celui qui préside la réunion ; cela lui permet de montrer l'intérêt qu'il éprouve vis-à-vis des différents points de vue des membres de l'équipe et de réserver son opinion personnelle. Un modérateur impartial est un bon modérateur.

Les questions comptent beaucoup, parce qu'elles :

- augmentent la base de renseignements sur laquelle fonder la résolution de problème ;
- ouvrent la porte aux points de vue créatifs et aux idées nouvelles ;

- rendent les participants actifs et impliqués ;
- aident à structurer les sujets à aborder ;
- mettent en évidence les situations de consensus ou de désaccord ;
- permettent d'identifier les obstacles et les conflits et de les supprimer.

Gérer les parties difficiles grâce à la communication

Les études et la pratique ont démontré que parfois, certaines parties ne consentent pas à un ensemble de règles de base ou de règles fixes en matière de comportement éthique lors du processus de médiation. Que ce soit lors des négociations ou par l'entremise de coalitions avec des éléments perturbateurs externes, il arrive que des parties se saisissent de l'espace créé par la mission de médiation pour se livrer à d'autres hostilités, s'armer ou utiliser leurs intentions cachées. Lorsqu'on leur demande d'expliquer leurs comportements respectifs, les parties cherchent à rationnaliser ou expliquer les raisons qui, selon elles, justifient leur recours à telle tactique ou tel comportement.

Parmi les exemples les plus fréquents :

La tactique était inévitable. La partie avait l'impression de ne pas avoir le plein contrôle de ses actions et n'avait pas d'autre choix, c'est pourquoi elle ne devrait pas endosser toute la responsabilité (p. ex. la riposte d'un groupe rebelle contre des troupes gouvernementales pendant la négociation d'un accord de cessez-le-feu).

La tactique était inoffensive. Il est possible que la partie laisse entendre que ses faits étaient futiles et sans importance. Toutefois, cette justification-là interprète souvent le préjudice du point de vue de l'acteur.

La tactique permet d'éviter des conséquences négatives. En général, les parties clament que la fin justifie les moyens. Dans le cas présent, la justification est celle selon laquelle la tactique a permis d'éviter des préjudices de plus grande ampleur.

La tactique engendre des conséquences positives ou permet de « motiver les troupes ». Une partie qui juge une tactique en fonction de ses conséquences agit selon les principes de l'utilitarisme, à savoir que la qualité de toute action se juge au vu de ses conséquences. En réalité, la plupart des négociateurs présents à la table useront de tactiques trompeuses pour leur avantage personnel, et non pour le bien de tous.

« Ils l'ont cherché » ou « Ils l'ont mérité ». Ces justifications sont des déclinaisons du concept qui consiste à mentir et à tromper soit une personne qui aurait profité de l'autre partie par le passé, soit une source généralisée incarnant le pouvoir (« le Système »).

La tactique est juste ou appropriée au vu de la situation. Cette approche utilise une sorte de relativisme moral en guise de justification. La plupart des situations sociales, y compris les négociations, sont régies par un ensemble de règles de conduite généralement bien comprises ou de règles de base établies précédemment.

Un médiateur peut gérer des parties difficiles en piochant dans la liste suivante (non exhaustive) :

- Poser des questions pointues ;
- Formuler les questions de différentes manières ;
- Forcer la partie à réagir – prise de conscience ;
- Tester les parties – essayer de comprendre la logique des déclarations, avoir recours à des critères et éventuellement à une réunion à huis clos (séance distincte) pour évaluer la situation réelle ;
- Ignorer la tactique trompeuse ;
- Discuter de ce qui a été observé et proposer d'aider à reformuler des faits sans porter de jugement.

Troisième étape : négociation des questions particulières

Négociations des cessez-le-feu

Lors des conflits intra et interétatiques, les médiateurs ne disposeront que d'un mandat restreint pour la négociation d'un accord de cessez-le-feu entre les parties en conflit, qui sera généralement suivi d'un élément de maintien de la paix pour gérer le processus de paix. Les cessez-le-feu peuvent jouer deux rôles distincts :

1. ils peuvent faire partie d'un processus de paix plus large, et donc permettre à une force de stabilisation de garantir les fondations de l'Accord de paix, ou
2. ils peuvent être l'élément principal des activités de paix.

En général, l'accord de cessez-le-feu fait partie d'un exercice de maintien de la paix, visant à séparer les forces armées. Il revêt les caractéristiques suivantes :

Mesures de désamorçage ;

- Paramètres et critères clairs de ce que constitue une violation du cessez-le-feu ;
- Déploiement d'une composante de maintien de la paix ;
- Mise en œuvre cadrée et limitée dans le temps du cessez-le-feu ;
- Suivi, vérification et création de mécanismes communs pour effectuer les contrôles ;
- Liens entre l'accord de cessez-le-feu et le processus de paix ouvert à toutes les parties prenantes.

À titre de compromis temporel pour établir les bases d'un Accord de paix de fond et plus global, les accords de cessez-le-feu peuvent être utilisés à titre d'ententes préalables aux négociations pour les activités de paix ultérieures et durables. De ce fait, ils restent des compromis limités, qui ne traitent pas les griefs principaux de toutes les parties impliquées dans le conflit. Un médiateur doit guider le compromis de cessez-le-feu avec précaution et tenter de préparer le terrain pour stabiliser et engager davantage les acteurs impliqués. Il doit rechercher la coordination et l'appui constants des autres éléments de la médiation, comme la société civile, le secteur privé, les groupes de contact internationaux et autres partisans de la paix, afin de contrer le danger qui se présenterait si les groupes armés retombaient en situation de guerre. Par conséquent, l'équipe d'appui à la médiation doit se composer d'experts techniques qui apportent des connaissances en matière de réforme du secteur de la sécurité, de processus de DDR, de partage du pouvoir, ainsi que d'experts du monde des affaires, de la problématique hommes-femmes et de l'éducation. Les législateurs doivent s'engager dans un dialogue régional pour établir les règles de base concernant la mise en place d'institutions, gérant ainsi les éléments perturbateurs et le risque de bloquer des nouveaux pourparlers de paix.

Négociations avec des groupes armés

Lors de guerres civiles intra-étatiques, l'équipe chargée de la mission de médiation sera forcément amenée à engager le dialogue avec des groupes armés. Les groupes armés sont ceux dont la rébellion ou la résistance défient explicitement l'autorité de l'État. L'action armée, d'origine politique, s'emploie aussi dans un dessein politique. C'est pourquoi les médiateurs, dotés d'un mandat solide de maintien de la paix, doivent s'efforcer d'accommoder ces aspirations politiques, de sorte à contenir la violence. Cependant, la définition de l'expression « groupes armés » est floue, ces derniers se caractérisant par leur grande diversité et leurs différents degrés de menace vis-à-vis de l'État.

Les groupes armés peuvent être classés comme suit :

- Forces rebelles organisées en tant qu'armée ;
- Grands mouvements de résistance militaire et politique ;
- Groupes séparatistes organisés en cellules, mais reliés à des représentants politiques ;
- Groupes armés ethniques ;
- Groupes militants interconnectés ;
- Groupes militants connectés à l'échelle internationale à un réseau plus étendu.

Sur la base d'une analyse approfondie du conflit et des indicateurs d'alerte rapide, les décideurs politiques devront choisir parmi plusieurs options, notamment :

- S'engager afin d'ouvrir un canal de communication ;
- S'engager afin d'instaurer la confiance avec le groupe armé et améliorer sa capacité de négociation ;
- S'engager afin de gérer les éléments qui pourraient perturber le processus de paix.

En raison de la sensibilité politique de la question, le médiateur principal de l'organisation régionale qui mandate doit se mettre en relation avec des agents de liaison provenant des mécanismes régionaux concernés, des Nations Unies, du Groupe de contact international et des OSC impliqués dans la médiation afin d'engager les groupes armés comme mandataires. À ce titre, les médiateurs locaux, les pacificateurs traditionnels et les autres acteurs non officiels doivent aussi être consultés et mis en relation.

Négociations avec des mouvements séparatistes

Le continent africain a récemment été témoin de l'émergence de tendances séparatistes et de la scission d'États. La plupart des mouvements séparatistes visent la négociation d'un transfert de pouvoir et de juridiction depuis l'État hôte vers leurs organisations politiques. Il se peut que les autorités des États hôtes ne soient pas disposées à négocier à ce sujet, mais elles pourraient être disposées à entamer les discussions avec les chefs séparatistes sur la décentralisation du pouvoir aux groupes séparatistes, pour alléger les doléances spécifiques que les dissidents mettent en lumière dans leur propagande ou leurs demandes. En d'autres termes, les autorités des États hôtes sont souvent prêtes à négocier et à accommoder, au minimum, l'une des exigences des séparatistes.

Cependant, dans certains cas de sécession, il arrive qu'aucune négociation n'ait eu lieu ou que les négociations entre les deux parties aient pris fin sans qu'un accord n'ait pu être conclu. Dans de tels cas, les séparatistes continuent à proclamer la sécession unilatéralement, sans accord avec les autorités des États hôtes. Une proclamation unilatérale de sécession, souvent appelée déclaration unilatérale d'indépendance, est une demande adressée à l'État hôte de se plier ou de consentir de façon inconditionnelle à sa perte de pouvoir et de juridiction. Les négociations ou les accords négociés entre les États hôtes et les séparatistes ne précèdent pas toutes les sécessions, qu'elles soient concluantes ou non.

Les sécessions se caractérisent par 4 éléments fondamentaux :

1. un territoire délimité au sein d'un État existant ;
2. une population au sein de ce territoire ;

3. un mouvement politique a proclamé l'indépendance d'un nouvel État à partir de ce territoire (et est soutenu par la population locale), et
4. ce même mouvement a tenté de gagner la reconnaissance des autres États et des organisations internationales de cette indépendance.

Lorsque la négociation s'effectue dans de telles circonstances, les médiateurs doivent analyser le stade auquel se situe le conflit séparatiste. Certains sont pacifiques, mais la plupart sont violents.

Les sécessions violentes se caractérisent par les facteurs suivants :

- La disposition de l'État hôte et sa capacité à avoir recours à la force pour prévenir la sécession et mettre fin aux mouvements sécessionnistes ;
- La disposition du mouvement sécessionniste à avoir recours à la force dans la poursuite de ses objectifs sécessionnistes ;
- L'opposition, de la part d'un groupe concentré sur un territoire au sein de l'État séparatiste, à la sécession de leur territoire de l'État hôte ;
- L'existence de groupes armés qui échappent au contrôle des autorités sécessionnistes et de l'État hôte.

Par conséquent, l'analyse du conflit devrait tenir compte des questions suivantes :

- Quels sont les facteurs qui ont contribué à l'émergence de la violence ou qui auraient pu y contribuer, lors d'une tentative de sécession ?
- Comment le conflit est-il apparu, dans le cas précis de sécessions ou de tentatives de sécessions ? Quelles actions des parties impliquées dans ladite tentative ont conduit au conflit violent ?
- Quelles conditions politiques et sociales ont facilité ces tentatives de sécession et quels facteurs ont « entraîné » les proclamations de sécession ?
- Comment peut-on justifier ces tentatives de sécession ?
- Ces sécessions étaient-elles légales ?

Étude de cas : Guerre du Biafra, 1967

Le 26 mai 1967, la région de l'Est du Nigéria vote en faveur de la sécession du Nigéria, pour former la République du Biafra. La guerre éclate tout de même et l'OUA (Organisation de l'Unité Africaine) tente d'intervenir. En septembre 1968, la Conférence des ministres étrangers de l'OUA adopte une résolution et demande aux chefs sécessionnistes de coopérer avec les autorités fédérales afin de rétablir la paix et l'unité au Nigéria, et recommande parallèlement au Gouvernement militaire fédéral de coopérer avec toutes les parties et de garantir la sécurité de tous les Nigérians, jusqu'à ce qu'une solution durable au conflit soit trouvée.[14] *Entre août et septembre 1968, l'OUA facilite les négociations formelles entre les parties en conflit à Addis-Abeba.*[15] *Après des mois de conflit et de négociations, l'OUA appelle au cessez-le-feu en avril 1969 et le 15 janvier 1970, le Biafra se rend officiellement aux troupes gouvernementales.*

Les médiateurs doivent :

- clarifier leur mandat pour négocier ;
- travailler avec les Groupes de contact internationaux pour permettre des discussions en parallèle avec les groupes armés impliqués, et pouvoir agir à titre de canaux de communication entre les délégations et les groupes qu'elles représentent ;
- Clarifier les règles de base et le programme pour l'engagement ;
- Analyser continuellement le conflit ;
- Clarifier la terminologie (autonomie, référendum, autonomie gouvernementale, indépendance).

Les médiateurs par procuration et les médiateurs traditionnels maintiennent le contact et la communication à un niveau non officiel pour gérer les fauteurs de trouble et motiver toutes les parties à continuer les négociations ;

- Permettre la navette diplomatique, éviter les sanctions et la pression ;
- Avoir recours aux experts en matière de DDR, RSS et de partage du pouvoir pour réguler les troupes ;
- Faire appel à des experts dans les domaines des règles juridiques et de la problématique hommes-femmes pour un nouveau cadre juridictionnel ;
- Consulter les experts électoraux pour les questions relatives aux référendums et à la mise en place d'une constitution ;
- Faire appel à des conseillers techniques sur la rédaction d'accords et de clauses pour inclure des clauses de suivi, de vérification et d'évaluation.

Négociation de changements anticonstitutionnels de gouvernement dans le cadre de l'Architecture africaine de paix et de sécurité

Parallèlement à la Déclaration de Lomé sur les Changements anticonstitutionnels de gouvernement adoptée par l'OUA en juillet 2000 et à la Charte africaine de la démocratie, des élections et de la gouvernance (la Charte d'Addis-Abeba) de janvier 2007, l'Acte constitutif de l'UA apportait la définition du concept de changement anticonstitutionnel de gouvernement et indiquait les actions politiques spécifiques à prendre par l'OUA/UA à cet égard. La Déclaration de Lomé et la Charte d'Addis-Abeba ont toutes les deux identifié quatre situations représentant des changements anticonstitutionnels de gouvernement :

- Un coup d'État militaire contre un gouvernement élu de manière démocratique ;
- Une intervention par des mercenaires pour remplacer un gouvernement élu démocratiquement ;
- Le remplacement d'un gouvernement élu démocratiquement par un groupe armé dissident et un mouvement rebelle ;
- Le refus d'un gouvernement en place d'abandonner le pouvoir et de le laisser au parti politique qui a remporté des élections ordinaires, justes et équitables.

En outre, l'article 23(5) de la Charte d'Addis-Abeba a identifié une cinquième situation :

> « la révision ou modification de la constitution ou des instruments légaux, ce qui constitue une violation des principes du changement démocratique de gouvernement ».

En vertu des trois instruments de l'UA, un ensemble de mesures ou d'actions spécifiques doit être pris par l'UA en réaction à un changement anticonstitutionnel de gouvernement. Alors que le président de la Commission de l'Union Africaine (CUA) doit immédiatement condamner un coup d'État, le Conseil de paix et de sécurité (CPS) est sollicité pour convenir d'une réunion portant sur une question réputée constituer une menace pour la paix, la sécurité et la stabilité du continent. Le pays au sein duquel le changement anticonstitutionnel de gouvernement s'est produit doit voir son adhésion révoquée et ne doit pas être autorisé à prendre part aux instances directrices de l'Union Africaine. Parallèlement, les autorités de fait disposent de six mois pour rétablir l'ordre constitutionnel. Néanmoins, au cours de cette période de six mois, l'UA doit collaborer avec les nouvelles autorités afin d'encourager ce rétablissement d'ordre constitutionnel dans le pays.

Dès lors que la période de suspension expire, il est possible qu'un régime refusant de rétablir l'ordre constitutionnel fasse l'objet d'une série de sanctions ciblées et limitées.

La plupart des questions spécifiques susmentionnées seront à nouveau examinées lorsque nous étudierons l'étude de cas, à savoir les Médiations au Soudan, après cette deuxième partie.

Phase 4 : Coordonner l'intervention de médiation

À ce stade, les points d'apprentissage clés sont :

- Comprendre la complémentarité et la coordination des interventions ;
- Créer des alliances pour appuyer le processus de paix ;
- Planifier la phase de développement et de reconstruction après un conflit ;
- Collaborer avec des acteurs non officiels et les médias.

Vue d'ensemble

La coordination, la liaison et la coopération entre tous les acteurs de la médiation qui soutiennent le processus de paix sont essentielles pour garantir des mesures efficaces et de cohésion, afin de transformer le conflit destructeur en une résolution de conflit de nature constructive. Pendant que le médiateur principal implique les parties clés dans des pourparlers importants et veille à ce que les organes mandatés soient tenus informés des développements, il revient à l'équipe d'appui à la médiation de s'occuper de la coordination au cours du processus. Cela implique de communiquer avec la Société civile, les Communautés économiques régionales, les médias, les dirigeants traditionnels, les médiateurs par procuration et les groupes de femmes.

La coordination est un processus complexe et aux multiples facettes.[16] Les objectifs peuvent varier, allant du simple partage d'informations à la négociation des décisions ou la mise en œuvre d'activités communes, en passant par la coordination des programmes, des médias et de l'intervention internationale. Une fois que les médiateurs officiels ont aidé les parties prenantes à parvenir à un accord politique formel, ils peuvent se tourner vers les organisations non gouvernementales, les médias, les groupes de femmes, le secteur des affaires et les dirigeants traditionnels pour permettre la mise en œuvre de base de l'Accord de paix. Les médiateurs officiels et les organisations non gouvernementales devraient s'harmoniser pour organiser efficacement la passation d'une partie de l'appui, nécessaire à la mise en œuvre de l'accord.

Dans d'autres cas, les experts de la résolution de conflit organiseront des interventions simultanées. Par conséquent, l'intervention couvre une multitude d'activités qui peuvent convenir à l'ensemble des interactions attenant au processus de paix. Faire le lien entre les ressources de rétablissement de la paix et les ressources de consolidation de la paix est essentiel pour un Accord de paix durable et à même d'être mis en œuvre.

Le médiateur doit contrôler les activités à mener et à mettre en place dans le contexte de consolidation de la paix : ce que l'on appelle communément les pourparlers non officiels. Une fois clairement identifiés, le médiateur présent au sein du contexte de rétablissement de la paix peut aller à la rencontre des médiateurs présents au sein du contexte de consolidation de la paix, grâce à des réunions régulières, des séances d'information, et l'inclusion dans l'accord final. En fonction du contexte et des analyses de conflit, les médiateurs doivent évaluer le degré nécessaire d'ouverture ou de fermeture des processus de médiation initiaux, qui permettra d'engendrer un mouvement suffisamment conséquent pour que les parties en conflit acceptent les activités informelles.

Exemples de synchronisation et de coordination :

- Facilitation de la négociation non officielle : les médiateurs peuvent animer des réunions non officielles avec des chefs provenant des trois circuits (officiel, non gouvernemental et du troisième plan – à savoir la Société civile sans fonction déterminée et les citoyens de terrain) afin d'étudier les possibilités de règlement ou les programmes de paix qui peuvent mener à des programmes de prévention du conflit et d'alerte rapide.
- Renforcement des capacités pour les parties aux négociations : formations, ateliers sur la résolution de problèmes, conférences avec les parties prenantes et « cafés mondiaux » peuvent tous apporter des compétences formatrices en négociation, en résolution de conflit et dans le développement de réseaux et d'alliances.
- Résolution de problèmes interactive : des ateliers peuvent être menés avant ou parallèlement aux activités de médiation formelles pour approfondir et enquêter sur les intérêts sous-jacents et développer une compréhension commune.
- Soutien logistique pour la médiation formelle : des partisans et des dirigeants informels peuvent apporter une expertise technique et thématique, du personnel supplémentaire et un soutien d'ordre logistique, administratif et d'infrastructure.
- La négociation et la médiation de problèmes locaux touchant les communautés : des débats et des ateliers mis en place peuvent résoudre des litiges d'échelon inférieur, dans le contexte du processus de médiation formel plus large.
- Alerte rapide : l'interaction entre les différents circuits peut apporter des informations supplémentaires sur la nature du conflit et identifier les ouvertures ou les problèmes qui se présentent.
- Renforcement des capacités pour la société civile et le public au sens large : cela peut permettre aux citoyens de participer de manière efficace au pro-

cessus de paix en favorisant la compréhension, en lançant des programmes de soutien à l'institution et en encourageant les aspects nécessaires au renforcement de l'État aux fins d'une paix durable.
- Renforcement de la relation et de la réconciliation : faciliter les pourparlers avec la société civile peut forger des relations, mais aussi favoriser la confiance et un appui communs et collectifs au processus de paix sur le long terme.
- Étapes transitoires : la mise en place de programmes appropriés peut permettre le désarmement, la démobilisation et la réintégration des combattants, ainsi que la participation aux efforts transitoires de paix.
- Mise en œuvre de l'appui : mobiliser la population et l'éduquer peut lui permettre de suivre le processus de paix et d'y participer. Cela peut également contribuer à la sécurité sous la forme de programmes de type « voisins vigilants », de désarmement ou de programmes de jeunesse.

Première étape : clarifier les sources de financement complémentaires

Pour que la mission de médiation soit durable, le médiateur peut être amené à cibler d'autres sources de programmes de financement disponibles pour soutenir le processus de paix. Cet aspect est particulièrement important lorsque les acteurs officiels et non officiels s'engagent dans des mesures coordonnées pour mettre en œuvre le processus de paix. Les conférences, les sommets, les ateliers et la navette diplomatique auront une incidence sur les ressources financières à disposition de l'activité de médiation immédiate. C'est pourquoi il est crucial de rechercher d'autres sources de financement pour l'avenir, à la fois pour le médiateur et pour l'équipe d'appui à la médiation.

Étude de cas : le financement du Canada pour les processus de médiation en Afrique

En 2003, le Canada a soutenu de manière active le Dialogue inter-congolais, qui réunissait les multiples factions politiques impliquées dans le conflit pour le processus de dialogue afin d'établir les paramètres de la transition politique vers la démocratie, ce qui a donné lieu aux élections présidentielles de 2006. Le Dialogue inter-congolais a duré plus de deux ans et comptait plus de 300 participants, y compris des déléguées, des groupes de femmes et des organisations de la société civile. Sous le gouvernement de Stephen Harper, le Canada a financé le Processus de paix de Juba entre l'ARS et le gouvernement, dont la médiation a été gérée par le Gouvernement du Soudan du Sud. Le Canada a également envoyé un observateur officiel pour assister aux pourparlers auxquels il a contribué financièrement à hauteur de 8 millions de dollars. Par ailleurs, il a envoyé une équipe d'experts diplomatiques et militaires pour aider les

Nations Unies à développer un cadre exhaustif de désarmement et de démobilisation des combattants.

Deuxième étape : garantir la coordination et la complémentarité

Parmi les mécanismes de coordination les plus élaborés, nous allons approfondir ici la structure de l'Union africaine et de la CEDEAO. Même s'il est mandaté par l'un des principaux organes décideurs de l'UA, le médiateur principal devra garantir un niveau accru de coordination entre l'UA et le Mécanisme régional dans la zone de conflit.

Depuis que l'Acte constitutif de l'Union africaine a été adopté en 2000 lors du Sommet de Lomé (Togo), les dirigeants africains ont travaillé à la réorganisation et à la constitution de nouvelles institutions africaines pour mieux gérer les conflits et l'instabilité politique, mais aussi pour accélérer l'intégration économique africaine. Les communautés économiques régionales sont reconnues comme étant les pierres angulaires de cette double mission.

Pour que l'Afrique atteigne ses objectifs d'intégration plus globale et de stabilité politique, une action collaborative et une meilleure coopération sont de mise entre l'UA, les CER, les partenaires, le système des Nations Unies et d'autres organisations internationales. L'article 88 du Traité d'Abuja et l'article 3 de l'Acte constitutif de l'UA envisageaient les CER comme les « organes de mise en œuvre » de l'objectif de l'UA, à savoir un continent prospère et pacifique. Ils représentent les principales fondations d'une intégration économique et sont les acteurs clés garantissant une stabilité politique au sein de leurs zones géographiques. Les CER font face à un défi de taille : elles doivent relever le niveau de vie du peuple africain et contribuer au progrès et au développement du continent en visant la croissance économique, en encourageant la paix et la sécurité, et en faisant évoluer les valeurs politiques partagées, mais aussi les systèmes et les institutions des pays africains.

Le rôle des CER en tant que fondations de la Communauté économique africaine (CEA) et leur ancienne relation avec l'UA sont régis par un ensemble d'accords formels (Articles 33 et 34 de l'Acte constitutif de l'UA, le Protocole UA-CER de 1998, l'article 16(9) du Protocole relatif a la création du Conseil de paix et de sécurité de l'Union africaine, ainsi que les protocoles d'entente (PE) qui ont suivi entre l'UA et les CER individuelles.

À titre de document de référence, le PE relatif à la coopération dans le domaine de la paix et de la sécurité entre l'Union africaine, les Communautés économiques régionales et les mécanismes de coordination des brigades régionales en attente de l'Afrique de l'Est et de l'Afrique du Nord sert de cadre légal permettant la coordination et la convergence des efforts en matière de prévention, gestion et résolution du conflit.

Le paragraphe 4 de l'article VII stipule que :

> *« Lorsque des conflits ont eu lieu, les parties [au PE] doivent coopérer lors des activités de rétablissement et de consolidation de la paix afin de résoudre ces conflits et d'éviter qu'ils ne réapparaissent, notamment par le recours aux bons offices, à la médiation, à la conciliation, aux requêtes et au déploiement de missions de soutien à la paix, tel que stipulé dans le Protocole du CSP et d'autres organisations régionales concernées. »*

Afin d'être efficace et de rendre le PE opérationnel, il est recommandé de déployer le Groupe des Sages afin de relier les différentes activités de médiation des Nations Unies et les institutions de médiation aux CER de façon plus coordonnée. Le médiateur principal peut avoir recours au Groupe des Sages pour se mettre en relation avec les décideurs des mécanismes régionaux et se concentrer sur les négociations, pendant que les organes de coordination fournissent l'appui à la médiation complémentaire.

Le médiateur principal doit également collaborer avec l'Africa Clearing House (ACH) (G8++). Le but de l'ACH est d'établir une instance multilatérale pour l'échange d'informations sur l'aide à la sécurité et les programmes de coopération pour le continent africain, et de créer un mécanisme pour des activités de coordination. Le processus de médiation bénéficierait ainsi d'un appui plus conséquent concernant les opérations de soutien et de mise en œuvre de la paix. Là encore, le Groupe des Sages devrait constituer le mécanisme de coordination approprié pour cette activité de synchronisation efficace.

Sur le plan stratégique général, les cadres politiques communs devraient être considérés comme des prérequis avant que les partenariats ne deviennent opérationnels. Les accords inter-organisationnels comme la *Déclaration conjointe sur la coopération entre les Nations Unies et l'UE dans le cadre de la gestion de crises* ou encore la *Déclaration sur le renforcement de la coopération entre les Nations-Unies et l'UA* sont importants, car ils ouvrent la voie aux stratégies propres à certaines situations (mandats, plans de mise en œuvre, plans d'opération, etc.) pour les engagements en question.

Troisième étape : se mettre en relation avec les acteurs non gouvernementaux

Les médiateurs doivent identifier et évaluer la capacité des acteurs non gouvernementaux à assimiler et reproduire les activités de médiation afin d'obtenir l'adhérence locale à l'Accord de paix. Les médiateurs officiels doivent coordonner d'autres acteurs de la paix expérimentés dans des domaines, pratiques, rôles traditionnels, activités et processus de réconciliation divers et variés. Le recours à des médiateurs par procuration conforte la théorie selon laquelle les processus ouverts à toutes les parties prenantes ont tendance à favoriser des accords de paix durables et faciles à mettre en œuvre, y compris la gestion des éléments pertubateurs, l'élévation de la Société civile et la création d'un espace où les idées démocratiques peuvent être contestées de façon constructive et sanctionnées par une constitution.

Les questions directrices pour une coordination efficace entre les acteurs des circuits officiel et non officiel sont les suivantes :

- Comment les acteurs des circuits officiel et non officiel parviennent à une coordination optimale ?
- Quelles méthodes de coordination faut-il mettre en place au vu des différentes situations (lorsque les initiatives sont fondées sur des approches très similaires ou très différentes) ?
- Ces différentes méthodes conviennent-elles davantage à des ONG, des OIG ou des contingents militaires, dans la coordination de l'intervention ?
- Quelles stratégies les contributeurs financiers sont-ils susceptibles d'adopter pour soutenir la coordination ?
- Comment les parties au conflit, dans ce contexte de différends et de négociations pour la paix, encouragent-elles et soutiennent-elles la coordination des interventions dans lesquelles elles sont impliquées ?
- Comment la coordination de l'intervention peut-elle être institutionnalisée ? Comment les structures pour une coopération intensive émergent-elles et soutiennent-elles des processus de paix améliorés ?

Les médiateurs à différents niveaux et échelles peuvent coopérer comme suit :

- Communication. Le partage d'informations, de scénarios d'alerte rapide et d'analyse peut apporter des enseignements précieux en matière de coopération ;
- Coordination. Une planification commune, des comités directeurs et une synchronisation des efforts font comprendre à tout le monde qu'aucun acteur ni aucune activité à titre individuel ne permettent de générer une sécurité et une paix durables ;
- Coopération. Le partage de ressources et d'experts techniques et le fait de souligner l'impact d'initiatives distinctes permettent d'identifier et d'évaluer les capacités et les aptitudes de part et d'autre ;

- Collaboration. Maximiser l'impact d'initiatives communes ouvre la voie à des objectifs complémentaires efficaces.

En ayant recours à des experts lors de la conception de la médiation, les médiateurs devraient planifier des systèmes qui :

- créent davantage d'opportunités pour une communication régulière et un développement relationnel entre les professionnels des circuits officiel et non officiel ;
- développent une meilleure compréhension des divers rôles qu'endossent les acteurs des circuits officiel et non officiel dans des contextes variés, sans pour autant omettre l'évolution potentielle de ces rôles au fil du temps ;
- mettent en place des processus flexibles et modulables de planification commune, qui évoluent à mesure que les environnements changent ;
- organisent des réunions régionales fréquentes pour les professionnels des circuits officiel et non officiel ;
- le cas échéant, créent des rôles explicites pour organiser et faciliter les efforts coopératifs ;
- identifient et tirent parti d'exemples de coopération réussie et mettent en pratique les enseignements tirés, en tant que de besoin et en fonction du contexte ;
- participent au partage de connaissance et aux centres d'excellence afin de diffuser les conclusions et de proposer aux jeunes acteurs une plate-forme pour s'investir dans le processus de paix.

Quatrième étape : faire appel à des intermédiaires informels et à des « médiateurs locaux »

Les médiateurs principaux peuvent puiser dans les mécanismes de résolution de litiges classiques et formels au niveau local afin de :

1. renforcer la capacité des parties à s'impliquer efficacement et à parvenir à un règlement, ou
2. développer l'appui au processus de paix au sein de la communauté au sens large, affectée par le conflit initial.

Ces processus non officiels devraient avoir recours à des membres spécifiques de sous-groupes d'élites, ayant des liens avec des canaux de négociation officiels, mais aussi avec des dirigeants qui représentent des segments importants du public. Dans la plupart des cas, le grand public ne fait pas partie du circuit des négociations formelles.

Plusieurs modèles peuvent servir à rendre la coordination stratégique :

- *Conciliation ou médiation directe par des tiers non officiels.* Avec ce modèle, les intermédiaires agissent entre les parties en conflit soit en organisant des pourparlers, soit en les facilitant, ou encore grâce à la navette diplomatique non officielle.
- *Consultation ou facilitation de la résolution de problèmes interactive par des facilitateurs non officiels.* Avec cette approche, les membres principaux des sous-groupes provenant des parties sont rassemblés à titre personnel plutôt qu'en tant que représentants de leur partie, pour interagir en privé et directement. Les réunions sont discrètes, à huis clos, et ne constituent pas un engagement. Les participants y font part de leurs préoccupations et de leurs points de vue, en mettant l'accent sur les intérêts et les besoins élémentaires sous-jacents. Ils analysent conjointement les problèmes non visibles en surface ainsi que leurs liens, et élaborent des idées ensemble pour parvenir à la résolution. Les ateliers ont pour but de promouvoir le renforcement de la confiance et des relations de part et d'autre de la ligne de conflit, de développer des canaux de communication et d'explorer les possibilités qui répondraient aux intérêts et aux besoins des deux parties.
- *Facilitation de la résolution de problèmes ou du renforcement de la confiance entre les citoyens privés de secteurs influents par des acteurs tiers officiels.* Avec cette approche, les acteurs tiers officiels amorcent ou facilitent des discussions entre des représentants non officiels des parties au conflit, comme des universitaires ou des acteurs du secteur privé, afin de permettre une certaine progression lors des négociations officielles.

Étude de cas : le Processus d'Oslo, 1993

Le ministère des affaires étrangères norvégien, en partenariat avec l'Institut norvégien des sciences sociales appliquées (FAFO), une ONG spécialisée dans la recherche, a facilité le « Canal des négociations d'Oslo ». Au départ, ce canal impliquait des membres non officiels des communautés israélienne et palestinienne, qui se sont rencontrées en Norvège pour des pourparlers. Cette initiative s'est transformée en un forum de négociations secrètes portant sur la Déclaration des principes en 1993, à mesure que les représentants dotés de mandats de négociation officiels rejoignaient le groupe.[17] *Le processus est resté privé et a maintenu un niveau de confidentialité élevé.*

Les activités non officielles comprennent aussi ce que l'on appelle la « Diplomatie de type 3 » : des tierces parties non officielles collaborent avec des personnes issues des communautés et des différents secteurs de la société pour trouver des moyens de promouvoir la paix et de progresser vers la réconciliation. Ces activités visent généralement à reconstruire des relations brisées et à établir des nouveaux canaux de communication à tous les niveaux des points de désaccord. La « Diplomatie de type 3 » repose sur le principe selon lequel la paix doit être construite de manière ascendante, soulignant ainsi le besoin d'une maîtrise locale du processus de paix. Pour que des négociations aboutissent et pour qu'un accord de paix soit durable et facile à mettre en œuvre, un « parti de la paix » doit exister. La mise au point d'une infrastructure de paix est aussi importante pour la phase préalable aux négociations (qui consiste à transformer le caractère insoluble des problèmes), que pour la phase postérieure au règlement, à savoir la mise en œuvre d'un Accord et le renforcement de la paix au niveau sociétal.

La réussite des activités parallèles (de type 2) dépend en grande partie de leur capacité à développer et à préserver un large réseau de contacts, à générer le respect et la confiance vis-à-vis des processus d'intermédiation et à fournir un cadre neutre et sûr pour entreprendre un forum de dialogue et encourager la continuité de l'interaction et des entreprises communes. Un investissement, un financement et un appui architectural adéquats aux infrastructures de paix sont de mise pour les processus et les structures qui permettent aux participants de maintenir leur coalition et de développer des stratégies et des activités dont l'impact sur les sociétés concernées est considérable. Ces processus intergénérationnels et à long terme doivent être soutenus sur les plans financier et temporel, pour remédier aux conflits à caractère insoluble. Quand bien même le médiateur principal mandaté pourrait ne pas disposer du mandat nécessaire pour voir tous ces aspects se mettre en place, l'équipe de médiation peut faire en sorte de planifier de façon stratégique la phase de consolidation de la paix.

Cinquième étape : impliquer des acteurs armés non gouvernementaux et réintégrer les anciens combattants

Dans tout processus de médiation, le processus de paix vise à obtenir bien plus qu'une simple cessation des hostilités et à instaurer une réelle transformation. De ce fait, les médiateurs devraient faire appel à ces acteurs, d'une façon ou d'une autre, soit grâce à des négociations directes, soit par l'entremise de mandataires, en se basant sur les postulats suivants :

- le fait d'avoir recours à des groupes armés est le moyen privilégié pour mettre fin à un conflit armé, notamment parce les opérations militaires gouvernementales contre les insurgés n'aboutissent que très rarement ;
- les groupes armés négocieront réellement, c'est-à-dire qu'ils exprimeront clairement les demandes qui se prêtent à un débat rationnel, ou du moins, raisonné ;

- en étant impliqués, les groupes armés peuvent modérer leur comportement et leurs requêtes, et grâce à une exposition internationale, être disposés aux transformations requises, de l'engagement militaire à l'engagement politique ; et
- les perspectives de mettre fin au conflit armé l'emportent sur les risques qui sous-tendent le fait d'impliquer des groupes armés.

À partir de ces postulats, les médiateurs doivent être conscients du caractère non homogène des groupes armés non gouvernementaux, notamment en ce qui concerne la formation du groupe, la structure de commandement, les différents niveaux d'éducation au sein du cadre, les liens avec la population locale, le culte du groupe armé, etc. En résumé, les groupes armés n'ont quasiment rien en commun si ce n'est qu'ils ne se plient à aucune forme de pouvoir étatique dès le début du conflit. Il est donc crucial d'effectuer des recherches et des analyses du groupe identifié et ciblé.

Il est recommandé aux médiateurs d'observer les caractéristiques essentielles suivantes pour déterminer « Qui » impliquer, « Quand » et « Comment » le faire :

- Leadership ;
- Idéologie ;
- Initiés et groupes représentatifs ;
- Parrains, et
- Capacités.

Les médiateurs et organes octroyant les mandats doivent étudier :

- Les listes terroristes et faire preuve de circonspection lorsqu'ils proscrivent des groupes armés à titre de « terroristes »
- Le problème de la multiplication – existe-t-il un moyen, par le biais d'études ou d'analyses, de vérifier les facteurs susceptibles de transformer cette implication en une prolifération de groupes armés ?

Sixième étape : collaborer avec les groupes de femmes, les jeunes et le secteur privé

Les femmes, les jeunes et les acteurs du secteur privé représentent toujours bien plus que de simples invités à la table des négociations. Dans de nombreux cas, ils endossent les rôles de combattants, de partisans de groupes armés non gouvernementaux et de pacificateurs, ce qui leur donne à tous les compétences pour se trouver à la table des négociations et jouer un rôle actif dans la mise en œuvre.

Étude de cas : le mouvement des femmes pour la paix au Liberia

Lors de la guerre qui ravageait le Liberia, des organisations de femmes ont travaillé d'arrache-pied pour amener les parties en conflit à la table des négociations, afin que le pays retrouve la paix. Le Réseau de femmes pour la consolidation de la paix (WIPNET) a mobilisé les femmes dès les prémices de la première guerre civile au Liberia. Le WIPNET a organisé des manifestations publiques en 1991 pour défendre la paix et la sécurité. Dès 1993, le réseau commençait à assister aux pourparlers de paix. Au cours de la deuxième guerre civile libérienne, le WIPNET mettait en place des réunions entre le président Charles Taylor et les rebelles basés en Sierra Leone. Le WIPNET était également le fer de lance du mouvement « Women of Liberia Mass Action for Peace Campaign » [Action de masse des femmes du Liberia pour la paix]. Il allait à la rencontre des rebelles directement, parcourant la région et le pays. L'implication de ce réseau avec les chefs rebelles a été déterminante pour faire avancer le processus de désarmement.[18]

Le fait d'exclure les femmes du processus de paix ne fait que le desservir ; les quelques femmes qui ont participé à des processus de paix formels nous ont démontré pourquoi. Monica McWilliams et Pearl Sagar, les fondatrices de la *Northern Ireland Women's Coalition* (« Coalition des femmes d'Irlande du Nord ») bousculèrent les convenances du monde politique du pays en se faisant élire à titre de déléguées aux pourparlers ayant abouti à l'accord du Vendredi Saint. Elles veillèrent à ce que des questions de fond (souvent délaissées par les hommes, quoique fondamentales pour parvenir à une paix durable), comme l'éducation, les services sociaux, la justice ou encore les droits de l'homme, soient incluses à l'ordre du jour. Elles ne se laissèrent pas impressionner par la culture politique agressive dominée par les hommes.

En fin de compte, comme l'ont démontré les médiatrices actuelles Heidi Tagliavini et Carolyn McAskie (pour les Nations Unies en Géorgie et en Ouganda, respectivement), mais aussi Betty Bigombe (entre le gouvernement de l'Ouganda et l'Armée de résistance du Seigneur), ce sont les compétences, l'expérience et la personnalité de l'individu, associées parfois au poids de l'institution représentée, qui comptent. Leur qualité de femme peut même être un avantage lors de rencontres parfois houleuses et très agressives.

Malheureusement, nombreuses sont les voix des femmes qui ne sont pas encore entendues ou acceptées, quand bien même elles devraient l'être, dans l'intérêt de la réconciliation, surtout en matière de questions de fond relatives au processus de paix. Des civiles, des anciennes combattantes, des prisonnières et anciennes prisonnières, des victimes de violences sexuelles, des femmes déplacées ou encore des réfugiées ont toutes des besoins précis en ce qui concerne les processus de DDR, les droits fonciers, les offres d'emploi, la réintégration des communautés, la justice, etc. Tout comme les institutions judiciaires ou autres, tous ces groupes ont un poids et un impact sur la nature de la paix et de la sécurité après un conflit.

Les médiateurs principaux et les équipes de médiation devraient non seulement incarner la problématique hommes-femmes d'un Accord de paix (comme la composition mixte d'une équipe), mais également analyser les avantages que représente l'inclusion des femmes le plus tôt possible à la table des négociations et en saisir toute l'ampleur.

Cette même logique s'applique aux jeunes, porteurs de l'avenir et des générations pacifiques futures. L'équipe de médiation devrait demander conseil auprès des experts locaux, mais aussi de l'UNICEF, du PNUD et de l'OIT (Organisation Internationale du Travail) lorsqu'elle fait appel aux jeunes dans des contextes d'après conflit. Parce qu'ils n'ont ni programme de travail, ni porte-parole, les « jeunes » font partie des groupes les plus vulnérables. Ils servent bien souvent à catalyser la violence, les révolutions organisées, la pauvreté effrénée – autant de facteurs qui retardent ou bloquent la progression de l'Accord de paix. La réintégration de millions de jeunes anciens combattants africains représente l'une des plus grandes préoccupations en matière de développement et de consolidation de la paix. L'impact de la guerre sur les compétences et la productivité de tant de jeunes peut nuire à la croissance, des années durant. Par ailleurs, toute incidence sur l'exclusion sociale peut mettre en péril la paix. Jusqu'en 2002, des enfants de moins de 18 ans auraient été engagés au sein de 72 gouvernements ou forces armées rebelles dans 20 pays environ. Les millions d'autres anciens combattants (114 conflits armés ont été enregistrés depuis 1990) sont bien entendus à peine plus âgés que les enfants eux-mêmes[19].

Les médiateurs principaux et l'équipe de médiation devraient étudier les variables suivantes :

- expériences de guerre (durée de l'enlèvement en mois, âge au moment de l'enlèvement, indice de violence [pas seulement pour les enfants-soldats]) ;
- Marché du travail et de l'éducation (nombre d'années d'études et de formation professionnelle, taux d'alphabétisation, tranche d'âge, paie quotidienne, le cas échéant) ;
- Issues politiques et psychologiques, comme le fait d'être impliqué dans des combats physiques ou des abus sexuels et psychologiques, niveau d'hostilité, niveau de soutien social.

Créer l'information à partir de ces variables permettra à l'équipe de médiation d'évaluer le niveau d'inclusion et le taux d'absorption des processus de résolution de conflit pour les jeunes des sociétés touchées. Cela permettra aussi de générer des mécanismes de réponses adéquats à la collaboration avec les jeunes. Ainsi, l'équipe de médiation peut créer les réseaux et les contacts appropriés pour éduquer sur la paix.

Cette éducation met surtout l'accent sur la responsabilisation et la non-violence. En outre, elle implique l'élaboration d'une communauté démocratique, l'enseignement de la coopération, le développement de la sensibilité morale, l'encouragement de l'estime de soi et de la pensée critique.

Il est essentiel d'organiser et de concevoir des stratégies avec des experts compétents en matière de paix et d'éducation à l'échelle locale, régionale et internationale afin de générer une adhésion importante au soutien de la paix.

Enfin, les médiateurs doivent impérativement saisir les avantages économiques de la paix en énonçant clairement, dès le début, le soutien qu'apporteront les entreprises et le secteur privé au processus de paix. Ces dernières années, la place du secteur privé dans la résolution de conflit à divers égards a reçu beaucoup plus d'attention. Plusieurs facteurs expliquent ce phénomène. Dans un premier temps, le secteur privé, national ou multinational, est souvent présent dans les contextes de conflits armés. Il est exposé aux risques qui en découlent, ce qui le pousse fréquemment à agir. Dans un second temps, il est doté des capacités (humaines, techniques, de ressources ou de gestion, entre autres) pour intervenir de plusieurs façons. Enfin, ce qui a été nommé « la privatisation de la paix » se justifie par la tendance mondiale de privatisation des services et des fonctions que fournissent en général l'État ou la communauté internationale. En situation de conflit, les États sont souvent décrits comme « fragiles », c'est-à-dire réticents ou incapables de fournir les services et les fonctions cruciales à une partie (au moins) de la population ; c'est en général à ce moment-là que le secteur privé intervient. On considère souvent que la réussite des pourparlers de paix et de la mise en œuvre des accords de paix nécessite le soutien de ce secteur. Il a également été démontré que si le secteur privé n'était pas convenablement pris en compte dans le processus de paix, que ses intérêts étaient négligés, ou que son implication était mal gérée, celui-ci pouvait devenir un élément perturbateur, discréditant alors les efforts de paix.

La participation du secteur privé aux processus de paix prend plusieurs formes : de la participation directe aux négociations, aux activités indirectes visant à influencer les négociateurs, comme le lobbying (manifeste ou indirect), la navette diplomatique, l'approbation des réunions informelles, la diffusion des connaissances, voire la participation aux dialogues multisectoriels.

Afin de collaborer efficacement avec les entreprises et le secteur privé, le médiateur principal et l'équipe sont chargés d'évaluer les critères suivants :

- la crédibilité et la légitimité du secteur privé ;
- la capacité du secteur privé à agir de façon collective ;
- l'expérience du secteur en matière d'engagement social ;

- la compréhension et l'acceptation en ce qui concerne la notion de dividendes de paix ;
- les intérêts, besoins et positions du secteur privé dans l'analyse de conflit ;
- l'analyse du risque (évaluation des conséquences dues à l'implication du secteur privé dans le processus de paix) ;
- le rôle et la fonction du médiateur par rapport à l'emploi de médiateurs locaux.

Septième étape : collaborer avec des représentants traditionnels et des médiateurs locaux

Les médiateurs principaux devraient faire appel aux représentants traditionnels et aux médiateurs locaux afin d'obtenir le soutien des référents les plus importants des sociétés concernées et ainsi faire progresser le processus de paix. Ces représentants traditionnels et médiateurs locaux viennent de tous horizons et seront par conséquent appelés dans ce manuel des « médiateurs internes ». La plupart des processus de paix sont lancés ou complétés par des conférences sur la paix, des forums de dialogue et des processus de paix non officiels et informels. Ceux-ci sont souvent facilités par des individus issus des régions en conflit, qui disposent d'une connaissance approfondie du conflit.

Étude de cas : méthodes traditionnelles de résolution de conflit au Burundi

Le terme « Bashingantahe » renvoie aux hommes intègres chargés de la résolution des conflits à tous les niveaux, mais aussi du maintien de la paix et de la stabilité au sein des populations issues des villes et des villages. Lors des pourparlers de paix d'Arusha, les dix-neuf parties présentes ont reconnu que le travail des Abashingantahe avait permis d'éviter des conflits ethniques avant 1965. Le débat sur la démocratisation entre 1989 et 1992 a ouvert les portes à la liberté d'expression. Lors de ce débat, nombreux étaient ceux qui soutenaient que les nouveaux processus de démocratisation devaient reconnaître la valeur des Ubushingantahe et veiller à ce que les dirigeants issus de ces processus de démocratisation soient abashingantahe. Ceux qui soutenaient les Ubushingantahe ont fait part de leurs inquiétudes au sujet des expériences passées et de leur volonté de se protéger contre les méfaits du tribalisme et de la haine ethnique en politique.[20] *Quand bien même les négociateurs de l'Accord d'Arusha étaient divisés entre les Hutu et les Tutsi, ils sont parvenus à un consensus au sujet de l'Ubushingantahe comme étant une culture partagée.*

Les médiateurs « internes » facilitent souvent les processus informels. Toutefois, il est possible que des médiateurs internes travaillent avec des médiateurs officiels. Les caractéristiques d'un médiateur interne sont sa proximité avec les parties ou ses intérêts à l'égard du conflit. C'est pourquoi ces médiateurs peuvent être partiaux dans leurs relations, mais pas nécessairement dans leur façon d'approcher la médiation. La crédibilité et la confiance acquises à ce niveau reviennent en partie au fait que les médiateurs « parlent » la même langue que les parties en conflit. Leur empathie vis-à-vis des deux positions permet d'atteindre ce niveau. Les médiateurs internes se caractérisent également par leur proximité normative et culturelle avec le médiateur et les parties en conflit. De ce fait, ils ont une bonne connaissance culturelle et une compréhension approfondie de la situation.

Étude de cas : le médiateur interne dans l'APG entre le Soudan et le Soudan du Sud en 2005

Le Général Lazaro Sumbeiywo a agi en qualité d'Envoyé spécial du Kenya au processus de paix soudanais lancé par l'IGAD entre 1997 et 1998, puis en qualité de médiateur entre 2001 et 2005. À ce titre, M. Sumbeiywo a fait en sorte que les parties expriment leur colère lors d'une succession d'ateliers et d'assemblées plénières, afin d'aborder des sujets comme l'identité africaine, l'esclavage et l'autodétermination. L'équipe de médiation dirigée par M. Sumbeiywo était largement appréciée pour sa gestion efficace du processus et sa prise de responsabilité financière, en particulier par rapport à la faiblesse de la médiation antérieure menée par l'IGAD. Cette médiation a également été applaudie pour son impartialité, pour avoir réussi à préserver l'intégrité du processus et du rôle positif des conseillers, des personnes-ressources et des envoyés ambassadeurs de la région, pour avoir établi des relations saines avec les donateurs, et enfin, pour avoir travaillé à l'élaboration de protocoles réguliers ayant engendré l'APG.[21]

Étude de cas : L'Accord de paix sur le Darfour et l'inclusion de dirigeants traditionnels pour des processus de paix durables.

Les dirigeants traditionnels étaient considérés comme des acteurs importants de la durabilité des processus de paix au Darfour. Conformément à l'Accord de paix sur le Darfour, il incombait aux parties, par le recours à des moyens non militaires, de garantir le respect du cessez-le-feu par les groupes armés et les milices qui n'étaient pas des parties signataires de l'accord, notamment grâce aux négociations, à la médiation et aux formes traditionnelles de résolution de conflit. Ce fut chose faite en faisant appel au soutien des dirigeants traditionnels et des autorités locales. L'accord exigeait également des représentants des communautés qu'ils remédient aux différends entre les tribus et rétablissent l'harmonie au sein de la communauté, en consolidant à nouveau les sociétés touchées par la guerre. Par ailleurs, il y était stipulé que les chefs traditionnels et des communautés collaboreraient avec les différentes autorités de manière à participer à l'enregistrement des personnes déplacées.[22]

Huitième étape : coordonner une stratégie médiatique et de relations publiques

À mesure que les négociations principales se déroulent et que les parties font des concessions et des compromis pour accroître la confiance, les étapes initiales de médiation doivent rester confidentielles. Pourtant, la réalité des espaces de conflit est telle que les médias, les journalistes et les réseaux sociaux (utilisés par les populations locales) répandent déjà une certaine image du conflit et des parties en négociation. D'où l'importance pour les médiateurs de faire face aux correspondants de guerre, aux porte-parole des agences et organes internationaux et aux nouvelles qui se répandent à la vitesse de l'éclair sur les réseaux sociaux.

L'une des façons de collaborer avec les journalistes ou les médias dans leur ensemble est de négocier un programme de communication assez tôt en amont, en employant l'une des stratégies suivantes :

- Rôle du médiateur. Le médiateur principal de l'activité de médiation devrait soit se désigner porte-parole de la négociation, soit demander à l'instance qui émet le mandat pour la mission de médiation d'affecter un porte-parole à des fins de communication avec les médias. Au sein de l'équipe de médiation, aucun autre membre ne doit communiquer avec les médias ou faire le lien avec ceux-ci.
- Établir des règles de base pour la publication. La plupart des informations que les médias relaieront seront imprimées. Le médiateur est alors tenu d'établir des règles de base avec le journaliste en ce qui concerne l'attribution des sources. En général, « *On background* » (« de source officielle ») signifie que les informations doivent être attribuées à une source plus ou moins anonyme, (diplomate occidental, représentant officiel, etc.). « *On deep background* » (« pour votre information uniquement ») signifie que les informations peuvent être utilisées, mais ne peuvent pas être attribuées à qui que ce soit. « *Off the record* » (« en toute confidentialité ») signifie que les informations sont sous embargo et ne peuvent être utilisées. « *On the record* » (« réponse officielle ») signifie que tout ce qui est dit peut être cité directement. Les journalistes sont tenus de se plier à ces règles.
- Éviter le vide d'information. Les médiateurs doivent faire attention à ne pas créer de vide d'information ou à laisser les journalistes sans nouvelles pendant trop longtemps ; en général, cela donne lieu à des interprétations ou des suppositions qui finissent par déformer les perceptions et les perspectives.
- Organiser des « tournées ». En se basant sur les bonnes pratiques en matière de médias et de relations publiques (RP), l'équipe de médiation, sur

conseils d'une agence média ou RP et en collaboration avec des agences de presse, peut inviter des partisans non officiels du processus de paix ainsi que des représentants des médias pour mettre en place des centres d'information lors d'assemblées générales avec les localités, dans les universités ou les écoles. C'est ce qui permet de « faire voyager » le processus de paix et d'informer correctement les populations locales, de manière à éviter le côté trop confidentiel que l'on retrouve souvent lors de négociations politiques.
- Documents d'information exhaustifs. La diffusion de documents d'information complets et convaincants augmentera la probabilité de voir les journalistes rapporter les faits que ces documents contiennent.

Quant à l'utilisation des médias modernes, comme les communications par satellite, les conversations Skype ou encore les services de mini-messages qui passent par tout un ensemble de réseaux sociaux et d'outils en réseau, l'équipe de médiation doit faire le lien avec la salle de crise de l'instance qui octroie le mandat de manière à transmettre, en temps réel, des faits et des informations générales à jour. L'émergence des nouveaux médias signifie qu'une analyse et une compréhension approfondies de la situation font défaut au journalisme. Cela peut engendrer une fausse information, fondée sur des stéréotypes et des conceptions erronées quant à la nature du conflit et aux caractéristiques des problèmes.

Phase 5 : Clore la médiation

À ce stade, les points d'apprentissage clés sont :

- Les types d'accords ;
- Le contrôle et la mise en œuvre des accords ;
- L'utilisation de clauses de résolution de litiges et d'alerte rapide.

Vue d'ensemble

Tout effort de médiation repose sur une étape essentielle : clore le travail de médiation par l'entremise d'un accord de paix durable et possible à mettre en œuvre. En général, les accords de paix sont des constructions hybrides : Ils doivent être *suffisamment clairs* pour permettre des mécanismes de suivi, de vérification, de mise en œuvre et de réparation, afin d'établir des responsabilités et des rôles précis.

Toutefois, ils doivent aussi être assez ambigus pour constituer des documents *organiques*, permettant ainsi une adaptation créative et flexible face à la dynamique en constante évolution du contexte d'après-conflit.

Par ailleurs, les accords de paix doivent être *maîtrisés à l'échelle locale*, ce qui, en soi, demande des clarifications et des précisions, notamment en ce qui concerne les capacités du document fondateur à renforcer l'institution.

L'Accord doit se pencher sur un ensemble de questions, à savoir les thèmes de la justice, de la paix, de la réconciliation, des droits de l'homme, du développement, de la gouvernance, des doléances, de la réhabilitation, etc. La plupart du temps, la mise en œuvre de l'accord élaboré ne sera pas supervisée par l'équipe de médiation qui en est à l'origine ; il est important de garder ce point à l'esprit lors de la création de l'accord. En contrepartie, cela soulève quelques questions quant à la capacité de l'accord à résister à l'épreuve du temps, si aucun garant n'est prêt à superviser, orienter ou conseiller les parties en conflit au cours de la phase de transition.

Première étape : identification des types d'accords

Les classifications d'accords de paix qui suivent sont les plus courantes, que ces derniers soient utilisés de manière autonome ou comme un ensemble d'accords, en fonction des problèmes :

Cessation des hostilités/accords de cessez-le-feu

Ce type d'accord renvoie à des arrêts temporaires de la violence et des conflits armés afin de préserver la paix, dans une région délimitée, et pour une période de temps convenue. Par définition, les accords de cessez-le-feu sont des compromis à court terme qui doivent être rapidement suivis d'accords supplémentaires de manière à maintenir la paix.

Exemple d'un accord de cessez-le-feu :

En 2006, le Gouvernement de l'Ouganda et l'Armée de résistance du Seigneur signèrent un accord de cessez-le-feu afin d'ouvrir la voie à des pourparlers de paix. Selon l'accord, les rebelles avaient trois semaines pour se réunir à certains endroits dans le sud du Soudan, où le gouvernement régional les protégerait. Des négociations de paix devaient s'ensuivre. Le gouvernement de l'Ouganda avait également assuré les rebelles qu'il n'y aurait aucune offensive à leur encontre. L'un des prérequis de ce cessez-le-feu reposait sur la libération des femmes et des enfants capturés par l'ARS et mariés de force ou exploités comme esclaves ou soldats. Le gouvernement de l'Ouganda proposa l'amnistie aux chefs de l'ARS en échange de négociations de paix.[23]

Accords préalables aux négociations

Ces accords de programmation définissent le type de négociations pour la paix et fixent les questions de procédure comme les emplois du temps, les programmes de travail, la participation et le lieu. En outre, ils établissent les procédures et le rôle du médiateur pour la rédaction d'accords ultérieurs. Ils visent à instaurer la confiance à l'égard du processus de paix.

Accord intérimaire

Les accords préliminaires ou intérimaires sont une première étape avant de mener de nouvelles négociations. Ils ne gèrent pas les questions de procédure ou de structure. Toutefois, ils incluent des dispositions sur la manière et le moment de tenir ces négociations. Ces dispositions ont trait au respect des accords de cessez-le-feu et doivent être rapidement suivies de négociations sur les questions de fond et de procédure.

Accord-cadre et accord global

Les accords globaux et les accords-cadres se concentrent sur la teneur des problèmes sous-jacents et recherchent un terrain commun entre les intérêts et les besoins des parties.

Les accords-cadres conviennent dans l'ensemble des principes et des programmes de travail à partir desquels les questions de fond seront négociées. S'ensuivent des négociations prolongées qui découlent sur des annexes contenant des précisions sur les accords à suivre, qui, par la suite, forment l'accord global.

Exemple d'un accord-cadre :

En février 2013, un accord-cadre pour la paix visant à stabiliser la zone Est de la République démocratique du Congo (RDC), dévastée par la guerre, fut signé à Addis-Abeba, en Éthiopie, par les chefs d'État et les envoyés de la RDC, de l'Angola, du Burundi, de la République centrafricaine, de la République du Congo, du Rwanda, de l'Afrique du Sud, du Soudan du Sud, de la Tanzanie, de l'Ouganda et de la Zambie. Le Secrétaire général des Nations Unies de l'époque, M. Ban Ki-Moon, assista également à la signature de l'accord. L'ONU voyait en cet accord-cadre pour la paix la création dans l'est de la RDC d'une brigade spéciale des Nations Unies, composée d'un contingent de 2 500 soldats, afin de combattre les groupes rebelles et de renouveler les efforts politiques.[24]

Exemple d'un accord de mise en œuvre :

En mars 2013, la République du Soudan et la République du Soudan du Sud signèrent un plan d'action détaillé pour la mise en œuvre du Mécanisme politique et de sécurité conjoint (« JPSM ») le vendredi 8 mars, à Addis-Abeba, en Éthiopie. Les deux parties s'engagèrent à déployer le Mécanisme conjoint de vérification et de surveillance de la frontière (JBVMM) et à activer tous les mécanismes attenants à la sécurité à compter du 10 mars 2013. En vertu de l'accord, les deux pays étaient tenus de déployer leurs troupes respectives à 10 kilomètres de la frontière, sous la surveillance de la force intérimaire de sécurité des Nations unies pour Abyei (« FISNUA »). Les mesures à prendre que contenait le plan d'action étaient établies selon un calendrier. Ce plan définissait les activités qui mèneraient à la démarcation de la frontière. L'accord fut considéré comme une avancée décisive dans la mise en œuvre des Accords signés le 27 septembre 2012 à Addis-Abeba.[25]

Accords de mise en œuvre

Ces accords donnent des précisions sur les accords-cadres ou globaux. Le but des accords de mise en œuvre est de comprendre les détails et les mécanismes pour mettre en œuvre l'accord global. Ils sont multiples ; on retrouve par exemple les notes verbales, les échanges de lettres ou encore les déclarations publiques communes. Les accords de mise en œuvre les plus élaborés contiennent des clauses sur le contrôle, l'évaluation, la vérification ou encore la résolution de litiges, et font partie intégrante de la procédure de rédaction.

Caractéristiques de règlements négociés avec succès

En fonction des problèmes qui ont mené au conflit, l'équipe d'appui à la médiation analysera les voies à suivre lors de la négociation des règlements. Si le conflit implique des questions de pouvoir et d'identité, des solutions globales pourraient s'avérer compliquées. Toutefois, le consociationalisme, le fédéralisme, l'autonomie, le partage du pouvoir, la dispersion des pouvoirs et les systèmes électoraux qui incitent aux coalitions interethniques proposent tous des moyens de sortir du conflit.

Les accords solides et durables se caractérisent comme suit :

- Inclusion des parties touchées ;
- Précision concernant les dispositions transitoires, comme les modalités de vote, de cessez-le-feu ou encore la démobilisation dans les zones de rassemblement ;
- Équilibre entre le calendrier, les engagements clairs et la flexibilité créative ;
- Incitation des parties à s'impliquer dans la contestation politique grâce à des modalités de partage du pouvoir ;
- Inclusion des systèmes de résolution de litiges, comme l'arbitrage, l'évaluation préliminaire impartiale, la médiation, les moyens classiques pour gérer les litiges, et, le cas échéant, la renégociation en cas de désaccord ;
- Gestion des questions clés comme les règles, les valeurs et les principes, et promotion de la réconciliation et de l'entente sur le plan politique, pour conduire à une transformation réelle ;
- Respect des normes mondiales en matière de justice et de droits de l'homme, conformément aux normes internationales pour les individus ou les groupes.

Caractéristiques d'un Accord de paix

En général, les accords de paix sont de type « constitutif » ou « normatif ». Les accords « constitutifs » sont ceux qui présentent de manière substantielle le processus général. Pour cette approche, le médiateur et la communauté internationale doivent répondre à certains critères stricts, notamment :

1. formulation précise ;
2. faisabilité technique ;
3. légitimité internationale ;
4. programme de mise en œuvre détaillé.

Le médiateur doit veiller à ce que les négociations entre les parties respectent ces normes élevées. Par ailleurs, la communauté internationale, comme les Nations Unies, doit être la garante de cet accord.

En revanche, les accords dits « normatifs » correspondent aux processus de paix qui s'articulent lors de transitions complexes, plutôt qu'au sein d'un seul accord central important. Les défauts de l'accord (formulation, faisabilité, voire légitimité) sont mesurés par rapport à l'importance capitale que revêt le besoin de préserver la dynamique de transition. Le style des parties ou des acteurs concernant leur façon de s'engager dans la résolution de conflit est parfois limité par le contexte et la culture. La mise en œuvre ne sera donc pas le reflet parfait de l'accord d'origine. Pour être en mesure d'exercer un pouvoir, d'avoir recours à des techniques de résolution de problèmes et d'aboutir à un consensus à titre de fondement d'une résolution de litige constructive, le médiateur doit coordonner une multitude d'acteurs et porter plusieurs casquettes.

Exemple d'accord « normatif » :

L'Accord de paix d'Arusha, signé le 28 août 2000, a réglementé le processus de paix. Certains des belligérants présents à la table des négociations manquaient à l'appel lors de la signature. En outre, des dispositions convenues sur la cessation des hostilités faisaient défaut à cet accord, et des ambiguïtés non négligeables avaient été jugées acceptables et constructives par les médiateurs, qui souhaitaient faire avancer le processus.

En général, les accords de paix reflètent les cinq domaines essentiels suivants :

1. La sécurité physique des parties primaires, secondaires et tertiaires ;
2. La protection contre les poursuites judiciaires pour des actions attenantes au conflit ;
3. Le bien-être socio-économique du leadership et des combattants ;
4. La viabilité politique des parties prenantes, y compris leur base financière ;
5. Les souhaits des parties, qu'elles jugent essentiels. Il peut s'agir de postes gouvernementaux (partage du pouvoir), de changements de régime politique (démocratisation, démilitarisation, procédures électorales équitables et respect des droits politiques), ou encore de réformes des soutiens socio-économiques et culturels de la distribution des pouvoirs.

Deuxième étape : mise en œuvre des accords de paix

Mettre en œuvre des accords signifie que les parties en conflit agissent à cet égard, et, par conséquent, qu'elles mettent fin au litige. La plupart des accords exigent des parties qu'elles prennent certaines mesures et agissent d'une certaine façon. De ce fait, la réussite d'un accord dépend du plan de mise en œuvre et du processus qui rend ce plan opérationnel. Elle dépend également du degré de maîtrise que ressentent les parties à l'égard des accords.

La réussite dépend de :

- La volonté des parties en conflit de respecter l'accord, et leur capacité à le faire ;
- La gestion des attentes ;
- La participation locale lors de la planification et de la conception ;
- Les procédures de contrôle pour respecter le processus de mise en œuvre ;

- Les procédures d'application en cas de non-respect de l'accord ;
- Le rôle et l'autorité des observateurs externes.

Les plans de contrôle et de mise en œuvre sont, avant toute chose, la responsabilité des parties à la négociation. C'est pourquoi les accords doivent toujours se fonder sur les évaluations réalistes des parties concernant ce qu'elles sont disposées à faire. Les parties sont susceptibles d'être plus en confiance si le médiateur ou une autre tierce partie de confiance endosse le rôle d'observateur neutre en cas de problème.

Les parties prenantes au conflit décident ou non de nommer un observateur spécifique ou d'utiliser un médiateur existant. Il est crucial de bien évaluer la capacité de la tierce partie de confiance à remplir son rôle correctement.

Parmi ces rôles, se trouvent :

- Les « lanceurs d'alerte », qui signalent lorsqu'un accord a été violé ;
- Les « responsables de l'application », dont le rôle de supervision de la mise en œuvre est puissant. Ils peuvent participer aux négociations futures à propos de griefs issus d'un non-respect.

Le médiateur en qualité d'observateur

Dans le meilleur cas de figure, les principales parties à un accord s'entendent sur les méthodes et les normes d'exécution de ce dernier. Toutefois, en pratique, même lorsque les parties s'entendent sur les dispositions essentielles d'un accord, il est possible qu'elles ne parviennent pas à y adhérer ou à l'exécuter. C'est pourquoi l'intervention d'une tierce partie peut permettre un contrôle objectif de l'accord.

Une attention toute particulière doit être portée aux rôles et responsabilités d'un médiateur lorsque les parties lui demandent d'assumer ces fonctions de contrôle.

Il convient de :

- Clarifier et confirmer le rôle de contrôle du médiateur – point à discuter au moment de rédiger et de finaliser l'accord ;
- Accompagner le processus de mise en œuvre en qualité de médiateur ou d'observateur, conformément à l'accord. Ce faisant, il est possible que les médiateurs doivent se rendre sur les lieux. Ils doivent être joignables facilement en cas de difficulté ;
- Définir les mécanismes de contrôle et d'exécution : il faut établir les mécanismes de sanction, les canaux de communication et les choix disponibles pour traiter avec les parties prenantes qui ne respectent pas les accords ;

- Passer en revue les événements, de manière à analyser les progrès réalisés : c'est ce qui peut permettre de rétablir les relations, d'accroître la confiance ou encore de planifier, éventuellement, des activités futures communes ;
- Évaluer les différents coûts qu'engendre ce rôle : il convient de s'assurer au préalable que les sources locales ou externes mettront à disposition les ressources financières (entre autres), au besoin.

Dans de nombreuses cultures, les règlements ou accords doivent bénéficier d'une reconnaissance publique ou respecter un certain rituel. Ces rituels apportent un ordre symbolique et renforcent l'importance que revêt un accord. Ce faisant, l'engagement des parties de s'y plier est d'autant plus fort. Il existe tout un ensemble de mesures pouvant être prises. Parmi elles, les visites de la part des aînés, des cérémonies où l'on se sert la main, des prières, des accolades, des procédures de signatures officielles, des toasts, des repas pour célébrer ou encore des échanges de cadeaux.

Un accord échoue si :

- Les parties prenantes ne sont pas vraiment satisfaites de son issue
- Les individus qui continueraient à bénéficier du conflit cherchent à perturber le processus en faisant courir des rumeurs ou en cultivant le mécontentement vis-à-vis des résultats obtenus. De nouveaux points litigieux qui ont trait au conflit et qui étaient censés avoir été réglés réapparaissent alors.

Lorsqu'un accord échoue, les groupes d'intérêt peuvent envisager de recommencer le processus de gestion du conflit, avec l'aide des médiateurs, le cas échéant. Les médiateurs peuvent ensuite organiser des consultations de navette avec les différentes parties prenantes ou convoquer une réunion commune. Cela peut sous-entendre de solliciter à nouveau les parties prenantes et d'entamer de nouvelles négociations sur certains points. L'implication ou non des médiateurs dépend de la volonté des parties prenantes à renégocier et à gérer le conflit de manière collaborative.

Maîtrise locale de l'Accord de paix

La maîtrise locale peut garantir une mise en œuvre réussie de l'accord. Les règlements de paix doivent pouvoir être facilement applicables et soutenus par le public au sens large. Outre le fait de mobiliser les sociétés touchées – les parties au conflit, les acteurs informels et les partenaires externes – la réussite de l'accord doit appartenir aux communautés ou aux populations locales touchées par le conflit.

En puisant dans les connaissances déjà disponibles, l'équipe d'appui à la médiation forme des médiateurs internes grâce à l'identification et au renforcement des capacités. Elle établit par ailleurs des architectures et des infrastructures de paix. En analysant de façon continue le conflit et les acteurs, l'équipe choisit, prépare et contrôle les acteurs responsables de la consolidation de la paix, dotés de programmes de travail solides. L'implication totale des sociétés relève également de l'identification d'autres acteurs comme les entreprises, les associations et les acteurs locaux, qui peuvent permettre de réintégrer des anciens combattants, de former des institutions communes de gouvernance et de justice et de protéger l'accord contre les intentions à tendance conflictuelle des éléments perturbateurs.

Grâce à des ateliers, des conférences pour la paix et un dialogue continu, l'équipe d'appui à la médiation devrait collaborer avec les acteurs susmentionnés et les « institutionnaliser » à titre de parties prenantes et de garants de l'accord.

Le rôle des mécanismes régionaux de sécurité

La contribution des organisations africaines régionales comme les CER, les MR, ou encore l'Union africaine, à la prévention, la gestion et la résolution de conflits, est un facteur essentiel pour garantir la paix et la sécurité. Les aspects de compréhension culturelle, de proximité géographique, de compétences géopolitiques et de liens personnels sont autant de facteurs qui augmentent les chances de faire perdurer des accords de paix nés de la médiation.

Exemple :

Le projet du COMESA « Commerce au service de la paix » illustre parfaitement cette volonté directe de la part d'une CER d'exploiter les synergies présentes entre les dynamiques conflictuelles et économiques. Le projet a pour objectif d'améliorer l'utilisation équitable et durable des ressources naturelles de la région des Grands Lacs, à des fins de stabilité et d'éradication de la pauvreté. Ce projet est influencé par la relation cyclique qui existe entre le commerce, le développement et le conflit. Il cherche à gérer les dynamiques économiques qui alimentent le conflit violent, comme les inégalités ou les guerres économiques, en identifiant des approches qui permettront de cibler certains des effets du développement et du commerce qui ont tendance à aggraver le conflit.

Procédures de conformité

Des accords conclus lors de phases de conciliation, même en toute bonne foi, peuvent échouer, parce que les parties ne sont pas en mesure de faire appliquer les dispositions de ce dernier. Afin de remédier à ce genre de situation, des procédures de conformité doivent être incorporées à chaque Accord de paix. Ces procédures se répartissent en deux catégories, positive ou négative. Des mécanismes d'application positifs favorisent le respect d'un accord en prévoyant des récompenses ou des « avantages ». Des mécanismes d'application négatifs favorisent le respect par l'utilisation de menaces, d'effets dissuasifs ou de « punitions ».

Mécanismes de conformité positifs :

- Avantages, notamment des récompenses d'ordre financier, politique ou social ;
- Dividendes de la paix, c'est-à-dire lorsque des accords de paix respectés apportent des avantages politiques, sociaux et économiques aux deux parties ;
- Transparence, notamment la collecte et le partage d'informations – mécanismes et formulation de politiques pour diffuser l'information ;
- Bureaucratie, c.-à-d. l'inclusion des élites, la bonne gestion des attentes, l'inclusion d'activités locales et la validation du caractère légitime du leadership ;
- Processus de résolution de litiges : non seulement ils créent l'espace nécessaire à la médiation de désaccords portant sur l'application de l'accord, mais ils prévoient également la correction constructive des dispositions à cet égard, sans avoir à modifier l'ensemble de l'accord. Par ailleurs, ils appuient les mesures de renforcement de la confiance créées par les parties en conflit.

Transition vers l'étude de cas

L'étude de cas ci-jointe constitue une étude « de l'intérieur ». J'ai choisi, pour tout un ensemble de raisons, de présenter au lecteur une étude de cas complexe ; d'une part, afin de juxtaposer le modèle de médiation et le monde réel, et d'autre part, afin de continuer à partager les enseignements clés. Depuis que les Médiations du Soudan ont mis en évidence tout un ensemble de défis, de stratégies empiriques et de médiateurs courageux, les limites de la médiation sont à présent mieux définies. À partir de cette étude de cas, nous aurons la possibilité de tirer des enseignements des réussites et des échecs passés, afin d'envisager les éventuelles complications à venir, et je ne fais mention que du Yémen, de la Syrie et de l'Afghanistan. Cette étude de cas se fonde sur mes propres connaissances. Les notes personnelles ont été complétées et améliorées par les travaux pertinents et de grande qualité de ce domaine. J'ai également fait le choix de condenser, d'omettre ou de me concentrer sur certains aspects uniquement, lesquels sont pertinents au modèle de médiation ou en expliquent quelques points. Le but n'était pas de fournir une étude approfondie des conflits du Soudan ni dedonner lieu à des débats politiques à ce sujet. En revanche, je souhaitais vraiment souligner les multiples étapes et phases que les médiateurs ont suivi afin d'atténuer la situation dans le but de réguler le conflit et de le transformer peu à peu, pour le préparer à la gestion de conflit. Je vous renvoie ici encore aux premières pages de ce manuel, où je décris la régulation de conflit et la médiation comme des négociations assistées. À la fin de l'étude, je donnerai un résumé des points d'apprentissage clés.

Notes

1. BBC News Africa. (2012) Mali President Toure resigns in deal with coup leaders. [Source : Internet, 08 avril, lien : http://www.bbc.co.uk/news/world-africa-17653882 [Dernière consultation le 16 mai 2013]
2. Hannan, U &Besada, H. (2007) *Dimensions of State Fragility : A Review of Social Science Literature.* The Centre for International Governance Innovation. Working Paper no.33. Disponible sur : http://dspace.cigilibrary.org/jspui/bitstream/123456789/10008/1/Dimensions%20of%20State%20Fragility%20A%20Review%20of%20the%20Social%20Science%20Literature.pdf?1 [Dernière consultation le : 15 mars 2013]
3. Le terme « maturité » ou « mûr pour le règlement » renvoie aux parties qui résolvent leur conflit uniquement lorsqu'elles sont prêtes à le faire. Ce stade est atteint lorsque les autres moyens (souvent unilatéraux) permettant de parvenir à un résultat satisfaisant sont au point mort et que les parties ont le sentiment de se retrouver dans une situation délicate et coûteuse. À ce stade de « maturité », les parties recherchent alors des propositions qui leur permettent de sortir de l'impasse, ou sont plus disposées à les prendre en compte. Pour de plus amples renseignements sur la notion de « maturité » ou « mûr pour le règlement », voir (en anglais) : I William Zartman & Maureen Berman, *The Practical Negotiator* (New Haven : Yale University Press, 1982), 66–78 ; I William Zartman, « The Strategy of Preventive Diplomacy in Third World Conflicts » in *Managing US-Soviet Rivalry*, ed. Alexander George (Westview, 1983) ; Saadia Touval & I William Zartman, eds., *International Mediation in Theory and Practice* (Westview, 1985), II, 258–60 ; I William Zartman, *Ripe for Resolution* (New York : Oxford, 1985/1989).
4. CEDEAO. (2012) *Emergency Mini-Summit of ECOWAS Heads of State and Government on the Situation in Mali* [Source : Internet, 30 mars 2012]. Disponible sur : http://news.ecowas.int/presseshow.php?nb=092&lang=en&annee=2012 [Dernière consultation : février 2013]
5. WADR (2012) Mali junta yields to ECOWAS threats, hands back to civilians. [Source : Internet, 01 avril]. Disponible sur : http://wadr.org/en/site/news_en/3379/Mali-junta-yields-to-ECOWAS-threats-hands-back- to-civilians.htm [Dernière consultation le 25 février 2013].
6. Hein, R.O. (2012) Mali rebels vow to respect national unity, reject terror. [Source : Internet, 4 décembre.] Disponible sur : http://reliefweb.int/report/mali/mali-rebels-vow-respect-national-unity-reject-terror [Dernière consultation le 26 mars 2013].
7. Nations Unies (2012), Résolution n° 2056 du Conseil de sécurité des Nations Unies [Source : Internet], disponible sur : http://www.un.org/ga/search/view_doc.asp?symbol=S/RES/2056(2012) [Dernière consultation le 31 janvier 2013].
8. Nations Unies (2012) adoptant la Résolution n° 2071 (2012), le Conseil de sécurité exige des groupes armés qu'ils cessent les violations des Droits de l'homme et les violations hu-

manitaires au nord du Mali. [Source : Internet], disponible sur : http://www.un.org/News/Press/docs/2012/sc10789.doc.htm [Dernière consultation le 28 février 2013].

9. BBC News Africa (2013) Mali : UN approves new UN peacekeeping force, Minusma. [Source : Internet, 25 avril] Disponible sur : http://www.bbc.co.uk/news/world-africa-17653882 [Dernière consultation le 17 mai 2013].
10. Oxford Analytica (2007). "IVORY COAST : Ouagadougou Accord boosts peace prospects". Oxford Analytica. Disponible sur : http://www.oxan.com/display.aspx?ItemID=DB132783
11. Stephen John Stedman (1997 : modifié en 2005) 'Spoiler problems in peace processes'. International Security. 22 (2) pp. 5–53.
12. H - Highlight common interests
    E - Easy issues first
    L - Logistical priorities and sequence
    P - Priorities for pressing deadlines
    S - Stability and balance
    This can also be find in the English version of the handbook, same author, The International Mediator - A Handbook, 2017, page 68
13. Adapté de Love, 2009.
14. CONGRÈS JUIF AMÉRICAIN (1968). THE TRAGEDY OF BIAFRA COMMISSION ON INTERNATIONAL AFFAIRS http://www.biafraland.com/1968_Biafra%20_Report_By_American_Jewish_Congress.htm
15. University of Central Arkansas. Nigeria/Biafra (1967–1970) http://uca.edu/politicalscience/dadm- project/sub-saharan-africa-region/nigeriabiafra-1967–1970/
16. Dans le domaine de la médiation internationale, il existe plusieurs niveaux. Certains auteurs incluent même jusqu'à neuf niveaux au mécanisme de coordination. Par souci de simplicité, nous nous pencherons sur trois niveaux uniquement. Le type 1 (niveau formel), qu'occupe des parties prenantes de haut niveau, comme des gouvernements, des diplomates, des agences gouvernementales et la plupart des organisations internationales. Le type 2 (niveau informel), composé de plusieurs personnes physiques ou morales influentes, comme des ONG pourvues d'un mandat de rétablissement ou de maintien de la paix, l'Église, différents groupes confessionnels, médiateurs initiés, société civile, etc. Le troisième niveau regroupe la majorité des parties prenantes locales, comme les organisations communautaires, les organisations locales, des individus en mesure d'établir des canaux horizontaux de communication, des entreprises, des écoles, etc.
17. Chigas, D. (2003). Track II (Citizen) Diplomacy. Beyond Intractability. http://www.beyondintractability.org/bi-essay/track2diplomacy
18. Dorina Bekoe & Christina Parajon (2007) « Women's Role in Liberia's Reconstruction » United States Institute of Peace (Institut des États-Unis pour la paix) http://www.usip.org/publications/women-s-role-liberia-s-reconstruction
19. Calculé à partir de la base de données sur les conflits armés de UCDP/PRIO [2005 UCDP/PRIO Armed Conflict Dataset (UCDP/PRIO, 2006)].
20. Agnes Nindorera (2003) Ubushingantahe as a Base for Political Transformation in Burundi. Boston Consortium on Gender, Security and Human Rights Working Paper No. 102.
21. John Young (2007) SUDAN IGAD PEACE PROCESS : AN EVALUATION. Chr. Michelsen Institute. www.cmi.no/sudan/doc/?id=890

22. Centre for African Studies. [Centre d'études africaines]. ACCORD DE PAIX SUR LE DARFOUR http://www.africa.berkeley.edu/.../Darfur/DPA_ABUJA-5-05-06-withSignatures
23. BBC (2006) « Uganda begins ceasefire with LRA », BBC NEWS. http://news.bbc.co.uk/2/hi/africa/5293630.stm
24. Al Jazeera (2013) "African leaders sign DR Congo peace deal". (« Les dirigeants africains signent l'Accord de paix de la RDC »). Al Jazeera. http://www.aljazeera.com/news/africa/2013/02/201322473023560834.html
25. All Africa (2013) "Sudan and South Sudan Sign Agreement of an Implementation Action Plan" All Africa. http://allafrica.com/stories/201303111254.html

TROISIÈME PARTIE

Étude de cas : Les médiations du Soudan

Introduction

Entre 1992 et 2011, le Soudan a connu le conflit le plus long, le plus complexe et le plus multidimensionnel qui soit. Hormis la Syrie, il s'agit du seul cas où toutes les connaissances et pratiques en matière de médiation ont été déployées, en vain. Cette « étude de cas vue de l'intérieur » vise à illustrer la complexité que représente la mise en pratique d'un modèle de médiation. Par ailleurs, elle cherche à mettre en évidence la discontinuité qui existe entre la recherche et la réalité sur le terrain, mais aussi le fait que la volonté politique, le contexte, et une bonne compréhension de l'équilibre général des forces ont toute leur importance.

La médiation représente l'un des moyens d'amener des parties prises dans un conflit armé à renouer le dialogue. Les critères permettant d'évaluer l'adéquation de la médiation comme moyen d'engagement répondent aux questions « Qui solliciter » et « Comment solliciter », et plus précisément : (1) la volonté expresse des parties d'étudier un règlement négocié ; (2) les fenêtres d'opportunité pour la résolution de conflit ; (3) les raisons qui ont mené les engagements de médiation actuels ou préalables à la réussite ou à l'échec ; (4) l'intention et les intérêts des éléments perturbateurs actuels et éventuels ; (5) les intérêts et l'influence d'acteurs externes vis-à-vis d'un processus de médiation possible.

Il arrive que la médiation ne soit pas l'unique processus adéquat pour mettre fin au conflit armé entre les belligérants ; celle-ci peut nécessiter la coordination d'autres activités de rétablissement de la paix. La médiation peut ne pas s'avérer appropriée lorsque (1) les parties ne recherchent pas réellement la résolution par le recours au dialogue et ne souhaitent en réalité que « gagner du temps » ; (2) les parties recherchent la médiation d'un tiers pour valider leurs doléances ou cherchent à exploiter le processus de médiation à d'autres fins ; (3) les conflits sont « figés », ce qui signifie que les facteurs stratégiques fondamentaux à l'origine du conflit n'ont pas changé.

Le cas des médiations au Soudan est une mine d'or pour étudier les principes et les notions susmentionnés relatifs à la médiation. Hormis le conflit qui ravage la Syrie, il s'agit à ce jour du conflit non résolu le plus long, le plus complexe et le plus volatil dans le domaine de la résolution de conflit actuelle. La quasi-totalité des approches et des stratégies de médiation ont été éprouvées. Pendant vingt ans, malgré toutes les tentatives de médiation, aucune n'a su apporter la justice et la paix au sein de cette zone, hormis l'Accord de paix global qui a conduit à l'indépendance du Soudan du Sud. De ce fait, il s'agit du champ de bataille où la recherche et la théorie se retrouvent confrontées à la volonté politique, à la complexité des environnements conflictuels et à l'équilibre des forces mondiales changeantes.

Pour la nouvelle génération de médiateurs, il est important de tirer des enseignements de ces récits recueillis sur le terrain, parce qu'ils nous permettent de faire évoluer notre façon d'appréhender le mode de fonctionnement de la médiation dans la résolution de conflits violents. La session pourrait également redonner de l'élan à la recherche et ainsi permettre de prendre du recul par rapport au fait d'essayer de contrôler les résultats de la médiation, pour au contraire tenter de mieux comprendre les données changeantes et le mandat du médiateur, qui constituent en réalité des variables difficilement contrôlables. Professionnels, étudiants et chercheurs tireront des enseignements de cette session et découvriront des nouvelles voies qui mènent à une compréhension multidisciplinaire des médiations complexes.

Événements marquants

Le conflit Nord – Sud

- Résumé du conflit
- Les pourparlers d'Abuja 1992–1993
- Médiation de l'IGAD 1993–2003
    - o Entrée
    - o Préparation

- o Négociations
- o Le protocole de Machakos : une avancée décisive
- o Le rôle de l'équipe de médiation sous l'égide du médiateur principal, M. Sumbeiywo
- o Mise en œuvre

La crise du Darfour

- Le Darfour et le Processus de paix d'Abuja
- Contexte et analyse du conflit
- Les acteurs de la médiation
- Les mesures de la médiation
- Issue et mise en œuvre
- Le rôle du médiateur
- Le Darfour et le processus de médiation de Doha 2009–2011

Soudan du Sud

- Les négociations avec le Soudan post-APG
- Le désarmement des milices de l'armée blanche
- Les changements politiques

La guerre Tchad-Soudan

Le conflit nord-sud

Résumé du conflit

Plusieurs conflits ont lieu au Soudan : des conflits entre le Nord et le Sud, des conflits locaux au sein même des régions, ainsi que des conflits entre le centre et les régions périphériques, à savoir entre la région centrale du Soudan et du Darfour et le nord et l'est du pays.

Le conflit qui a lieu entre la zone nord dominante et la zone sud fragile et fragmentée est le plus important. Le conflit découle principalement du manque de légitimation de l'État et de la faiblesse du statut d'État. Les vides politiques permettent aux groupes violents d'opérer et d'accéder au pouvoir. La superficie, l'héritage historique et les diversités culturelles du Soudan ont entrainé le pays dans une guerre civile interminable après l'indépendance de 1956. La première guerre civile éclata en 1955 et prit fin à la suite de l'Accord d'Addis-Abeba signé en 1972. L'empereur éthiopien Haïlé Sélassié Ier exerça le rôle de médiateur. Il s'agissait d'un accord de partage du pouvoir entre le gouvernement et le mouvement rebelle du sud.

Cet accord « [...] dura jusqu'en 1983, lorsque le gouvernement de Gaafar Nimeiry abolit l'autonomie du sud et institutionnalisa la loi islamique à l'échelle de la nation ».[1] Le Mouvement/l'Armée populaire de libération du Soudan (M/APLS), basés dans le Soudan du Sud, prirent les armes sous le commandement du Colonel John Garang pour protester contre la marginalisation politique et économique. Le conflit prit une mauvaise tournure lorsque le Général Omar Hassan Ahmad el-Béchir mena un coup d'État contre le gouvernement et mit fin à la démocratie multipartite. Allié au front islamique national de M. Hassan Al-Tourabi, son régime abolit toutes les institutions démocratiques, imposa une loi islamique stricte et éleva la guerre civile au rang de guerre sainte.

En 1989, la rencontre entre le gouvernement et l'APLS à Addis-Abeba échoua et « le gouvernement se mit à sévir contre l'opposition civile ; il lança une offensive militaire dans le sud [...] pour consolider son pouvoir ».[2] Parallèlement, l'APLS fit cause commune avec l'opposition au nord, l'Alliance nationale démocratique (AND), afin de renverser le gouvernement. La deuxième guerre civile sévit de 1983 à 2005. Plus de deux millions de personnes y trouvèrent la mort, plus de quatre millions furent déplacées, et 600 000 fuirent le pays.

Les pourparlers d'Abuja 1992–1993

Les demandes internationales visant à isoler le Soudan en raison des violations des droits de l'homme pendant la guerre civile donnèrent lieu à la médiation à Nairobi, en décembre 1989. Le président el-Béchir invita l'ancien président des États-Unis Jimmy Carter à diriger la médiation entre le gouvernement et le M/APLS, mais les pourparlers de Nairobi n'aboutirent pas. En mars 1990, le Secrétaire d'État adjoint aux affaires africaines, Herman Cohen, lança une autre initiative, se concentrant cette fois-ci sur un cessez-le-feu et instaurant une force internationale de surveillance, ainsi qu'une conférence constitutionnelle nationale, mais les pourparlers échouèrent à nouveau. En mai 1991, les capacités du mouvement rebelle devinrent limitées lorsque l'APLS perdit un allié de taille après la chute du chef d'État éthiopien, Mengistu Haile Mariam. En outre, une scission au sein du « [...] leadership de l'APLS affaiblit sa capacité à galvaniser l'ensemble des factions du sud en un seul groupe ».[3]

Trois commandants dissidents constituèrent leur propre force, l'APLS-Nasir, sous le commandement de Riek Machar. « Hormis les différences ethniques [...], la division eut lieu en raison de contestations vis-à-vis du leadership et des différences quant au statut du Sud au Soudan ».[4] L'APLS-Nasir préférait la succession, tandis que l'APLS-Torit, toujours sous le commandement de John Garang, souhaitait créer un « Nouveau Soudan ». Après les échecs précédents qui visaient à mettre fin à la guerre civile au Soudan, les médiateurs africains s'adonnèrent à l'enterrer. Lors du sommet de l'Organisation de l'unité africaine (OUA), le chef de l'État nigérian et président de l'OUA, Ibrahim Babangida, se vit octroyer un mandat de médiation pour ce conflit. Le Nigéria bénéficiait à ce moment-là d'une position de premier plan en Afrique. « L'APLS vit la médiation comme une possibilité de mobiliser la pression africaine à l'encontre du gouvernement [...] ».[5]

La première conférence d'Abuja démarra en mai 1992 et dura dix jours. Les médiateurs nigérians avaient reçu l'engagement des parties concernant un programme de travail, qui comprenait des questions d'identité nationale, de citoyenneté, de droits fondamentaux, d'accords de partage du pouvoir et des ressources, et qui était axé sur des accords et dispositions intérimaires, en vue de la rédaction d'une constitution permanente. L'APLS accepta d'enterrer temporairement les différends lors de la négociation concernant l'autodétermination, mais le gouvernement réclamait un État islamique et l'unité du Soudan. Les deux parties « signèrent un communiqué qui stipulait que le Soudan était un pays multiethnique, multilingue et plurireligieux ».[6] Elles garantirent également de collaborer pour obtenir un accord politico-institutionnel. « Tout au long des négociations, les médiateurs nigérians se sont inspirés de leur guerre civile pour mettre en avant la formule du fédéralisme, de la laïcité et du multiculturalisme ».[7]

À la suite de cette conférence, les médiateurs essayèrent d'impliquer l'Ouganda et le Kenya dans le processus de paix pour faire davantage pression sur le gouvernement d'Omar el-Béchir. Lorsque la deuxième conférence d'Abuja reprit en avril 1993, les parties ne parvinrent pas à trouver un terrain d'entente sur les questions de fond. En raison des victoires militaires contre l'APLS, le gouvernement était moins enclin à faire des concessions. Khartoum entreprit même des pourparlers en parallèle avec l'APLS-Nasir à Nairobi. Sous la pression internationale, le gouvernement s'est rendu à la table des négociations, ce qui n'était pas suffisant pour changer le point de vue de ce dernier sur lesdites questions de fond. L'APLS avait essayé de faire appel à des pays occidentaux et à l'ONU à titre d'observateurs indépendants lors des pourparlers d'Abuja, ce que rejeta le gouvernement nigérian. Le Nigéria agit à la fois en qualité de médiateur et d'observateur, étant donné qu'il avait réussi à obtenir le mandat et la confiance des parties. Si le président prit connaissance de la volonté des parties d'avoir des observateurs supplémentaires, celui-ci l'aurait mal pris, la raison étant que le président Babangida s'était vu confier le mandat personnellement par les parties et d'autres chefs d'État.

Après l'échec des pourparlers, les médiateurs nigérians se retirèrent de la médiation. « Les pourparlers d'Abuja ont illustré le problème fondamental que représente la création d'un processus de paix légitime au vu des irrégularités de pouvoir qui se sont empirées en raison de la guerre civile écrasante ».[8] Quant au rôle des intervenants externes visant à égaliser le pouvoir entre les parties aux conflits communautaires, il était question de « se focaliser sur la pression à exercer sur la partie la plus solide, sans l'isoler du processus de réconciliation ».[9] La guerre civile s'intensifia et près de deux millions d'habitants du sud se retrouvèrent confrontés à la famine.

L'ambassadeur américain du Soudan essaya d'obtenir un accord par le recours à la médiation entre l'APLS-Nasir de Riek Machar et l'APLS-Torit de John Garang en juin 1993, pour que les États-Unis puissent reprendre l'aide humanitaire. Le cessez-le-feu « ne parvint pas à mettre fin aux combats entre les factions, les deux parties étant incapables de dépasser leur antagonisme réciproque ».[10] Dans les mois qui suivirent, le gouvernement fomenta une nouvelle offensive contre l'APLS. Pour compenser la perte de terrain, J. Garang fit pression en Afrique, en Europe et aux États-Unis pour obtenir un soutien diplomatique, un financement et des armes.

Mediation de l'IGAD 1993–1999

Entrée

L'isolement international poussa le président el-Béchir à inviter l'IGAD à Addis-Abeba, lors du sommet annuel en septembre 1993, afin d'y mener la médiation. M. el-Béchir indiqua que l'IGAD serait neutre et transparente, étant au fait des causes profondes du problème en raison de son statut d'acteur régional. Par conséquent, elle constituait un meilleur choix que des médiateurs externes ou internationaux. Il estima également que ses amis domineraient le processus. L'IGAD accepta sa proposition et s'évertua à arrêter l'engrenage et une éventuelle réaction en chaîne au sein de la région. Elle craignait que l'Islam politique ne se répande et recherchait la stabilité de la région, ainsi que l'unité du Soudan. L'IGAD souhaitait exercer une pression commune afin que le gouvernement règle son conflit interne. L'APLS craignait que l'IGAD soutienne le gouvernement, mais le fait qu'elle ait reconnu la possibilité d'une réaction en chaîne à l'échelle régionale finit par la convaincre de sa sincérité. L'IGAD entama les pourparlers entre le gouvernement et les deux factions du M/APLS. Ces parties rejoignirent le processus par crainte de sanctions et d'isolement de la part des pays de l'IGAD.

Préparation

En septembre 1993, lors du sommet qui eut lieu à Addis-Abeba, l'IGAD établit un comité de médiation composé de quatre nations : le président kenyan Daniel arap Moi, le président érythréen Isaias Afwerki, le premier ministre éthiopien

Meles Zenawi et le président ougandais Yorewi Museveni. D. Moi, le président du comité, consulta toutes les parties, dirigea les séances de médiation et rendit compte aux membres du comité. « Petit à petit, D. Moi [...] remit les tâches de médiation entre les mains du ministère des affaires étrangères du Kenya [...] ».[11] Les États-Unis entreprirent des efforts de réconciliation entre les factions de l'APLS. Les deux parties signèrent un Accord de paix. Ces efforts américains furent critiqués par le gouvernement de Khartoum qui les décrivit comme des obstacles à la paix.

L'IGAD faisait face à plusieurs problèmes : le déséquilibre entre les pouvoirs des deux parties, les problèmes de crédibilité relatifs aux antécédents de D. Moi en matière de médiation en Ouganda, ainsi que la querelle entre ce dernier et Y. Museveni, au sujet du leadership régional. Pour gérer ce déséquilibre, l'IGAD se basa sur deux critères : la vulnérabilité internationale de Khartoum, en raison de l'isolement diplomatique du Soudan, et l'unité du sud, entre les deux factions de l'APLS, afin de transformer cette unité en un pouvoir de négociation.

En janvier 1994, le Comité ministériel de l'IGAD rencontra les parties et prépara un programme de travail. Le but des pourparlers était de les obliger à trouver un compromis au sujet de quelques éléments spécifiques. Dans une déclaration commune, les deux factions de l'APLS proposèrent de négocier un cessez-le-feu impliquant toutes les parties, de manière à faciliter l'aide humanitaire et le droit à l'autodétermination, par le biais d'un référendum dans le sud du Soudan, les monts Nuba et d'autres régions marginalisées. Par ailleurs, il était aussi question de fixer les modalités au cours de la période de transition entre la cessation du conflit armé et l'élaboration d'un accord. Le gouvernement réaffirma son engagement, mais était réticent à l'idée d'inclure au programme les négociations sur le cessez-le-feu et la question de l'autodétermination en qualité d'éléments distincts.

Négociations

Première série de négociations

Cette première série débuta le 22 mars 1994, tandis que le gouvernement lançait une nouvelle offensive contre les sudistes. D. Moi condamna ces attaques et déplora leur caractère nuisible vis-à-vis du processus de paix : elles ne faisaient qu'encourager la défiance entre les parties. « [...] L'IGAD proposa un programme de travail qui permettrait de trouver un compromis en négociant d'abord un accord de cessez-le-feu, pour ensuite établir des principes constitutionnels »,[12] afin de prendre des dispositions durant la période de transition. Le gouvernement rejeta la proposition et menaça de mettre fin aux pourparlers si les médiateurs abordaient la question de l'autodétermination. Malgré le consensus précédent, l'APLS-Nasir soutint cette position. De ce fait, les points à l'ordre du jour ne furent pas abordés lors de la première série de négociations. « L'IGAD parvint uniquement à garantir un accord sur la formation d'un comité délégué de négociation des factions de l'APLS, du gouvernement et de l'ONU, pour gérer les questions humanitaires ».[13] Les parties se mirent d'accord sur des couloirs aériens, créant cinq passages terrestres et immunisant les enfants dans la zone de guerre.

Deuxième série de négociations

Cette série débuta en mai 1994, mais les parties refusèrent de négocier et l'IGAD dut repousser la conférence après quatre jours seulement. Toutefois, les médiateurs proposèrent une Déclaration de principes (DP) et la remirent aux délégués à des fins d'examen, avant les pourparlers suivants. Grâce à cette stratégie, les médiateurs espéraient surmonter l'impasse que représentait le programme des négociations. La DP abordait les questions d'autodétermination, de période de transition, de référendum et de contrôle international de cessez-le-feu.

Entre les deuxième et troisième séries de pourparlers, les efforts diplomatiques que fournit le groupe occidental informel avaient pour objectif de persuader le gouvernement de Khartoum de changer d'attitude. En juin de cette année-là, le président Bill Clinton nomma l'ambassadrice Melissa Wells pour aider l'équipe de médiation. En mai, une rencontre secrète entre O. el-Béchir et Yorewi Museveni eut lieu, au cours de laquelle le président autrichien Thomas Klestil eut recours à la médiation afin d'apaiser les tensions bilatérales.

Troisième série de négociations

Cette troisième série commença le 18 juillet 1994. « Daniel arap Moi appela à un cessez-le-feu et à la mise en œuvre de l'accord signé en mai concernant l'approvisionnement des secours ».[14] La DP était le point central. Les deux APLS étaient en faveur de la DP, mais Khartoum la rejeta, en raison des questions d'autodétermination et de laïcité, celles-ci étant non négociables. Le gouvernement annonça seulement la négociation d'une période de transition dans le sud basée sur le fédéralisme. Khartoum argua également que les médiateurs avaient outrepassé leur mandat en imposant la question de la DP. L'IGAD tenta de sortir de cette impasse en publiant un « document officieux » sur l'autodétermination, que le gouvernement rejeta également.

Quatrième série de négociations

Elle démarra en septembre 1994 avec le remplacement opéré par Khartoum de son négociateur principal ; Ghazi Salah al-Din al-Atabani, ministre militant, prit le relais. Une telle décision ne laissait envisager rien d'autre qu'une position encore plus radicale. Avant d'entamer les discussions, Daniel arap Moi émit un avertissement : les médiateurs ne continueraient pas leur travail sans avoir la preuve tangible des progrès réalisés. Le gouvernement maintint sa position et D. Moi suspendit les négociations. Y. Museveni attribua l'échec de ces pourparlers à Khartoum et réclama des sanctions économiques internationales.

Stratégie de première ligne et échec – 1995–1997 : D. Moi essaya de ramener les parties à la table des négociations en organisant des rencontres séparément avec l'APLS et le gouvernement. Un sommet de l'IGAD avec les chefs d'État ne suffit pas non plus à faire changer d'avis O. el-Béchir. Ce dernier rejeta la faute sur les médiateurs, due selon lui à leur manque d'impartialité. Il déclara vouloir résoudre le conflit militairement. À l'automne 1994, les envoyés kenyans tentèrent de persuader le gouvernement de Khartoum de reprendre les négociations, mais ce dernier était résolu à radier les questions d'autodétermination et de laïcité du programme, tout comme il souhaitait que l'Ouganda et l'Érythrée quittent le comité de l'IGAD, en raison de leur hostilité vis-à-vis du Soudan.

> « Le manque de progrès des médiateurs […] illustrait les limites de leurs capacités organisationnelles. Le comité de l'IGAD mit en lumière les possibilités d'un mécanisme multilatéral africain pour la médiation, mais il ne parvint pas à faire en sorte que les parties poursuivent les négociations ».[15]
> Le recours à la persuasion comme l'avait fait le Nigeria pendant les pourparlers d'Abuja n'était pas suffisant pour que le gouvernement et l'APLS changent d'avis.

L'Érythrée mit fin à sa relation diplomatique avec Khartoum en 1994, l'Ouganda en fit de même en 1995, et les relations entre l'Éthiopie et le Soudan se dégradèrent également. L'Érythrée, l'Éthiopie et l'Ouganda devinrent les trois acteurs régionaux principaux en matière de pression militaire Ils apportèrent leur soutien militaire, politique et économique à l'APLS. Le gouvernement des États-Unis imposa des sanctions économiques et diplomatiques à l'encontre du Soudan, tout en renforçant les capacités militaires des États régionaux. La Stratégie de première ligne vit le jour en 1995.

En l'absence d'unité sudiste, l'APLS, sous le commandement de John Garang, entra en collaboration avec les groupes d'opposition du nord. L'Érythrée organisa une rencontre entre ces parties et « l'AND adopta l'accord d'Asmara, qui soulignait l'unité nationale en vertu d'accords fédéraux et confédéraux, dans l'attente d'un référendum dans le sud du Soudan, à Abyei, dans les monts Nuba et Ingessana, après une période de transition de quatre ans ».[16] En janvier 1996, Isaias Afwerki remit l'ambassade du Soudan basée à Asmara à l'Alliance nationale démocratique (AND). En s'opposant au Soudan, l'Érythrée incarnait les démarches mises en œuvre à l'échelle régionale pour renverser le gouvernement de Khartoum. Parallèlement, la faction de l'APLS sous Riek Machar changea de nom et se fit appeler le Mouvement pour l'indépendance du Soudan du Sud (SSIM).

En 1996, les États-Unis fermèrent leur ambassade à Khartoum et le Conseil de Sécurité de l'ONU imposa des sanctions diplomatiques à l'encontre du Soudan. Les États de première ligne compromirent les efforts de médiation de l'IGAD. L'Ouganda, l'Érythrée et l'Éthiopie affichant ouvertement leur soutien à l'APLS, la médiation devint une affaire kenyane. Mais le pays était encore vulnérable en raison de ses problèmes de crédibilité. Par ailleurs, la faiblesse du processus de l'IGAD instaura un espace de médiation compétitif. Des médiateurs de la Fondation Carter (Carter Center), d'Iran, de Libye, du Malawi et d'Afrique du Sud entrèrent en compétition, accentuant les différentes attentes et laissant place à la manipulation. Les pays occidentaux qui rejoignirent le Forum du partenariat de l'IGAD (IPF) tentèrent d'aider cette dernière à rétablir l'ordre. L'IPF renforça l'IGAD en faisant pression sur Khartoum et en apportant un soutien diplomatique aux médiateurs.

L'IPF tenta d'établir un cessez-le-feu en mai 1995. Le ministre néerlandais de la coopération, Jan Pronk, réussit à convaincre Daniel arap Moi de reprendre les négociations avec O. el-Béchir, lesquelles eurent lieu. D. Moi obtint le prolongement du cessez-le-feu, mais ne parvint pas à reprendre les discussions sur les questions de fond.

En septembre 1995, à Nairobi, une délégation du gouvernement soudanais tenta, en vain, de convaincre l'APLS de prendre part à une nouvelle série de négociations en dehors du cadre de la DP. En mars 1996, Khartoum tenta de changer son image de junte militaire en organisant des élections, que l'ancien régime remporta. Au même moment, le gouvernement entama des discussions avec le SSIM de R. Machar, lesquelles découlèrent sur un accord pour une Charte de paix. Riek Machar déclara en outre qu'il n'exigeait plus l'autonomie du Sud.

En décembre 1996, une offensive concertée éclata à la frontière avec l'Érythrée. L'APLS et l'AND s'emparèrent des villes le long des frontières érythréenne, éthiopienne et ougandaise. Les États-Unis fournissaient des armes à ces trois pays. À l'été 1997, la coalition des rebelles et de leurs alliés affirmèrent que l'équilibre militaire était rétabli. En réponse, le gouvernement mena une offensive politique et diplomatique sur leurs fronts internes et externes. O. el-Béchir appela les États arabes et musulmans à le soutenir face à cette « conspiration issue d'une alliance afro-chrétienne ».[17] Sa position de faiblesse le contraignit à reprendre les négociations. Il accepta la DP lors d'un sommet de l'IGAD en juillet 1997, à Nairobi. L'APLS doutait de la sincérité du gouvernement et le soupçonnait de vouloir simplement gagner du temps.

Cinquième série de négociations

Octobre 1997. Les progrès concernant la négociation des principes de la DP étaient presque inexistants dès le départ. Aucune des parties ne parvenait à changer d'avis et les pourparlers furent reportés jusqu'en avril 1998, afin de permettre aux médiateurs de créer une phase de navette diplomatique pour combler ce fossé. Pendant les négociations, les États-Unis avaient déjà annoncé de nouvelles sanctions contre le gouvernement soudanais, ce qui laissait entendre leurs faibles attentes concernant les chances de réussite du processus de paix. La secrétaire d'État américaine Madeleine Albright partit à la rencontre de J. Garang et des membres de l'AND afin de les soutenir. Le Soudan accusa le gouvernement américain de saboter les négociations. En octobre 1997, l'Égypte chercha à rétablir sa relation avec le Soudan et à soutenir le gouvernement. Elle facilita les pourparlers entre l'AND et Khartoum, mais rendit le processus de l'IGAD encore plus complexe, en raison de l'entrée en lice d'un nouvel acteur. L'alliance APLS-AND se mit à vaciller sous le poids de ces circonstances nouvelles. Le gouvernement exigea l'inclusion de l'Égypte à l'équipe de médiation de l'IGAD, qui refusa. Les experts de l'Autorité intergouvernementale pour le développement recherchèrent de nouvelles approches pour relancer les pourparlers de Nairobi.

Sixième série de négociations

En mai 1998, la médiation se poursuivit. Les médiateurs invitèrent des acteurs internationaux lors de la session d'ouverture afin d'encourager les deux parties à trouver une solution. Khartoum venait d'approuver une nouvelle constitution, revendiquant « l'unité et l'identité arabe du Soudan, et imposant la loi islamique aux régions non musulmanes ».[18] Cette nouvelle constitution posait également les bases pour une autodétermination future. L'APLS rejeta publiquement la constitution islamique mais la question de l'autodétermination représentait une étape importante et les parties progressèrent de façon assez surprenante. Malheureusement, la question des nouvelles frontières au sud du Soudan compliquèrent les négociations une fois de plus. L'APLS souhaitait que le Soudan du Sud englobe les régions d'Abyei, du Nil bleu du sud et du Kordofan méridional, mais le gouvernement ne souhaitait reconnaître que les frontières historiques qui existaient au moment de l'indépendance du Soudan, définissant ainsi le Sud aux provinces de Bahr el-Ghazal, d'Équatoria et du Nil supérieur. Les parties ne parvinrent pas non plus à se mettre d'accord sur les questions de laïcité et de cessez-le-feu. Les médiateurs organisèrent une réunion de suivi à Addis-Abeba, les négociations étant à nouveau au point mort. Un nouvel accord de cessez-le-feu fut négocié à la mi-juillet pour permettre l'acheminement de l'aide humanitaire au Sud.

Septième série de négociations

Au commencement des pourparlers d'Addis-Abeba, au début du mois d'août 1998, Khartoum annonça un « cessez-le-feu global dans toutes les zones de guerre »[19] en signe de bonne volonté. L'IGAD invita le secrétaire général de l'OUA, Salim Ahmed Salim aux pourparlers, qui appela à trouver une solution urgente. Toutefois, trois jours plus tard, aucun progrès n'était enregistré et l'équipe de médiation ne parvint pas à combler le fossé entre les questions de laïcité, des frontières du sud et de la nature des institutions de transition.

Même si les négociations échouèrent, les parties se mirent d'accord pour se réunir à nouveau à Nairobi.

À la suite de cet échec, l'Égypte réintégra le processus de paix, invitant les dirigeants de l'AND à une convention au Caire. Ce nouvel équilibre du pouvoir renforça la position de Khartoum à l'échelle régionale et internationale, et affaiblit les capacités de médiation de l'IGAD.

Ce même mois, l'Érythrée et l'Éthiopie se réconciliaient avec le Soudan. Un accord avec l'Ouganda permit de régler le conflit qui existait entre les deux pays, ce qui ébranla la Stratégie américaine des États de première ligne. Khartoum étant à nouveau en position de force, le gouvernement se mit à la recherche de nouveaux médiateurs. Plusieurs rencontres régionales furent organisées entre l'Égypte, la Libye, le gouvernement soudanais et l'AND, sans que l'IGAD ne soit impliquée. L'Égypte et la Libye établirent un comité commun et collaborèrent à l'élaboration d'un programme, lequel fut rejeté par l'APLS. John Garang mit en garde contre les dangers de circuits de négociation parallèles non intégrés à l'IGAD. En dépit des critiques régionales et internationales, l'Égypte et la Libye créèrent un comité en novembre 1999 et obtinrent un Accord national au Soudan.

Conclusion préliminaire

Les facteurs internes et régionaux affaiblirent la capacité de médiation du conflit de l'IGAD. Les stratégies régionales de coordination, la concurrence entre les médiateurs et les intérêts des partenaires internationaux en faisaient partie. Jusqu'en 1999, le processus de médiation de l'IGAD s'apparentait davantage à des négociations préalables qu'à une structure visant à créer un cadre de travail concret. Les efforts de médiation tentèrent, en vain, de poser les bases de négociations de fond, en ayant recours à la médiation de cessez-le-feu ou de principes, pour préparer le processus à venir.

L'IGAD réussit à compenser sa faiblesse organisationnelle en invitant des partenaires externes au processus, comme l'IPF et le gouvernement Clinton. Toutefois, le fait de dépendre de facteurs externes rendait l'utilisation de tactiques coercitives difficile. Les médiateurs de l'IGAD dépendaient des stratégies de sanctions occidentales. L'implication militaire des États de première ligne accentua la complexité du processus de médiation. La stratégie avait pour objectif d'équilibrer le pouvoir mais n'y parvint pas, et le gouvernement de Khartoum devint plus résistant face à la coercition. Il devint de plus en plus difficile pour l'IGAD de maintenir un processus de médiation crédible.

Huitième série de négociations

Au vu des échecs précédents, l'IPF fit pression sur l'IGAD pour que celle-ci change sa structure de médiation et se professionnalise. Ceci étant, l'IGAD avait appris de ses erreurs et l'organisation de la médiation évolua. Par ailleurs, l'IPF mit l'IGAD en garde concernant la difficulté à maintenir le flux d'aide humanitaire sur le long terme, si aucun signe de paix ne pointait à l'horizon.

Le manque de continuité au cours des années passées, dû au remaniement incessant du ministère des affaires étrangères kenyan, lequel dirigeait le comité de médiation, incita l'IPF à faire pression sur le pays pour qu'il nomme un envoyé spécial. Grâce à un financement des donateurs de l'IPF, le Secrétariat de l'IGAD fut renforcé et converti en un secrétariat permanent afin de gérer un processus continu. En 1999, le Kenya nomma Daniel Mboya, ancien ambassadeur au Soudan, en qualité de médiateur de l'IGAD. Sous l'égide de ce dernier, le secrétariat évolua et vit naître de nouveaux mécanismes pour pouvoir mener les négociations. Deux comités furent créés afin de régler les questions clés du conflit. Le premier gérait les composantes de gouvernance de la DP, le second, les questions de transition. À partir de janvier 2000, les séances de négociation eurent lieu à Nanyuki, au nord de Nairobi, afin d'éviter les fuites et les déclarations publiques. C'est à ce moment-là que les pourparlers reprirent, mais malgré le nouveau cadre de négociation, les parties ne parvinrent pas à trouver un compromis. En mai 2000, l'APLS abandonna les négociations.

O. el-Béchir réussit à consolider son pouvoir au sein du parti et sur le plan militaire, l'Oumma rompit avec l'AND, et les plus petits partis au sein de l'AND devinrent vulnérables. L'alliance entre le nord et le sud s'effondra. « La [...] réorganisation de la structure de médiation [...] dissimulait les innombrables problèmes dus à la fragmentation de l'AND, au réajustement de l'autorité nationale à Khartoum et au retour de l'initiative de médiation égypto-libyenne [...] ».[20] L'IGAD, qui doutait de la bonne intention de cette initiative, la perçut comme une menace. « Cependant, tant que les États-Unis soutenaient le processus de l'IGAD et que l'APLS demeurait ambivalente vis-à-vis des nouvelles initiatives, aucune mesure ne serait prise concernant l'initiative égypto-libyenne. »[21] Cette situation changea lorsque les États-Unis annonçèrent vouloir revoir leur position concernant leur soutien à l'IGAD et soutenir l'autodétermination, et non la séparation du Sud.

John Garang annonça publiquement souhaiter la collaboration entre les activités de médiation de l'IGAD et l'initiative conjointe égypto-libyenne, soulignant leur complémentarité pour parvenir à la paix. Après cette déclaration, l'Égypte fit pression sur l'IGAD pour décider d'une mesure de fusion. L'IPF chercha un compromis entre les deux initiatives, mais n'y parvint pas ; le fossé qui séparait les intentions de l'Afrique du Nord de celles de l'Afrique sub-saharienne à l'égard du Soudan se creusa davantage. L'IPF continua à soutenir le processus de l'IGAD et fixa une échéance de trois mois pour que les médiateurs parviennent à un accord.

Neuvième série de négociations

En septembre 2000, les pourparlers reprirent et les médiateurs proposèrent un cadre fédéral laïque, qui permettrait aux États individuels de mettre en œuvre la charia. L'équipe de médiation exigeait également des parties qu'elles se prononcent sur les points clés du programme comme la laïcité et l'autodétermination. « Après avoir délibéré au sujet de chacun des points à l'ordre du jour, les médiateurs ont demandé aux deux parties de s'engager par écrit en indiquant leurs accords et désaccords avant de passer au programme suivant ».[22] Les observateurs internationaux se demandèrent pourquoi une telle stratégie n'avait pas été mise en place dès les prémices du processus. Mais une fois de plus, la médiation fut un échec et « les parties ne purent se mettre d'accord sur les questions de laïcité, forçant les médiateurs à rechercher un accord sur l'autodétermination et les ententes intérimaires ».[23]

En octobre 2000, les médiateurs ne parvinrent pas à organiser de nouveaux pourparlers ; Khartoum ayant intensifié ses actions militaires et commencé à se réconcilier avec les parties du nord. Le gouvernement soudanais se retrouvait une fois de plus en position de force.

En novembre 2001, un sommet des chefs d'État de l'IGAD à Khartoum mit en lumière les nombreux problèmes de l'organisation. Un doute collectif quant à son efficacité commença à s'installer. « Non seulement D. Moi boycotta le sommet, mais des divergences profondes entre les médiateurs apparurent en première ligne […] ».[24] En décembre 2001, O. el-Béchir tira parti des problèmes qui existaient au sein de l'IGAD et organisa des élections générales. L'Égypte profita de la faiblesse de l'IGAD pour exiger son implication dans le processus de paix.

Au début de l'année 2001, G. W. Bush succéda à B. Clinton, après avoir été élu président des États-Unis. La politique du gouvernement américain connut un changement, qui laissait entendre une évolution de la Stratégie de première ligne vers une politique plus équitable.

Les revenus importants de Khartoum issus du pétrole, l'effondrement de la Stratégie et le règlement des différends de l'Éthiopie et de l'Ouganda avec le Soudan affaiblirent la position de l'APLS. Dans un tel contexte, l'IGAD se retrouva confrontée à la concurrence émergente que représentait l'initiative égypto-libyenne.

Dixième série de négociations

En mars 2001, des recommandations virent le jour lors d'une conférence de l'IPF à Rome – il fallait raviver les efforts diplomatiques pour relancer le processus de l'IGAD et faire en sorte que D. Moi se rende à Khartoum. Les deux parties en conflit acceptèrent d'organiser une conférence au sommet d'urgence de l'IGAD. Celle-ci se tint à Nairobi en juin 2001. Malheureusement, une fois encore, les médiateurs ne purent parvenir à un compromis : les attentes des parties concernant le sommet divergeaient. O. el-Béchir voulait négocier un cessez-le-feu lors de ce sommet, tandis que John Garang souhaitait trouver une solution aux problèmes en suspens. L'APLS fit remarquer qu'un cessez-le-feu ne pourrait aboutir qu'à la suite d'un accord. Elle fit part également des conditions préalables à un cessez-le-feu : Khartoum devait cesser les exportations de pétrole ou déposer les revenus qu'elles généraient dans un compte spécial, qui serait utilisé une fois la guerre terminée. L'échec de ce sommet permit à l'Égypte et à la Libye d'approfondir les négociations. Les deux pays communiquèrent un plan en neuf étapes afin de résoudre le conflit. La principale différence entre ce programme et celui de l'IGAD était le fait d'insister sur l'unité du Soudan. Khartoum accepta le plan en juillet 2001 et invita les deux pays à le mettre en œuvre. L'APLS et ses alliés de l'AND en acceptèrent les principes, mais ils n'étaient prêts à assister à la conférence que lorsque les autres principes, à savoir l'autodétermination et la laïcité, seraient inclus.

Onzième série de négociations

En 2001, après les attaques menées contre les États-Unis et l'implication révélée d'Oussama ben Laden avec le Soudan, un nouveau contexte géopolitique émergea. Les relations entre le Soudan et les États-Unis évoluèrent et ces derniers entreprirent une initiative diplomatique afin de négocier un cessez-le-feu dans les monts Nuba. Le Soudan était désireux d'améliorer ses relations avec les États-Unis et accepta d'assister aux négociations, qui se déroulèrent en Suisse. L'équipe était de composition suisse-américaine et se trouvait sous l'égide de l'ambassadeur suisse Josef Bucher. Ce dernier entretenait des liens de longue date avec le Soudan, ce qui constituait l'une des raisons pour lesquelles l'implication de la Suisse était souhaitée. Les parties en conflit organisèrent des réunions parallèles distinctes dans un premier temps, l'une se penchait sur les questions d'ordre militaire, pendant que l'autre s'occupait des questions juridiques et politiques, avant d'échanger. Lorsqu'une impasse se présenta, l'équipe de médiation fit une proposition concrète, qui choqua à la fois le gouvernement soudanais et le M/APLS, mais qui leur permit de progresser. Après six jours de négociations, un accord de cessez-le-feu d'une durée de six mois fut signé en 2002. Le gouvernement accepta également que fût menée une enquête internationale concernant les allégations d'enlèvement et d'esclavage.

Le protocole de Machakos : une avancée décisive

Grâce au nouvel engagement des États-Unis, les négociations devinrent plus influentes et cohérentes. Les États-Unis, le Royaume-Uni et la Norvège formèrent une troïka au sein de l'IPF afin de faciliter ces négociations. Parallèlement, Daniel arap Moi nomma le général Lazaro Sumbeiywo en qualité de médiateur principal. Sa première mission fut de rétablir la crédibilité de l'IPF, afin qu'il continue à financer le processus de paix.

Avec l'aide d'observateurs internationaux, L. Sumbeiywo entama les négociations, d'abord à Karen, puis à Machakos, près de Nairobi. Les médiateurs eurent recours à « un ensemble d'ateliers, lors desquels des experts prodiguaient des conseils sur les questions techniques, et à des séances plénières, à des fins de délibération collective ».[25] Outre le changement d'approche, le style proactif et le côté militaire du général permirent de déboucher sur un accord. Quand bien même les combats s'intensifièrent dans le sud du Soudan lors des cinq semaines de pourparlers, les négociations permirent la signature du Protocole de Machakos en juillet 2002.

Ce protocole définissait un cadre en vue de nouvelles négociations. Les parties s'accordèrent sur les principes d'autodétermination au sud, de la charia au nord, d'un gouvernement laïque au sud, d'un référendum surveillé sur le plan international une fois la période de transition de six ans et demi passée, et de l'objectif commun que représentait l'édification d'un Soudan uni. Lorsque la deuxième série de négociations de Machakos débuta en août 2002, les combats s'intensifièrent et le gouvernement se retira des négociations. Les médiateurs réussirent à relancer les pourparlers en octobre 2002.

Il était alors question de parvenir à un cessez-le-feu global. Parallèlement, les États-Unis firent davantage pression sur Khartoum en menaçant le gouvernement de nouvelles sanctions économiques. Un accord fut conclu : pendant la durée des négociations, un cessez-le-feu serait respecté au sein du pays tout entier. En novembre, un protocole d'entente (PE) fut signé, en vertu duquel le cessez-le-feu fut prolongé et les ONG autorisées à déployer leur aide humanitaire dans le sud du pays.

En janvier 2003, l'APLS insista pour discuter de la situation des monts Nuba, de la région d'Abyei et du Nil bleu du sud ; autrement dit, des questions qui ne faisaient pas partie du Protocole de Machakos.

En février 2003, un accord sur les mécanismes de contrôle du cessez-le-feu, la formation d'un gouvernement d'unité nationale et la représentation équitable des Sud-Soudanais au sein du parlement, du Cabinet et de la fonction publique fut signé.

En mai, juin et juillet 2003, lors de la période de transition, les parties examinèrent les accords de sécurité, les accords sur le partage du pouvoir, la distribution des ressources et la situation religieuse de Khartoum. En juin 2003, le général Sumbeiywo et son équipe traversèrent le Soudan pour discuter avec la population et les dirigeants et ainsi partager leurs avis à la table des négociations. Il rédigea également un acte de réconciliation, le « Document de Nakuru », qui portait sur les questions en suspens et avançait des propositions concernant tous les aspects du conflit, à l'exception des trois zones contestées et des accords de sécurité. Tandis que le MPLS l'accepta comme point de départ, O. el-Béchir en refusa catégoriquement les termes et menaça d'abandonner le processus de paix. « En invitant les services de médiation du gouvernement sud-africain, Khartoum souhaitait porter un coup à l'IGAD, mais celle-ci résista ».[26] Après une telle réaction de Khartoum, le document de Nakuru fut abandonné.

Une avancée décisive se produisit en septembre 2003 lorsque J. Garang et le vice-président soudanais, Ali Osman Taha entamèrent des pourparlers, qui durèrent trois mois. Les liens personnels entre Taha et Garang contribuèrent au processus de paix. Les deux dirigeants se rencontrèrent sans avoir recours à une quelconque forme de médiation, afin de discuter des principes clés et de trouver un accord à ce sujet. Ces rencontres créèrent un retournement de situation en faveur des négociations et les parties conclurent un accord-cadre sur les questions militaires et de sécurité, au terme duquel elles statuèrent sur la nécessité de disposer de trois armées au Soudan : l'armée du gouvernement, l'armée de l'APLS, et une armée commune. L'armée du gouvernement se retirerait du Soudan du Sud, et l'APLS de la partie Est du Soudan. L'APLS serait présente militairement dans la capitale, conformément au principe de la force commune. La présence de nombreux groupes armés au sein de la capitale soulevait tout de même quelques questions en matière de stabilité.

Un protocole au sujet de la distribution des ressources fut signé en 2004. Cet accord réglementait la distribution du pétrole et de ses revenus : 2 % du produit serait reversé aux régions productrices de pétrole, tandis que le reste serait réparti de façon égale entre le nord et le sud. Le Soudan du Sud obtiendrait une succursale de la banque centrale du Soudan, qui opérerait de façon indépendante et sur le marché financier international. Le Soudan du Sud serait autorisé à lancer sa propre devise de façon provisoire, avant l'adoption d'une monnaie commune pour tout le pays (en lieu et place des cinq devises existantes de différents pays).

Le protocole sur le partage du pouvoir fut signé en 2004 : il gérait les questions cruciales relatives à la constitution de transition du Soudan du Sud. Des commissions sur le droit de vote, les politiques fiscales, les droits de l'homme ou encore le référendum pour le Soudan du Sud seraient nommées de façon bilatérale. Le président et deux vice-présidents en assureraient la présidence ; le premier vice-président serait le chef du M/APLS. Le Soudan du Sud aurait sa propre constitution. Des élections étaient prévues une fois la moitié de la période de transition écoulée. La charia demeurerait la loi du Soudan, à l'exception du Soudan du Sud et des non musulmans habitant dans le nord. Le protocole concernant le statut des provinces d'Abyei, des monts Nuba et du Nil bleu fut également signé en 2004. Les parties se mirent d'accord pour résoudre la question des provinces à un stade ultérieur du processus, notamment le fait de savoir si elles appartenaient au Soudan du Nord ou du Sud.

« Au stade final des négociations, l'intensification des hostilités au Darfour incita les mouvements rebelles de la région à exiger que leurs doléances de longue date fussent incluses à l'ordre du jour national, détournant l'attention de Khartoum des questions relatives au Sud. ».[27]

Un accord de cessez-le-feu négocié au Tchad vers le milieu de l'année 2004 entre le gouvernement et les mouvements rebelles du Darfour s'effondra quelques mois plus tard, en octobre, « […] parce que Khartoum continuait à armer les milices qui attaquaient les civils. ».[28] Bien que la crise du Darfour compliquât la médiation de l'IGAD, le général Sumbeiywo parvint à guider les parties pour les aider à finaliser les dispositions relatives à la mise en œuvre de l'accord.

Une fois les différents protocoles signés, aucun compromis entre protocoles n'était possible. L'Accord de paix global (APG) entre le gouvernement du Soudan et le M/APLS fut signé en janvier 2005. Il contenait six protocoles, qui avaient vu le jour lors des négociations du Protocole de Machakos. Les aspects essentiels de cet APG étaient les suivants : l'autonomie (le Soudan du Sud devient autonome pendant une durée de six ans, au terme de laquelle un référendum était prévu en 2011 pour décider de sa sécession), les forces armées et de sécurité, le partage des richesses, les questions économiques, l'administration et la loi islamique.

Le rôle de l'équipe de médiation sous l'égide du médiateur principal, L. Sumbeiywo.

Son rôle était de veiller au respect du processus, de maintenir l'ordre et de s'impliquer lors des phases clés. Il était le gardien du processus. Son style était plus proactif et militaire que celui de son prédécesseur.

Cependant, il n'avait aucune expérience dans le domaine de la médiation et « de ce fait, il demanda conseil à un certain nombre d'experts, qu'il écouta attentivement. Le fait est que les parties ne doutèrent pas de son intégrité. Il pouvait être brusque ; certains l'accusèrent d'outrepasser ses capacités politiques, mais ils savaient qu'il n'était pas manipulateur, ce qui est un point crucial. En effet, dans l'univers de la médiation, où le niveau de confiance est faible, les médiateurs sont souvent soupçonnés par les deux parties d'avoir leurs propres intentions. À juste titre, il fit preuve d'assurance à l'égard du processus, mais laissa les parties s'occuper de la teneur des questions ».[29]

Au stade initial, L. Sumbeiywo alla à la rencontre des parties, qui l'acceptèrent toutes les deux en qualité de médiateur. Grâce au pouvoir symétrique qui régnait entre celles-ci, les négociations purent avoir lieu. Les parties participèrent aux pourparlers pour des raisons tactiques et non sans réticence, mais à mesure que le processus avançait, les négociations devenaient de plus en plus sérieuses. Pour le modérateur, la question n'est pas de savoir si les parties se lancent dans les pourparlers de bonne foi, mais plutôt si le processus peut être conçu de sorte à accroître leur engagement et leur confiance à cet égard. Sumbeiywo établit également la crédibilité auprès des donateurs avant de se lancer dans les activités de médiation.

Il invita les autres envoyés de l'IGAD, forma une équipe et entreprit la recherche de personnes de référence. Julian T. Hottinger et Nicholas Haysom furent invités à rejoindre l'équipe de médiation de l'IGAD en 2003. J.T. Hottinger faisait partie de l'équipe qui gérait la question du cessez-le-feu des monts Nuba. L'équipe comptait trois autres envoyés de l'IGAD, qui avaient une connaissance approfondie des parties, ainsi qu'un secrétariat composé de cinq membres.

Le général Lazaro Sumbeiywo était un médiateur qui faisait preuve d'innovation – il transforma le Secrétariat de l'IGAD en une institution influente.

Toutefois,

> « [...] il eut du mal à récupérer l'autorité perdue par les interventions précédentes en raison de leur manque d'organisation et de professionnalisme. Ce qui lui faisait défaut en termes d'expérience était compensé par son assurance, son travail acharné, sa persistance, et sa capacité à apprendre à mesure que les négociations avançaient ».[30]

L. Sumbeiywo était un médiateur dévoué, présent à tous les pourparlers.

> « Je ne pense pas qu'un président ait le temps de s'asseoir, de manger, de faire du sport ou un sauna avec les parties. Il était important d'être engagé auprès d'elles sous différentes formes. Cela demande des mois d'engagement. Cela demande d'être neutre. Il n'est pas dans ma nature de fermer la porte à qui que ce soit. Étant donné qu'il

> m'arrivait de houspiller l'une ou l'autre des parties, les deux me percevaient comme étant neutre ».[31]

Lors des négociations, le général fit aussi bien preuve de pression que d'assurance. Les moyens de pression n'étaient concevables que dans la mesure où une relation de confiance avait été établie auparavant, ce qui les rendait plus acceptables. Les tierces parties ne proposèrent aucune solution mais furent réceptives, à l'écoute, compréhensives, laissant percevoir un terrain d'entente. L'approche qu'adopta le général était d'obtenir un accord paragraphe par paragraphe. Il utilisa une procédure à texte unique, sous les conseils de l'ancien président américain Jimmy Carter, et traduisit la DP afin de faire évoluer les parties, en se basant sur leurs exposés de principe respectifs contradictoires.[32]

Lorsqu'une impasse se présenta en 2003, Sumbeiywo n'en convint pas publiquement et chercha plutôt à trouver des solutions nouvelles à ce problème. Plus tard, il dirigea un atelier, dont le format

> « plaçait les deux parties du même côté de la table – c'est-à-dire en qualité de participants à un atelier – et non dans un cadre antagoniste (c'est-à-dire de part et d'autre de la table) ».[33]

Sumbeiywo fit également bon usage des bonnes relations qui existaient entre Taha et Garang.

> « Leur présence à Naivasha était importante, même s'ils ont gardé leurs délégations. Ils leur donnaient des points à discuter, puis leur demandaient de revenir et de les informer. À chaque fois que je souhaitais proposer quelque chose, je m'en remettais aux deux chefs. Si je souhaitais m'entretenir seul à seul avec l'un d'entre eux, je demandais aux autres personnes présentes de nous laisser ».[34]

Cependant, le Professeur Nicholas Haysom émit quelques réserves :

> « Demander aux principaux dirigeants d'agir en qualité de négociateurs est risqué. En Afrique du Sud, il existe une démarcation nette entre les négociateurs principaux et leurs équipes – celles-ci s'attellent aux négociations intenses. C'est ce que je recommande de faire. Si vous confrontez les principaux dirigeants, que faites-vous ensuite en cas d'impasse ? Les rencontres entre dirigeants doivent se faire en dernier recours ».[35]

Le médiateur principal adopta une « approche holistique » et rechercha une implication unanime. « […] faire en sorte que tout le monde adhère aux idées, et non que tout le monde participe aux négociations. Après le Protocole de Machakos, toute la communauté internationale voulait s'impliquer : la France, les Pays-Bas, l'Afrique du Sud, la Ligue arabe… Mais il était temps de fermer la porte ».[36] Le processus était très ouvert en ce qui concerne les sujets abordés, mais il l'était beaucoup moins concernant les acteurs. L'ouverture du processus était partielle ; les parties prenantes devaient être appelées pour discuter des questions soulevées. La consultation des dirigeants traditionnels et des femmes était en partie possible. Pour Sumbeiywo, l'APG en lui-même n'était pas complet, parce que le Soudan n'était pas totalement impliqué dans les pourparlers.[37]

Lorsqu'on lui demanda ce qu'il ferait différemment s'il devait se pencher à nouveau sur la question, il répondit :

> « Je ne perdrais pas mon temps avec ceux qui n'ont pas le mandat requis. Je demanderais aux parties d'identifier les problèmes, puis essaierais d'identifier très rapidement les points sur lesquels elles sont capables ou non de prendre des décisions. J'amènerais ensuite tout cela à un niveau où les décisions sont réellement prises.
> Je m'impliquerais dans les négociations sur le terrain à un stade plus précoce, afin de découvrir ce que les gens veulent, car leurs souhaits ne sont pas nécessairement ce que l'équipe de négociation met en avant.
> Enfin, vous devez avancer avec précaution. Vous devez être en mesure de déceler les intérêts de la communauté internationale longtemps, longtemps à l'avance, parce que si vous ne le faites pas, vous prenez le risque de vous y heurter et de perdre le soutien dont vous bénéficiez ».[38]

L. Sumbeiywo souligna également l'importance pour les partenaires internationaux d'aider

> « les parties à renforcer leurs propres capacités afin d'être en mesure de négocier des accords crédibles. [..]. Il faut faire faire en sorte qu'elles aient la maîtrise de l'accord ; il faut renforcer leurs capacités. Parfois, il arrive même que les gouvernements n'en aient pas la capacité. Ou alors ils envoient leurs troupes afin de bloquer le processus. Vous les repérez et vous ne perdez pas votre temps à faire évoluer leurs positions, sachant que leur unique but est de bloquer toute avancée ».[39]

L'IGAD mena le processus, soutenue par les États-Unis, le Royaume-Uni et la Norvège. Les États-Unis et la Norvège financèrent le processus, tandis que les Nations Unies s'appliquèrent à le mettre en œuvre. La communauté internationale fit pression sur les médiateurs. C'est pourquoi il était crucial de protéger le processus de ceux qui souhaitaient en influencer le contenu. L'IPF resta impliqué dans le conflit et bénéficia du soutien américain. Il aida l'équipe de médiation à façonner le cours du processus et à le financer.

> « Même si, sous les auspices du général Sumbeiywo, le Secrétariat de l'IGAD était financièrement dépendant des donateurs, il affirma son autonomie tactique en dépit des forces et intérêts multiples qui convergeaient vers le processus de paix ».[40]

Le médiateur principal perçut l'intérêt de la communauté internationale vis-à-vis de l'évolution du processus de médiation comme un élément difficile, mais profita de sa présence pour s'assurer que les parties restent à la table des négociations.

> « J'avais établi une règle : la piscine de l'hôtel était le dernier endroit autorisé pour les observateurs. C'était la limite à ne pas franchir. Au-delà, seuls les membres du Secrétariat, les envoyés et les parties y étaient autorisés ».[41]

Une organisation régionale dispose des capacités pour tirer parti des failles que peuvent contenir les initiatives unilatérales et bilatérales, bien que cela reste difficile à gérer et requière beaucoup de coordination.Le médiateur doit gérer l'éventail d'acteurs internationaux impliqués. Par ailleurs, ces organisations régionales amènent leur lot d'exigences et d'intérêts au processus.

Mise en œuvre

L'Accord de paix global (APG) était considéré comme une réussite et une étape clés vers la paix au Soudan. Les modalités de mise en œuvre de l'accord étaient très spécifiques. La Mission préparatoire des Nations Unies au Soudan, la MINUS, fut établie en vertu de la Résolution 1590 adoptée par le Conseil de sécurité des Nations Unies, afin de permettre la mise en œuvre de l'APG, de coordonner et de faciliter le retour volontaire des réfugiés et des PDI (personnes déplacées à l'intérieur de leur propre pays), d'aider dans le secteur du déminage, et enfin, de protéger et de promouvoir les droits de l'homme.[42]

Les tensions, le manque de structures gouvernementales au sud, les questionnements concernant la mise en œuvre réelle de l'opposition au nord et les entrées d'argent importantes dans le sud étaient autant de défis pour le processus de mise en œuvre.

Le décès de John Garang six mois après la signature de l'APG ébranla cette mise en œuvre. Le MPLS se retira du Gouvernement d'unité nationale en 2007 et se justifia ainsi : le statut de l'Abyei n'a pas été convenu et les tensions se sont intensifiées entre l'APLS et les soldats du gouvernement soudanais entre décembre 2007 et mars 2008. Les deux parties ont retardé les déploiements. Le recensement et la démarcation de la frontière Nord-Sud ont été retardés. Le MPLS n'avait qu'un contrôle très limité sur la production et la commercialisation du pétrole. Par conséquent, il n'avait aucun moyen de savoir si la part des revenus qu'il percevait était juste. Le mandat de l'Autorité intergouvernementale pour le développement (IGAD) se limitait à la négociation du conflit entre le Nord et le Sud. Lorsqu'elle essaya d'y inclure la question du Darfour en 2003, le gouvernement s'y opposa catégoriquement. Pourtant, le fait de ne pas se pencher sur la crise du Darfour compliquait la mise en œuvre de l'Accord de paix.

Le Darfour et le Processus de paix d'Abuja – Analyse et historique du conflit

En 2003, une rébellion de l'Armée de libération du Soudan (ALS) émergea au Darfour. Les causes historiques au sens large sont assez complexes. Parmi elles, les affrontements de plus en plus fréquents entre les communautés nomades et les éleveurs bovins, en raison d'une « augmentation de la population, de la désertification, de l'épuisement des sols, de la surimposition des terres traditionnelles et des systèmes de gestion de conflit. » Les tensions historiques entre ces groupes furent aggravées par les conflits à l'échelle régionale et nationale qui se déroulèrent au Darfour, ainsi que les guerres par alliés interposés entre le Soudan et ses voisins.[43] Enfin, la rébellion était alimentée par les frustrations qui se propageaient au sein de la région tout entière, au vu de la mise à l'écart politique et économique du Darfour par Khartoum.

En 2001, un groupe de Zaghawas ayant reçu un entraînement militaire au Tchad se rendit à djebel Marra pour former les membres des groupes d'autodéfense locaux et armés Fours, qui se battaient contre les milices arabes pour les ressources naturelles de la région depuis les années 1990. Comme pour tous les conflits au Darfour, le gouvernement s'allia aux milices arabes. Les attaques perpétrées contre les villages Fours s'intensifièrent en 2000. Les militants Zaghawas entraînèrent les Fours jusqu'en 2002, année où la collaboration prit un autre tournant, celle d'une rébellion armée contre le gouvernement. C'est lors d'une conférence en mars 2002 qu'un nouveau mouvement vit le jour et que des postes de leadership furent officiellement attribués, tout en respectant une division d'affiliations tribales. Le président Abdul Wahid était un Four, le commandant militaire Abdallah Abakkar était un Zaghawa, tandis que le vice-président Mansour Arbab était un Massalit. Abdallah Abakkar mourut en 2004 et fut remplacé en tant que commandant militaire par Minni Minawi.

Une division apparut au sein du mouvement entre la branche majoritairement Four de djebel Marra et la branche majoritairement Zaghawa du Nord du Darfour. Cette dernière, menée par Minni Minawi, se développa rapidement, grâce au soutien du Tchad. En 2003, le mouvement devint le Mouvement/Armée de libération du Soudan et lança officiellement sa rébellion contre le gouvernement en attaquant un avant-poste à djebel Marra. Rapidement, le mouvement rebelle remporta quelques victoires et prit de l'ampleur, ce qui alarma le gouvernement. Ce dernier chercha à tout prix à anéantir la rébellion, en essayant principalement de détruire la base de soutien civil dont bénéficiaient les rebelles. Les forces gouvernementales et le gouvernement lui-même soutenaient les milices Janjaweed, qui anéantirent des villages entiers, déplaçant plus d'un tiers de la population du Darfour. Le Mouvement pour la Justice et l'Égalité (MJE), qui existait depuis les années 1990, joua lui aussi un rôle majeur dans le conflit, même si, sur le plan militaire, il n'était pas aussi actif que l'ALS.

La crise du Darfour fit éruption lorsque les négociations menées par l'IGAD entre le M/APLS au Soudan du Sud et le gouvernement touchaient à leur fin. La focalisation sur les négociations de l'IGAD signifiait que la volonté de l'ensemble des parties et acteurs internationaux manquait initialement à l'appel pour un engagement concret envers le processus de paix. Ces négociations donnèrent lieu à l'Accord de paix global (« APG »). Cet APG constituait une référence dans l'esprit des médiateurs et des acteurs internationaux pour les pourparlers d'Abuja, en matière d'objectifs et de paramètres cadres pour tout accord éventuel sur la crise du Darfour. Les médiateurs disposaient d'un mandat ferme concernant l'accord pour le Soudan/l'APLS : aucun accord ne pouvait modifier les dispositions fixées par l'APG.

Acteurs

Majzoub al-Khalifa Ahmed

Majzoub al-Khalifa Ahmed était le médiateur en chef pour le Gouvernement du Soudan (ci-après, « GoS »). Il était également l'un des conseillers du président O. el-Béchir, et avait pris le contrôle du dossier politique du Darfour en 2004. Il était d'avis que le vice-président Ali Osman, chargé de négocier l'Accord de paix global, avait été trop généreux envers l'APLS. Par conséquent, une fois que le GoS lui avait remis l'entière responsabilité de négocier un accord final lors du processus de paix d'Abuja, M. al-Khalifa Ahmed refusa de faire des concessions. Dans les années 1990, alors gouverneur de Khartoum, il avait la réputation de venir à bout de ses adversaires et d'être « persistant et intransigeant. Toujours à l'affût, Majzoub ne laissait passer aucune incohérence ou contradiction ».[44] Sa stratégie concernant les négociations sur le Darfour consistait à acheter ceux qui représentaient les groupes d'opposition, en leur proposant soit de l'argent soit des postes en politique. Après avoir tourné le dos à un accord avec Majzoub, Abdul Wahid déclara « Le seul objectif de Majzoub était de faire de l'ombre à Ali Osman. La situation au Darfour ne l'intéressait pas. Il voulait pouvoir dire à Omar el-Béchir : 'Ali Osman vous a beaucoup fait perdre à Naivasha. Je vous amène une affaire en or.' »[45]

Abdul Wahid al Nour

Abdul Wahid présidait l'ALS avant qu'elle ne se divise. Il demeura président de la faction ALS-Abdul Wahid. Il bénéficiait d'un soutien solide chez les Fours, et incarnait le plus important des chefs rebelles aux yeux de Khartoum. C'est pourquoi le gouvernement souhaitait l'impliquer par le biais d'une entente. A. Wahid avait la réputation d'un homme indécis et irrégulier, promettant de faire quelque chose pour finalement faire le contraire. Il prenait souvent les décisions importantes seul, une attitude de plus en plus contestée au sein du MLS à mesure que le Processus de paix d'Abuja suivait son cours. En outre, le SLM et les observateurs craignaient de plus en plus qu'Abdul Wahid ne soit intéressé que par la chute de Minni Minawi et qu'il complote avec Khartoum contre les Zaghawas.[46]

Minni Minawi

M. Minawi rejoignit les pourparlers d'Abuja tard en 2004, après la mort d'Abdallah Abakkar. En sa qualité de chef de la faction ALS-Minni Minawi principalement composée de Zaghawas (dont la plupart avaient été entraînés sur le plan militaire au Tchad) et qui avait bénéficié du soutien de ce pays, il semblait contrôler la plus efficace des forces rebelles. Toutefois, vers la fin, ses contingents ne faisaient plus le poids. Il ne jouissait plus non plus d'une grande autorité vis-à-vis des autres groupes rebelles. M. Minawi accéda au pouvoir avec le soutien de la Libye et du Tchad. Toutefois, en 2006, Idriss Deby estima que Minni Minawi n'était pas fiable.[47] À l'époque des pourparlers d'Abuja, l'objectif principal de Minawi était de s'imposer à l'échelle internationale comme le chef de l'ALS, et de ce fait, Abdul Wahid et d'autres rivaux de l'ALS représentaient davantage une menace pour Minni Minawi que le GoS.

Khalil Ibrahim et le MJE

Le MJE est un mouvement islamique qui, d'un point de vue militaire, était plus faible que les factions de l'ALS. Il n'en reste pas moins que sa vision politique était plus clairement définie. Celle-ci était davantage axée sur le Soudan dans sa totalité, et non uniquement sur la région du Darfour. Le MJE appelait à la restructuration de la nation selon les six nations d'origine (le Sud, le Darfour, le Kordofan, le Soudan de l'Est, la Région centrale et la Région du Nord), avec une rotation de la présidence entre les régions. Le MJE était également soutenu par les rebelles de l'est. Khalil Ibrahim, le chef, était membre du gouvernement dans les années 1990. Certains habitants du Darfour le soupçonnaient d'utiliser le mouvement comme moyen lui permettant d'accéder au pouvoir à Khartoum.[48]

Les médiateurs : Salim Ahmed Salim, Sam Ibok et le président Olusegun Obasanjo

Salim Ahmed Salim fut nommé par l'UA à titre de médiateur principal pour le conflit du Darfour en 2005. Il avait occupé le poste de secrétaire général de l'OUA pendant seize ans. Outre ses qualités reconnues de médiateur compétent, il représentait un choix judicieux parce qu'il était musulman africain, possédait de bonnes compétences en matière de communication et d'écoute et avait la réputation de s'entourer de très bons collaborateurs et de bien déléguer les responsabilités. Toutefois, Salim n'avait pas la proactivité du Général Sumbeiywo, à qui il était souvent comparé. « S. A. Salim ne se rendit qu'une seule fois à Darfour et évitait le tourbillon politique de Khartoum. Pour lui, la tâche du médiateur se résumait à faciliter la rencontre entre les parties, et non à les rassembler en vue de conclure un accord ».[49] Il avait la réputation de soutenir les mouvements de libération africains et était sensible à la cause des rebelles. Pourtant, il était aussi entièrement dévoué à l'idée d'État souverain et ne s'attendait pas à ce que le gouvernement fasse des concessions qui porteraient atteinte à cette souveraineté.

Robert Zoellick et les États-Unis.
Sous la pression grandissante des citoyens américains qui réclamaient une solution à la crise du Darfour, nombre de diplomates américains impliqués dans le processus espéraient trouver cette solution rapidement, et ainsi créer une mission de l'ONU au Darfour afin d'amener les rebelles au sein du Gouvernement d'Unité Nationale, où les questions de fond comme la sécurité pourraient être traitées.

Le Tchad
Au commencement des pourparlers d'Abuja, le Tchad co-présidait avec l'UA. Cependant, son implication dans les guerres par procuration entre le Darfour et le Soudan mit à mal le rôle du Tchad dans les pourparlers, raison pour laquelle l'UA fit pression sur ce dernier pour qu'il s'en retrire en mars 2006.

Les médiations

Les médiations de 2003 à 2005

Quelques mois après l'intensification du conflit, les pourparlers entre les parties en conflit débutèrent. Le gouvernement du Tchad prit en charge la médiation de l'accord de cessez-le-feu, que le gouvernement et l'Armée/Mouvement de libération du Soudan signèrent en septembre 2003 à Abéché. Cet accord ne fut jamais mis en œuvre. Le gouvernement soudanais avait une préférence pour le gouvernement tchadien en qualité de médiateur parce qu'à l'époque, O. el-Béchir voyait un allié fidèle en Idriss Déby, le président du Tchad.

En avril 2004, le gouvernement tchadien et l'Union africaine entamèrent les pourparlers ensemble à N'Djamena. L'Armée/Mouvement de libération du Soudan, le Mouvement pour la justice et l'égalité (MJE) et le gouvernement signèrent l'accord de cessez-le-feu de N'Djamena, qui ne fut, lui non plus, jamais mis en œuvre. L'accord eut toutefois le mérite d'établir la Commission pour le cessez-le-feu, ainsi que la Mission de l'Union africaine au Soudan (MUAS). Les progrès réalisés lors des pourparlers menés par l'IGAD entre le gouvernement soudanais et le MPLS détournèrent l'attention de ceux du Darfour ; les groupes rebelles et le gouvernement ne prirent pas part aux négociations sérieuses.[50]

En août 2004, peu après les pourparlers de N'Djamena, débutèrent les pourparlers d'Abuja. « L'objectif était de faire la transition entre un cessez-le-feu et un accord global, qui englobe les dimensions politiques ».[51] Le Tchad et l'UA s'occupaient de la médiation des négociations. Le choix de l'Union africaine à titre d'organe médiateur suivait la logique, au vu de ses efforts précédents pour la négociation d'un cessez-le-feu. Par ailleurs, l'UA nouvellement fondée s'évertuait à s'imposer comme gestionnaire efficace de conflit. Le gouvernement soudanais souhaitait empêcher les pouvoirs occidentaux d'influencer le conflit du Darfour. Plus tard, lors de la septième série de négociations, l'UA devint l'unique médiateur en raison de la dégradation des relations entre le Soudan et le Tchad. Salim Ahmed Salim, ancien ministre des affaires étrangères tanzanien et Envoyé spécial de l'UA, était en charge de la médiation. « Il était soutenu par une équipe de médiation dirigée par l'Ambassadeur Sam Ibok. Cette équipe comptait différents experts techniques, dont certains avaient le soutien des gouvernements occidentaux ».[52]

Le style et la stratégie de médiation s'apparentaient à ceux employés pour les négociations qui eurent lieu au Kenya, entre le Soudan du Nord et du Sud, et qui permirent à l'APG de voir le jour : un homme d'État africain respecté, qui représentait une organisation régionale, présidait les pourparlers, et qui avait le soutien de la communauté internationale et d'une équipe d'experts. Les négociations étaient lentes.

> « L'objectif était de parvenir à de petits accords qui permettaient un renforcement de la confiance ; les médiateurs cherchant à conclure toute entente, aussi petite fût-elle, qui fasse état des progrès réalisés ».[53]

Pourtant, le manque de cohésion entre les groupes rebelles, et par conséquent, leur incapacité à définir une vision politique unifiée continuaient à freiner toute possibilité d'accord de fond. Une fois l'APG obtenu, l'attention internationale se tourna vers le processus de paix pour le Darfour. Les groupes rebelles tentèrent de tirer parti de la surveillance internationale afin d'augmenter leur pouvoir de négociation à la table. Ils commencèrent alors à associer leurs conditions aux requêtes des acteurs internationaux.[54] En juin 2005, les médiations reprirent à Abuja, avec pour objectif de produire une déclaration de principes. Un mois plus tard, le document, qui comptait 17 points visant à orienter les négociations futures, vit le jour. Ces pourparlers (juin 2005) marquèrent la septième série de négociations de paix inter-soudanaises sur la Crise du Darfour.

Plus tard, en 2005, l'ALS se scinda en deux groupes distincts : l'ALS-MM, menée par Minni Minawi, et l'ALS-AW, menée par Abdul Wahid. Cette scission fut un énorme coup dur pour le processus de paix, parce qu'elle signifiait que Minni Minawi et Abdul Wahid étaient davantage intéressés par le contrôle de l'ALS dans sa globalité que par une mise en commun des questions à traiter à la table des négociations.[55] Les tensions qui existaient entre les deux hommes étaient décelables très tôt. Elles s'intensifièrent une fois que l'ALS se scinda en deux branches – l'une représentait largement l'ethnie Four et était basée à djebel Marra, l'autre représentait l'ethnie Zaghawa en grande majorité et était basée dans le nord du Darfour, avant de s'installer dans le sud du Darfour après l'offensive Janjaweed.

Même avant la division officielle, la scission entre les deux chefs nuisait déjà aux médiations. Ils firent régulièrement parvenir des listes de délégués aux médiateurs et, lors des pourparlers de juin/juillet 2005, les délégués ralliés à la cause de M. Minawi essayèrent à mi-chemin de faire chuter A. Wahid en sa qualité de délégué en chef. En 2005, plusieurs acteurs internationaux (comme le Tchad et la Libye), s'efforcèrent de réconcilier les deux factions. Des acteurs au sein du mouvement essayèrent également d'y parvenir.

La scission signifiait aussi que les médiateurs devaient repenser les conditions pour parvenir à conclure un Accord de paix. En novembre 2005, les experts de la sécurité de l'UA collaborèrent avec l'équipe de médiation afin de concevoir un plan permettant de négocier un cessez-le-feu qui prenne en compte les nouvelles divisions au sein de l'ALS. Le plan proposé aurait été mis en œuvre sur neuf mois, à commencer par une période d'examen des conditions sur le terrain, de formation et d'exercices de renforcement de la confiance impliquant les parties, pour finir sur des négociations. Mais l'équipe de médiation ne le prit pas en compte en raison de la période de temps requise et se focalisa à la place sur l'obtention d'un Accord de paix.[56]

La division au sein de l'ALS ne fut pas l'unique facteur qui influa sur la nature des négociations avant la dernière série. L'alliance de longue date entre le Tchad et le Soudan s'effondra, et un conflit par procuration naquit entre ces deux pays. En outre, John Garang, le leader de l'A/MPLS trouva la mort. L'A/MPLS « [...] était très préoccupée par sa propre situation et se retira du processus de paix pour le Darfour ».[57] La vision du Congrès National (NCP) prit une autre dimension : les élections de 2009 au Darfour devinrent la principale préoccupation, évinçant les questions de sécurité immédiate.

Les médiations finales

La dernière série de négociations fut entamée vers la fin de l'année 2005 et se prolongea en 2006. Les médiateurs prirent conscience que les donateurs et les parrains internationaux exigeraient un respect des échéances. Les pourparlers eurent lieu au Chida International Hotel, à Abuja.

L'atmosphère était tendue ;

> « chaque pièce était occupée par des observateurs, des diplomates étrangers, du personnel administratif, des médiateurs et des délégations soudanaises. Le gouvernement et les délégués rebelles se croisaient tout le temps, dans les couloirs ou au petit-déjeuner. Pour autant, les chefs de délégations se retrouvèrent à peine pour les négociations. Celles-ci s'apparentaient à des pourparlers de proximité, lors desquels le médiateur faisait la navette entre les parties avec des propositions, recherchant un consensus sur les points clés ».[58]

C'est alors qu'en février, Majzoub et A.Wahid semblèrent prêts à conclure un accord. Les médiateurs les avaient installés dans des pièces adjacentes, espérant ainsi inciter à des négociations privées, et Majzoub et Wahid semblaient bien progresser. Pourtant, en fin de compte, Wahid renonça.

L'autre fait marquant de février qui façonna la dernière série de pourparlers fut l'attaque perpétrée par l'un des contingents de Minni Minawi sur les forces armées de Wahid. Ce contingent trompa un avant-poste des forces de Wahid. Il demanda l'autorisation d'entrer dans la zone contrôlée par ce dernier pour s'occuper de certains blessés. Une fois à l'intérieur, il captura et tua l'un des commandants de Wahid. Les acteurs internationaux et l'UA turent cet événement, certainement parce qu'ils cherchaient à amadouer Minni Minawi pour conclure une entente. Ce silence provoqua l'aigreur de Wahid vis-à-vis du processus de paix et de ses parrains.[59]

Les trois commissions de médiation

Lors de la dernière série de négociations sur le Darfour à Abuja, l'équipe de médiation divisa la rédaction des propositions concernant le partage des richesses, le partage du pouvoir, et la sécurité, en trois commissions différentes, toutes tenues de gérer une question chacune. La commission en charge du partage des richesses réalisa les progrès les plus probants. Lual A. Deng, le négociateur du GoS pour la Commission, avait fait partie de l'équipe des négociations du MPLS lors des pourparlers qui menèrent à l'APG. Il parvint à conclure des accords avec les rebelles tout en respectant l'APG. La question la plus litigieuse que dut traiter la commission pour le partage des richesses était de savoir si les victimes au Darfour devaient être indemnisées par le Gouvernement du Soudan sur le plan individuel. Lual soutenait que les fonds convenus à des fins de reconstruction et de réhabilitation pouvaient couvrir les besoins des victimes individuelles, mais A. Wahid resta sur sa position selon laquelle chaque famille touchée par la guerre devrait recevoir une forme d'indemnisation, en particulier parce qu'il en avait fait la promesse publiquement.

Les deux hommes trouvèrent un compromis et proposèrent « une commission d'indemnisation qui examinerait les cas de façon individuelle ainsi qu'un fonds d'indemnisation à court terme en vue d'effectuer des versements à ceux qui en auraient le plus besoin ».[60]

La commission pour le partage des pouvoirs ne fit que très peu de progrès sur les questions qu'elle était censée aborder ; en six mois, elle ne parvint même pas à mettre sur la table des questions essentielles comme celle du contrôle du gouvernement local. Au sein de cette commission, Majzoub ne fit aucun compromis, rejetant toutes les propositions des rebelles. Ces derniers en firent autant. À la tête de cette commission se trouvait un ancien ambassadeur éthiopien, Berhanu Dinka.

Dès lors que Salim émit la demande d'une proposition finale, B. Dinka, exaspéré par sa commission, réunit toutes les propositions de cette dernière en un document final qu'il élabora lui-même sans convoquer de nouvelles séances plénières avec le GoS et les rebelles. Sa proposition, qui rejeta la demande des rebelles concernant une région unique du Darfour, fut remise en cause par d'autres membres de l'équipe de médiation, amenant la question d'un compromis au sein de l'équipe pour un référendum sur le statut du Darfour, ainsi qu'une autorité régionale de transition.[61]

Les efforts de la Commission de sécurité furent freinés par les allées et venues de Chris Garuba, le membre de l'équipe de médiation qui présidait la commission, ainsi que celles des conseillers en sécurité américains impliqués. Jeremy Brickhill et Mulugeta Gebrehiwot, les conseillers en sécurité pour l'UA, affirmaient qu'un accord de cessez-le-feu devait être porté directement aux commandants sur le terrain, mais la commission ne prit pas cet argument au sérieux.

L'ensemble des parties rejeta le cessez-le-feu proposé par la commission le 12 mars, forçant les médiateurs à avoir recours à des négociations parallèles avec le gouvernement et les rebelles. Le Général Ismat représentait le GoS à la Commission de sécurité. Les médiateurs le jugeaient réaliste, quoique lié aux requêtes de ses supérieurs à Khartoum. Au fil du temps, et après maints allers-retours, les médiateurs réussirent à détacher Ismat des positions rigides de Majzoub et à le faire évoluer vers des compromis, comme la réforme des paramilitaires ou la création d'une équipe de conseil en sécurité internationale.[62]

Le décompte final avant l'accord

Lorsque Majzoub ne parvint pas à conclure une entente avec les rebelles, l'équipe de médiation présenta Ali Osman. L'équipe espérait qu'en rencontrant les chefs rebelles, comme il l'avait fait avec J. Garang lors des pourparlers qui conduisirent à l'APG, Ali Osman pourrait conclure un accord. Il arriva à Abuja le 7 avril et y resta jusqu'au 1er mai. Au départ, Abdul Wahid et A. Osman semblaient avoir établi de bonnes relations. Pourtant, Wahid déclina ses propositions.

D'après certaines informations, Abdul Wahid aurait déclaré « J'étais très optimiste au départ, mais j'ai eu l'impression qu'Ali Osman n'avait pas d'autorité ».[63]

Les observateurs américains étaient présents pour la quasi-totalité de la rencontre entre Ali Osman et Minni Minawi. C'est lors de cette rencontre que ses préoccupations premières de Minawi concernant un accord devinrent évidentes : en tirer les bénéfices sur le plan personnel.

À mesure que les négociations se poursuivirent au cours de la première moitié de l'année 2006, des rapports très divergents quant à l'efficacité de ces négociations émergèrent. Certains médiateurs auraient déclaré être dans une impasse, tandis que d'autres déclarèrent être à deux doigts d'une avancée décisive. Sam Ibok et Salim Ahmed Salim, les médiateurs de l'UA, étaient tous les deux enthousiastes concernant cette avancée.

Vers la mi-avril, sous la pression des acteurs internationaux de fixer l'échéance pour un Accord de paix au 20 avril 2006, Salim consolida les propositions émises par les trois commissions en un document de 87 pages, qui constituerait le document final pour les négociations entre les parties. Lors de l'élaboration des documents, les médiateurs devinrent les rédacteurs ; ils ne jouaient plus le rôle de facilitateurs.[64]

Les médiateurs présentèrent le document aux parties le 25 avril et leur accordèrent cinq jours (trois de plus pour les lecteurs qui devaient attendre la traduction en arabe) pour lire, comprendre, discuter et enfin approuver le document. Toutefois, les parties ne pensaient pas que ladite échéance serait appliquée à la lettre, le non-respect des autres échéances n'ayant eu aucune conséquence. Les médiateurs avaient espéré que ce document constituerait la base des négociations finales entre les parties.

Le GoS contrecarra ce plan lorsque Majzoub accepta ce document rapidement, éliminant ainsi toute possibilité de négociations de dernière minute. Ledit document ne reçut pas l'aval des parties rebelles, parce que ses dispositions sur le partage des pouvoirs en octroyaient la moitié au gouvernement et l'autre moitié aux rebelles, mais collectivement, ce qui signifiait que le Congrès National aurait une majorité.

L'Autorité régionale de transition pour le Darfour créée en vertu de ce document manquait elle aussi l'autorité que lui avaient imaginé les rebelles. Les failles étaient nombreuses ; par exemple, le nombre de soldats rebelles devant être intégrés à l'armée soudanaise ne figurait nulle part. Les médiateurs avaient supposé que ces détails seraient négociés lors de la dernière série de pourparlers.

L'approbation rapide du document par le GoS ébranla les plans des médiateurs, qui durent trouver un moyen de convaincre les groupes rebelles de le signer, en veillant à ce que le nombre de modifications reste très limité. Le 1er mai, un groupe de diplomates internationaux, notamment le Secrétaire d'État adjoint américain Robert Zoellick, la Secrétaire d'État britannique pour le développement international Hilary Benn, l'ambassadeur du Canada John Rock et enfin l'envoyé de l'Union européenne pour le Soudan Pekka Haavisto arrivèrent à Abuja pour faire pression et inciter à trouver un accord. Ils prirent le contrôle du processus de médiation.[65] L'équipe internationale estimait qu'elle devait améliorer le document présenté par l'équipe de médiation de l'UA et négocier les petits changements avec les parties. Toutefois, leur principale préoccupation était de rassembler les parties rebelles pour les faire signer.

Robert Zoellick eut recours à la stratégie de la carotte et du bâton, en faisant part de menaces et de récompenses aux parties afin de les inciter à trouver un accord. Par exemple, l'équipe américaine expliqua aux groupes rebelles que les États-Unis garantiraient la mise en œuvre d'un accord, espérant ainsi dissiper les inquiétudes quant au fait que le GoS ne respecterait pas l'accord, comme ce fut le cas avec les accords précédents. L'équipe américaine mit également en place des conséquences économiques lourdes si l'accord n'était pas signé.

La date du 4 mai fut fixée comme toute dernière chance, et l'équipe internationale de diplomates travailla d'arrache-pied cette nuit-là et le matin qui suivit afin de convaincre les parties de signer. Khalil Ibrahim, du MJE, refusa de signer – les diplomates et les médiateurs abandonnèrent l'idée de le voir apposer sa signature. Dans tous les cas, les signatures de Minni Minawi et d'Abdel Wahid étaient de la plus haute importance à leurs yeux. Les médiateurs et les diplomates avaient mal interprété la dynamique à l'œuvre sur le terrain au Darfour. Ils pensaient que M. Minawi contrôlait la force la plus solide et que le fait d'obtenir sa signature forcerait A. Wahid à en faire autant, en raison de la rivalité entre Minnawi et Wahid, et au vu de la condamnation internationale dont ce dernier ferait l'objet s'il refusait de signer.[66] En fin de compte, M. Minawi signa l'accord à 9 h le 5 mai, mais A. Wahid refusa.

Issue et mise en œuvre

Les dispositions de l'Accord de paix sur le Darfour (DPA) étaient divisées en trois parties, en tout point semblables aux trois commissions des pourparlers d'Abuja : partage des richesses, partage des pouvoirs, et sécurité. Concernant le partage des richesses, les dispositions du DPA comprenaient ce qui suit : la création d'un Fonds pour le Développement et la Réconciliation au Darfour (les finances provenant du gouvernement) ; une mission d'évaluation conjointe (JAM, *Joint Assessment Mission*) afin de déterminer les besoins en matière de développement et de reconstruction des régions ; une commission de contrôle fiscal et financier pour gérer les fonds transférés depuis le gouvernement vers les États du Darfour , ainsi qu'une commission d'indemnisation à des fins de collaboration avec l'ONU pour venir en aide aux PDI.

La distribution et le partage des richesses furent traités en fonction des parties impliquées (le gouvernement et les rebelles) et des intérêts régionaux. D'autres parties ne furent pas incluses dans le processus, laissant ainsi l'accord exempt de toute disposition visant à aborder la question de la problématique hommes-femmes dans le conflit et au sein de la société.[67]

En ce qui concerne le partage des pouvoirs, le DPA octroyait aux rebelles le quatrième poste le plus élevé au sein du gouvernement national. Il leur accordait également des fonctions de direction pour l'un des trois états du Darfour et des postes de chefs adjoints pour les deux autres. Le gouvernement national reçut 50 % de la législature de l'état, les rebelles signataires, 30 % et les autres parties, 20 %. L'ALS s'était opposée au fait de conserver trois états distincts pour le Darfour, affirmant qu'il ne devait y en avoir qu'un seul.

Concernant la question de la sécurité, le DPA appelait à la mise en œuvre d'un cessez-le-feu dans les 72 heures suivant la signature. Les Janjaweed eurent 150 jours pour un désarmement total. Des zones démilitarisées furent créées, en plus des routes permettant l'acheminement de l'aide humanitaire. Par ailleurs, l'armée nationale devait absorber 4 000 combattants rebelles.

Le DPA, à peine signé, était déjà considéré comme un échec. Il n'avait pas réussi à inclure tous les groupes rebelles et personne ne se faisait d'illusions quant à sa capacité à pacifier la région : même lors des négociations, les combats s'étaient poursuivis sur le terrain, au Darfour. Certaines analyses ont soutenu que le DPA avait en fait intensifié les divisions entre les groupes rebelles, au lieu de les unir, et qu'il avait ainsi aggravé le conflit. Après avoir signé le DPA, le NPC s'opposa au déploiement des forces de maintien de la paix de l'UA et des Nations Unies dans la région et un cessez-le-feu ne fut jamais obtenu.

Ce DPA se heurta également à l'opposition à l'échelle locale au Darfour. Le Représentant Spécial du Secrétaire Général des Nations Unies au Darfour, Jan Pronk, déclara en juin 2006 que même si le DPA était un compromis trouvé entre les parties à Abuja, « il ne faisait pas écho chez les habitants du Darfour et faisait face à une résistance grandissante, surtout chez les personnes déplacées internes », qui estimaient que l'accord leur avait été imposé.[68]

Le rôle du médiateur : analyse des médiations d'Abuja au vu des failles de l'Accord de Paix sur le Darfour (DPA)

L'échec du DPA a été l'objet de nombreuses analyses. Les arguments concernant les causes dudit échec visent principalement son manque d'ouverture à toutes les parties prenantes, la nature coercitive du type de diplomatie employée dans les derniers jours du processus pour fixer l'échéance, le manque d'unité au sein des groupes rebelles, et l'intransigeance du gouvernement ; autant de facteurs qui ont entraîné l'échec du DPA (et bien d'autres encore). Il est intéressant de voir comment les médiateurs ont fait face à ces défis, et ce qui les a empêchés de les surmonter.

Un conflit mûr pour une résolution ?

Quand bien même la communauté internationale était prête à trouver une solution, le conflit, lui, n'était pas « mûr » pour pouvoir être résolu. À Abuja, tant le gouvernement que les parties rebelles se focalisaient sur le champ de bataille – ils n'étaient ni l'un ni l'autre, disposés à faire évoluer leurs priorités et à avancer vers la négociation. Toutes les parties faisaient preuve d'un niveau élevé d'intransigeance. Les rebelles éprouvaient énormément de rancœur vis-à-vis du gouvernement, lequel ne les prenait pas au sérieux et soutenait qu'ils ne représentaient pas les Darfouriens. Laurie Nathan, membre de l'équipe de médiation, explique que « l'intransigeance est souvent le refuge des parties faibles en négociation. Paradoxalement, comme c'est le cas ici, elle constitue également un choix de négociation des parties fortes, qui ne se sentent pas menacées, et qui, par conséquent, ne voient pas l'intérêt de faire des concessions. »[69] Mais surtout, la confiance, élément crucial lors de négociations concernant une guerre intra-étatique, était inexistante entre les parties et n'était pas non plus cultivée lors des médiations qui ont eu lieu.

Le manque d'autorité de l'équipe de médiation de l'UA

En qualité de médiateur principal, Salim se retrouva confronté à l'intrusion de parties externes, à la réticence des parties de s'entendre sur un quelconque compromis, et à leur entêtement concernant leurs positions et points de vue respectifs. Le Général Sumbeiywo, médiateur principal pour l'Accord de paix global, avait réussi à faire face à ce genre de défis en préservant le processus de l'influence externe et en travaillant en salle de négociation. À titre d'exemple, lorsque les pourparlers semblaient se trouver dans une impasse, il isolait les principaux membres pour une rencontre et des négociations en tête-à-tête.

De manière générale, Salim ne fut pas à même d'imposer l'autorité nécessaire, manquant à la fois de poids et d'assurance pour prendre les mesures qui auraient permis de préserver l'intégrité du processus, en veillant à éloigner les acteurs externes perturbateurs et à instaurer la confiance entre les parties.[70]

Son champ d'action était clairement restreint, et il ne parvint pas à en repousser les limites. Son analyse des dynamiques politiques à l'œuvre lors des médiations ne lui permit pas d'avoir une vision globale de ce qui aurait pu être fait. Salim « ne vit pas ce qu'incarnait John Garang [chez les mouvements rebelles], cette disposition à dépasser le stade de la colère pour travailler à l'élaboration d'un vrai programme politique. Il savait, pour avoir vécu lui-même des rencontres frustrantes, que le gouvernement était intransigeant. Il savait aussi que l'UA ne disposait que de quelques cartes à jouer, en particulier après le rejet de la proposition d'O. el-Béchir de présider l'UA en janvier 2006, et que seuls les Américains pouvaient fournir l'influence nécessaire. En outre, il était également conscient de ses propres ordres : l'Accord de paix global était inviolable ».[71]

Une utilisation inefficace de l'autorité

Les conflits intra-étatiques sont particulièrement difficiles pour toute activité de médiation, non seulement en raison de leur caractère complexe, mais aussi parce que les intérêts en jeu sont très élevés pour les parties.

Les dirigeants peuvent perdre le pouvoir au profit de radicaux au sein de leurs mouvements ou partis, s'ils sont perçus comme trop généreux en matière de compromis, lors des négociations. Souvent, le règlement d'une guerre au sein d'un État est perçu comme une défaite, la raison étant qu'en général, ces conflits ont pour objectif d'anéantir l'ennemi sur le plan politique. De ce fait, lorsque des médiateurs usent de leur autorité pour acculer une partie en ayant recours à « une influence coercitive qui accroît le sentiment d'insécurité d'une partie, [celle-ci] est d'autant plus susceptible de devenir intransigeante. »[72]

Les acteurs internationaux très influents qui prirent le contrôle des médiations vers la fin du processus eurent recours à cette technique. Abdul Wahid, se retrouvant acculé, n'en démordit jamais. Son refus de signer cet accord devenu très impopulaire lui valut le soutien de partisans au Darfour. Quant à Minni Minawi, il perdit toute forme de crédibilité ou de soutien.

Néanmoins, quand bien même A. Wahid ne se laissa pas influencer sous la coercition des acteurs internationaux, il est important de souligner que des trois chefs rebelles, il était vu par les médiateurs comme le plus engagé pour parvenir à un accord, mais uniquement dans la mesure où il jugeait cet accord suffisamment adéquat pour être présenté à ses parties. A. Wahid séjourna même à Abuja après la signature du DPA avec l'équipe de médiation de l'UA, qui essaya désespérément de le faire signer.

Les négociations finales avec ce dernier n'étaient pas aussi contraignantes, mais, n'étant pas en mesure de changer le contenu de l'accord déjà signé, il refusa d'abandonner ses positions concernant les questions de partage des pouvoirs et d'indemnisation.

La communication et le contrôle du temps

La question de la communication était un point difficile à gérer pour les médiateurs, qu'il s'agisse de la communication entre ces derniers et les parties, du contrôle de la communication, ou encore des rapports médiatiques concernant le processus. Il existait un décalage que les médiateurs ne purent rééquilibrer, entre l'interprétation que se faisaient les chefs rebelles du DPA ou de tout autre accord découlant des pourparlers d'Abuja et celle que s'en faisait la communauté internationale, qui avait fini par s'investir intensément dans les négociations. Cette dernière vit l'accord issu de ces pourparlers comme le précurseur d'un Accord de paix global et comme un moyen d'amener le Darfour vers un processus de transformation démocratique nationale ».[73] De ce fait, la communauté internationale estimait que les dispositions relatives au partage du pouvoir n'étaient pas de la plus haute importance, étant donné qu'elles seraient traitées à l'avenir. En revanche, pour les rebelles, l'accord et les pourparlers d'Abuja avaient pour finalité la résolution du statut permanent du Darfour. Par conséquent, les dispositions relatives au partage du pouvoir étaient cruciales. Les médiateurs eurent également beaucoup de mal à communiquer de façon unie avec l'extérieur quant au processus et aux différentes étapes qui le constituaient.

Même si les échéances furent appliquées de manière stricte vers la fin du processus, ce ne fut pas le cas pour les premières années de pourparlers, où les conséquences découlant du non-respect des échéances fixées étaient inexistantes. C'est pourquoi, pendant longtemps, les parties ne crurent pas réellement que ces échéances finales allaient être appliquées. La pression exercée sur les médiateurs pour parvenir à une conclusion rapide de ces pourparlers n'émanait pas uniquement des acteurs internationaux impliqués au dernier moment ; le flux des fonds apportés au processus avait lui aussi son importance. En effet, les donateurs internationaux qui soutenaient le processus associaient continuellement la condition de dons monétaires à la conclusion rapide des négociations, ce qui contraignait les médiateurs à imposer des dates limites aux parties. Les médiateurs étaient bloqués – ils ne pouvaient pas prendre de décisions avisées en fonction de l'état d'avancement de la situation.

Ouverture à toutes les parties prenantes

Les médiateurs ne sondèrent pas l'ensemble de la population du Darfour afin de garantir l'adhésion à l'accord sur le terrain et ainsi éviter qu'il ne soit perçu comme étant imposé. Mais c'est précisément pour cette raison que l'accord ne parvint pas à saisir toute la subtilité du conflit et les différents réseaux de pouvoir et d'autorité qui existaient sur le terrain.

Les jeunes radicaux, par exemple, remettaient de plus en plus en cause l'autorité des chefs traditionnels, ainsi que leur rôle dans le conflit. Les dispositions du DPA concernant la gestion des ressources et du conflit au niveau local ne se préoccupaient pas de la concurrence politique qui existait entre les autorités traditionnelles et émergentes.[74]

Les médiations ne surent gérer de façon adéquate la guerre par procuration qui éclata entre le Soudan et le Tchad au Darfour et qui accentua la guerre civile qui s'y déroulait. Non seulement la guerre civile ne fut pas à l'ordre du jour des négociations, mais en plus de cela, le Tchad coparraina les pourparlers avec l'UA jusqu'à l'avant-dernière série de négociations qui eut lieu en 2006. Dernier point douloureux, tous les rebelles ne signèrent pas l'accord, lequel ne fut pas porté auprès des groupes représentés par chacune des parties afin de recueillir leur point de vue. De ce fait, le sentiment de maîtrise locale de l'accord et du processus au sens large chez les Darfouriens était inexistant.

Gestion du cadre géopolitique

Outre les autres défis auxquels l'équipe de médiation de l'UA dut faire face, la crise du Darfour avait fini par prendre une telle ampleur au sein du contexte géopolitique mondial, que le processus en fut doublement affecté. Aux États-Unis, surtout, mais aussi en Europe, les citoyens réclamèrent des mesures de la part des politiciens, notamment en raison des témoignages (qui venaient souvent de l'ouest) realtifs au génocide perpétré par le gouvernement soudanais. Par conséquent, les diplomates américains et européens, contraints d'intervenir au nom des droits de l'homme des habitants du Darfour, avaient entre les mains une raison politique incontestable pour faire en sorte qu'un accord soit conclu, et qu'il le soit rapidement. C'est précisément ce contexte qui a façonné l'exécution du mandat des médiateurs, et plus particulièrement leur capacité à préserver l'intégrité du processus.

Le Darfour et le processus de médiation de Doha 2009–2011

En 2009, l'équipe d'appui à la médiation commune (JMST) de l'UA et de l'ONU entama la médiation des pourparlers de Doha, présidés par Djibril Bassolé, l'ancien ministre des affaires étrangères du Burkina Faso. Au départ, D. Bassolé invita uniquement le MJE ; d'autres groupes rebelles reçurent l'autorisation de les rejoindre plus tard, mais certains d'entre eux refusèrent en raison du site où se déroulait la médiation, qui se trouvait dans un État arabe. En 2011, la plupart des groupes rebelles laïques les rejoignirent également.[75] Djibril Bassolé n'était pas le seul à travailler à l'unification des rebelles. La Libye et les États-Unis rencontrèrent également les groupes rebelles. À l'issue de ces rencontres, les groupes précédemment associés au Mouvement pour la libération du Soudan (MLS) s'unifièrent.

En juillet 2009, les négociations débutèrent entre le MJE et le GoS, à Doha. Ces négociations donnèrent lieu à des accords dont le but était de renforcer la confiance. Ils ne furent malheureusement pas respectés. Peu après cette série de négociations, des bombardements et des combats éclatèrent au Darfour, en 2010.

La situation humanitaire continua de s'empirer à mesure que le nombre de PDI augmentait et que la nourriture diminuait. Puis, en janvier 2011, le gouvernement chercha à renforcer sa position en négociant avec un nouveau groupe rebelle : le Mouvement pour la Justice et la Libération (LJM), mené par Tigani Seisi, l'ancien gouverneur du Darfour. Lors des négociations qui eurent lieu à Doha, Thabo Mbeki, Djibril Bassoulé et Scott Gration étaient également présents.

Les autres groupes rebelles du Darfour, à savoir le MJE et l'ALS, perçurent ces négociations comme une tentative de division et d'affaiblissement de l'opposition darfourienne. Les chefs des deux groupes s'exprimèrent en défaveur de ces pourparlers, notamment lors d'une visite à Juba, dans le but d'obtenir la reconnaissance du Gouvernement du Soudan du Sud. Le Gouvernement du Soudan, quant à lui, craignait que le MPLS ne soutienne les rebelles du Darfour[76]. Néanmoins, un projet d'accord fut signé par le LJM et le GoS en janvier 2011. S'ensuivit une déclaration commune des mouvements MJE et LJM, qui firent part à nouveau de leur engagement vis-à-vis du processus de paix de Doha. Le Mouvement de libération du Soudan dirigé par Abdul Wahid n'y prit pas part.[77]

La pression exercée par les médiateurs et les acteurs internationaux sur les parties lors de ce processus de paix était bien moins intense que celle qui régnait lors des négociations à Abuja et qui menèrent au DPA. À Doha, l'essentiel était de renforcer la confiance entre les deux parties, et les médiateurs s'efforcèrent de garantir un environnement sûr pour que cette confiance puisse naître. Ils veillèrent également à ne pas rédiger d'accord qui soit ensuite imposé aux parties, comme ce fut le cas à Abuja, à mesure que l'échéance se rapprochait. Leur méthode fut tout autre : en 2011, ils rédigèrent des documents initiaux, qui « firent la navette entre les parties, jusqu'à ce qu'en découle un projet d'Accord de paix en juin de la même année ».[78] Toutefois, quand bien même les médiateurs cherchèrent à rendre le processus ouvert à toutes les parties prenantes et à unir les groupes rebelles, le MJE refusa de signer l'Accord de paix, connu sous le nom de DPA 2011.

L'AUHIP lança également un Processus politique pour le Darfour, dans le but de mener des consultations dans toute la région du Darfour, afin d'organiser une conférence qui donnerait lieu à la rédaction d'un règlement permanent. Le processus devait aboutir à une entente qui bénéficie du mandat de la population, parce qu'il était très difficile de parvenir à un processus de paix ouvert à tous avec des groupes armés (l'objectif de Doha). Il est possible que le manque de soutien au DPA ait encouragé à sonder les Darfouriens au sujet du processus de paix. Le Processus de paix pour le Darfour avait pour objectif de prévaloir sur Doha ou d'en détourner l'attention. L'objectif des négociations de Doha était toujours le même, à savoir parvenir à un accord que tous les groupes armés accepteraient de signer.

Le 15 janvier 2011, l'AUHIP, le Soudan, les États-Unis et la MINUAD (Opération hybride de l'Union africaine et des Nations Unies au Darfour) organisèrent une réunion présidée par Thabo Mbeki. Selon une déclaration de l'AUHIP, les quatre parties se concertèrent pour trouver un moyen d'accélérer le Processus politique du Darfour et de passer à la Conférence. Les parties prirent la décision d'entamer un Processus politique pour le Darfour (PPD) sur le terrain, dont la mise à exécution reviendrait à l'AUHIP et à la MINUAD.[79] En avril, une nouvelle réunion eut lieu pour discuter de ce PPD. L'AUHIP en conclut qu'il devait commencer le 1er mai, « en parallèle et de façon complémentaire aux pourparlers de Doha ».[80]

Jusqu'à ce jour*, cette initiative n'a pas permis de donner lieu à une paix durable.

Soudan du Sud

Le Soudan du Sud déclara son indépendance le 9 juillet 2011, sans pour autant mettre un terme à l'insécurité et à la violence qui le ravageaient. « Cette violation provient d'un ensemble de facteurs : d'une part, une insurrection armée contre le régime de Juba, d'autre part, l'aggravation de la violence à l'échelle locale dans les campagnes, mais aussi des opérations menées l'APLS qui visaient à contrer l'insurrection ».[81]

Négociations après l'Accord de paix global (APG) avec le Soudan – points de friction de l'APG : fondement des médiations continues

Le Gouvernement d'unité nationale (GNU) fut créé conformément aux dispositions du CPA concernant le partage des pouvoirs. D'autres instances furent établies afin de respecter les engagements pris dans le cadre du DPA en 2006 et de l'ESPA en 2007 (Accord de paix pour l'Est du Soudan). Le 11 juillet 2007, le MPLS décida de suspendre sa participation au Gouvernement d'unité nationale, estimant que ce dernier n'avait pas progressé sur les questions importantes ou litigieuses comme la région d'Abyei, la délimitation des frontières, le redéploiement, la transparence concernant les revenus du pétrole et les préparations aux élections et au recensement. Le MPLS ne le réintégra que deux mois plus tard, le 27 décembre 2007, lorsque le président Omar el-Béchir accepta certaines des recommandations du MPLS et émit un ensemble de décrets nommant des membres du mouvement à certains postes au sein du GNU.

Le 8 juin 2008, Omar El-Béchir émit un décret adoptant la Feuille de route pour le retour des personnes déplacées et l'application du Protocole relatif à l'Abyei.

Cette Feuille de Route permit d'établir les limites du gouvernement intérimaire de la localité d'Abyei et d'octroyer à la région un statut particulier. Elle permit également de créer le Conseil exécutif, le Comité de Sécurité, ainsi que le Conseil de la zone de l'Abyei. Le 21 février 2010, la Présidence se mit d'accord sur les résultats du recensement ; 40 sièges supplémentaires furent créés pour l'Assemblée Nationale au Sud, qui cessa alors de s'opposer aux résultats du recensement.

L'APG ne donnait pas de précisions sur la logistique relative au référendum, et peu de mesures furent prises pour clarifier ces arrangements avant les scrutins du Gouvernement National et du Gouvernement du Soudan du Sud en avril 2010. La lenteur des progrès effectués pour obtenir un référendum ne fit qu'affaiblir les relations entre le NCP et le MPLS ; ce dernier craignait que les retards vis-à-vis de la création de la Commission référendaire du Soudan du Sud *(South Sudan Referendum Commission, SSRC)* ne soient autre que la volonté du Congrès National de retarder ou d'empêcher la tenue dudit référendum. Autres points de friction qui pesèrent davantage sur les relations déjà tendues : les personnes déplacées internes originaires du Sud, mais vivant au Nord, pouvaient-elles voter ? Et les élections pouvaient-elles avoir lieu, alors qu'aucune frontière bien délimitée n'existait ?[82]

Le 23 juin 2010, les parties à l'Accord de paix global signèrent un accord qui visait à résoudre toute une série de questions post-référendaires. Cet accord prévoyait la tenue de pourparlers, menés par une équipe commune NCP-MPLS, composée de 6 membres provenant de chacune des parties, facilités par le Groupe de mise en œuvre de haut niveau de l'Union Africaine sur le Soudan (AUHIP) et soutenus par l'Autorité Intergouvernementale pour le Développement (IGAD), ainsi que les Nations Unies. Les Parties prenantes se mirent d'accord sur le fait que les négociations devaient être organisées sous la forme de quatre groupes de travail, afin de discuter de chacun des points suivants : citoyenneté, sécurité, ressources et enfin, traités internationaux et questions juridiques.[83]

À la suite de l'accord sur les questions post-référendaires, les négociations entre le Soudan et le Sud s'essoufflèrent. En novembre 2010, l'ICG *(International Crisis*

Group) déclara : « à moins de sept semaines du vote, le rythme des négociations est très préoccupant. La méfiance mutuelle entre les parties reste élevée, et l'éternelle question non résolue de l'Abyei complique l'environnement politique ».[84]

L'Abyei et les problèmes de délimitation des frontières

Plusieurs régions frontalières se trouvaient au cœur des négociations ou des hostilités entre le nord et le sud, et le demeurent encore aujourd'hui. Parmi ces régions, l'Abyei ; localité riche en or noir, située entre les deux pays, et habitée par une population mixte. D'un côté, la tribu Dinka Ngok, de l'autre, les arabes nomades Misseriya. Outre le problème de délimitation des frontières, vient s'ajouter la question de savoir comment gérer et répartir les revenus issus du pétrole entre les deux pays. Le tracé de la frontière finale entre les deux pays est d'autant plus lourd de conséquences que de nombreux champs pétrolifères et raffineries se situent dans des zones frontalières.

La région d'Abyei

L'APG avait appelé un groupe international d'experts à statuer sur la question des frontières de la région d'Abyei et sur la tenue d'un référendum en 2011, en même temps que celui du Soudan du Sud, lors duquel les habitants de la région d'Abyei étaient appelés à voter pour décider de faire partie du Nord ou du Sud. La Commission Internationale pour les Frontières d'Abyei (le groupe d'experts suscité) publia un rapport qui, de l'avis du GoS, favorisait le Sud. Le Gouvernement du Soudan n'accepta pas ce rapport, et la question fut remise à la compétence de la Cour Permanente d'Arbitrage (la CPA) à la fois par le GoS et le MPLS. La Cour jugea que la localité d'Abyei était en réalité bien plus petite que ce qu'indiquaient les conclusions du rapport de la Commission Internationale. En conséquence de cette décision, la région d'Abyei envisagée par la CPA était en grande partie habitée par des populations qui s'identifiaient avec le sud, et qui, par conséquent, étaient plus susceptibles de voter en faveur du sud. Par ailleurs, la zone ayant été réduite, les deux champs pétrolifères principaux, à savoir Heglig et Bamboo se situaient en dehors de la région d'Abyei, au nord.[85] La délimitation des frontières engendrait un autre problème, notamment le fait que toute démarcation impliquerait inévitablement la séparation « de certains groupes pastoraux ethniques et de populations tribales, qui ne comprendraient pas la notion moderne de frontières, laquelle est centrée sur l'État. »[86]

La CPA fit appel à un Comité des Frontières pour réaliser la démarcation complète entre le nord et le sud. À l'heure du référendum de 2011, le Comité avait réussi à identifier cinq zones de litige. Outre ces cinq régions, d'autres semaient également la discorde, comme celles de Heglig et de Kharasana.[87]

Les médiations de l'AUHIP

En décembre 2011, l'AUHIP organisa une rencontre à Addis-Abeba pour discuter des questions restées en suspens à la suite des négociations entre les deux états. Cette réunion fut présidée par Pierre Buyoya, l'ancien président du Burundi. Les deux États conclurent de reprendre les négociations l'année suivante, afin de régler les questions relatives à la dette, au pétrole, au système bancaire et aux paiements commerciaux.[88]

Le 11 février 2012, le Soudan et le Soudan du Sud se rencontrèrent lors d'une réunion coordonnée par le Mécanisme politique et de sécurité conjoint (« JPSM »), un mécanisme intergouvernemental élaboré par l'AUHIP pour régler les questions de sécurité entre les deux pays.

Les deux pays signèrent le Protocole d'entente sur la non-agression et la coopération. Le directeur général des Services de sécurité et de renseignements nationaux Mohamed Atta Elmula Abass signa le Protocole au nom du Gouvernement du Soudan, tandis que le Major-général Thomas Duoth Guet le signa pour le compte du Gouvernement du Soudan du Sud. Thabo Mbeki facilita le processus. L'accord engageait le Soudan et le Soudan du Sud à respecter leur souveraineté mutuelle, ainsi que leur intégrité territoriale, la non-interférence dans les affaires internes de l'autre, la coexistence pacifique, et l'activation immédiate du JBVMM (Mécanisme conjoint de vérification et de surveillance de la frontière), afin de surveiller la zone frontalière démilitarisée et d'enquêter sur les allégations d'agressions perpétrées par l'un ou l'autre des États. L'AUHIP créa également un autre mécanisme intergouvernemental, le Comité conjoint de surveillance d'Abyei (AJOC).[89]

Le 13 mars 2012, à la suite de négociations facilitées par le Groupe de mise en œuvre de haut niveau de l'Union africaine sur le Soudan, les deux gouvernements signèrent les accords suivants : l'accord-cadre sur le statut des ressortissants de l'autre État et affaires similaires et l'accord sur la délimitation de la frontière, tous les deux conclus entre la République du Soudan et la République du Soudan du Sud. Lors des négociations, il fut question d'organiser un sommet à Juba, auquel étaient tenus d'assister les deux chefs des gouvernements respectifs. Par ailleurs, les deux délégations devaient se rencontrer dans l'immédiat pour préparer ce sommet.

L'accord sur la nationalité octroyait aux citoyens de chaque État des droits spécifiques dans l'autre État, notamment : « liberté de résidence, liberté de mouvement, liberté d'entreprendre une activité économique et liberté d'acquérir ou de céder un bien. »

Selon le communiqué de presse de l'AUHIP sur les négociations, ces libertés « devaient permettre aux Soudanais et aux Sud-Soudanais de maintenir des liens historiques, et ainsi contribuer à une coexistence pacifique et à un bon voisinage entre les deux États ».[90] L'accord de démarcation permit d'entamer le processus de délimitation de la frontière, créant au passage des institutions conjointes pour mener à bien cette activité. Le communiqué de presse de l'AUHIP indiquait également que le groupe d'experts faciliterait les négociations entre les deux États au titre des questions portant sur la sécurité ou le pétrole.

Toutefois, en mars 2012, des combats éclatèrent à la frontière entre le Soudan et le Soudan du Sud ; ce dernier prétendant que le Soudan avait bombardé des installations pétrolifères dans l'État de l'Unité, tandis que des troupes au sol s'affrontèrent dans la région des champs pétrolifères de Heglig, dont provenait la moitié du pétrole brut du Soudan. Heglig se situe entre Abyei et les monts Nuba du Kordofan-Sud, où l'APLS-N (Armée populaire de libération du Soudan-branche Nord) combattait les Forces armées du Soudan. L'APLS-N entretenait des liens évidents avec le MPLS du Soudan du Sud, et le Soudan accusa ce dernier de les soutenir.[91]

En avril 2012, le Soudan se tourna vers l'Éthiopie, dans l'espoir de voir le premier ministre Meles Zenawi gérer la médiation du conflit.

Les médiations menées par l'AUHIP, dont le mandat concernait à la fois la crise du Darfour et le conflit Nord-Sud, furent dirigées par Thabo Mbeki. Selon un rapport de l'UE, « Thabo Mbeki agit davantage en qualité de facilitateur que de médiateur. Le rôle endossé par le groupe de Thabo Mbeki s'inscrit dans une tendance plus globale selon laquelle les conflits et les litiges en Afrique ont tendance à faire l'objet de processus de médiation menés par des institutions africaines et des Africains… Thabo Mbeki avait fait en sorte de maintenir d'autres partenaires internationaux à l'écart des pourparlers entre le NCP et le MPLS, jusqu'à ce qu'un appel du président Barack Obama permit à l'Envoyé des États-Unis (Scott Gration) d'y participer ».[92] Le rapport de l'Union européenne insiste sur le fait que le processus n'a pas été à la hauteur en raison des « failles bureaucratiques » de l'UA. Il semble par ailleurs pointer du doigt le rôle secondaire des institutions et ressortissants occidentaux.[93]

Ce facteur, qu'il soit positif ou négatif, est un changement de direction très clair par rapport à la pression et à l'influence intenses que les pays occidentaux, notamment les États-Unis, avaient exercé sur le processus du DPA.[94]

Milices de l'armée blanche/APLS – Conflit interne dans le Soudan du Sud

Les milices de l'Armée Blanche sont des groupes de civils armés qui, lors de la guerre civile dans le Soudan du Sud, s'organisèrent en coalitions à l'échelle des villages. Les milices de l'Armée Blanche étaient particulièrement actives dans l'État de Jonglei, avant et après l'APG.

Après l'APG, l'APLS chercha à les désarmer, y parvenant ici et là. Le processus exigeait un certain niveau de négociations entre l'APLS, les collectivités locales et le gouvernement, quand bien même il n'était pas exécuté dans le cadre d'un accord entre l'APLS et les milices.

Il existait deux sortes de désarmement : le désarmement forcé, que l'APLS surveillait et au titre duquel elle employait la force si le besoin se présentait, et les désarmements volontaires, qui s'appuyaient sur le travail réalisé par les collectivités pour veiller au désarmement effectif. La méthode forcée fut utilisée dans le Jonglei central et de l'Ouest et donna lieu à une série de confrontations avec les milices, ce qui détruisit une bonne partie des propriétés et des champs d'agriculture. Dans ces deux zones, l'APLS avait d'abord mis en place un créneau de désarmement volontaire, avertissant qu'elle aurait ensuite recours à la force pour désarmer les milices.[95] En fin de compte, cet ultimatum ôta le contrôle du désarmement des mains de la communauté locale.

Dans l'ouest du Jonglei, le processus était très différent : l'APLS communiquait avec les membres des communautés locales pour les responsabiliser et faire en sorte qu'ils veillent au désarmement des milices, sans l'intervention de l'APLS – une approche qui ne suscitait que peu d'opposition, dans la mesure où ces communautés craignaient la violence qu'engendrerait un désarmement forcé mené par l'APLS. Il était également plus facile pour le gouvernement et la communauté internationale d'amener les communautés à répondre du désarmement que les milices individuelles.[96]

Le processus de désarmement volontaire avait son lot de difficultés ; il impliquait une collaboration entre l'APLS et les chefs locaux, dont la plupart se cachaient derrière certaines des milices. Lors du processus de médiation concernant le désarmement volontaire, le gouvernement du Comté d'Akobo, dans l'est du Jonglei, joua un rôle crucial : il négocia des accords entre l'APLS, les communautés locales et les milices, et facilita le désarmement. Les commissaires du Comté furent les acteurs clés de ce processus de médiation, allant à la rencontre des jeunes armés et dissipant leurs craintes quant à la façon dont se déroulerait le processus de désarmement.[97]

Dans les régions centrale et occidentale de Jonglei, les agents du gouvernement local manquèrent d'expliquer pourquoi et comment celles-di devaient procéder au désarmement volontaire, avant l'arrivée de l'APLS et de la force.

Le processus de désarmement n'étant pas devenu violent dans l'est de Jonglei, les Nations Unies furent en mesure d'envoyer des observateurs militaires pour superviser ledit processus et apporter le soutien supplémentaire nécessaire au gouvernement local et aux communautés. Les ONG locales sont aussi à féliciter ; elles veillèrent à encourager le dialogue, afin de promouvoir l'unité et la réconciliation et de mettre au point des activités qui solliciteraient les jeunes engagés dans les milices, pour qu'ils ne se retrouvent pas désœuvrés après le processus de désarmement.[98]

Défis politiques du Soudan du Sud

Après le référendum, un gouvernement de transition entra en fonction à compter du 9 juillet 2011. Les analystes soutenaient que cette transition serait façonnée par le niveau de volonté du MPLS à accepter le pluralisme – à la fois en permettant le développement d'une démocratie multipartite et en évoluant vers une politique plus démocratique entre les parties.

Après le référendum de 2011, le MPLS insista pour élaborer rapidement une constitution intérimaire, espérant l'achever avant l'indépendance officielle. Toutefois, d'autres partis politiques redoutèrent un ancrage du pouvoir du MPLS avec cette approche rapide, en particulier parce que la plupart des partis de l'opposition étaient faibles.[99]

Les élections de 2010 générèrent de la rancœur parmi les groupes de l'opposition envers le MPLS. Les observateurs de ces élections affirmèrent que le MPLS avait fraudé et intimidé des opposants. Le Carter Center déclara notamment après les élections : « il est évident que les élections ne respecteront pas les normes internationales et les obligations du Soudan en matière d'élections honnêtes. Néanmoins, les élections sont une étape clé de l'APG, d'autant plus au vu de la participation civique et politique qui a lieu depuis quelques mois ».[100]

Après les élections internes de 2010, le MPLS veilla au maintien de l'unité du sud dans toute la mesure du possible, en vue du référendum de 2011. Il entra en négociation avec les chefs des rébellions internes, amenant le parti à proposer une amnistie générale à George Athor, Gatluak Gai et Gabriel Tang-Ginye, leur demandant en échange de déposer les armes et de rejoindre les rangs de l'APLS (la branche armée du MPLS). George Athor était un ancien candidat du gouverneur à l'État de Jonglei et Gatluak Gai souhaitait être nommé commissaire du comté dans l'État de l'Unité. Les deux hommes menèrent des insurrections armées lorsque les élections de 2010 manquèrent à leurs obligations. L'APLS signa un accord de cessez-le-feu avec Athor quelques jours seulement avant le référendum.[101] Ce cessez-le-feu tomba à l'eau en février 2011, après un conflit entre l'APLS et les forces d'Athor dans le Jonglei.

Le Soudan devait également négocier les modalités de transition pour savoir à quoi s'apparenterait un État indépendant. Le MPLS adjugea que sa victoire lors des élections de 2010 lui octroyait le mandat nécessaire pour gouverner jusqu'en 2015, en vertu d'une disposition de la constitution intérimaire, selon laquelle le document resterait en vigueur pour gouverner un Soudan indépendant si le référendum aboutissait à un tel résultat. Mais les partis de l'opposition sud-soudanaises, estimant que les élections avaient été truquées, considérèrent que le MPLS n'avait pas de mandat pour gouverner après l'indépendance et que les institutions provisoires établies par l'APG devaient cesser une fois le Soudan du Sud officiellement indépendant. L'ICG déclara en 2011 que les partis de l'opposition « cherchaient à orienter le débat, non pas pour se voir « accorder » un rôle au sein du gouvernement par le MPLS, mais plutôt pour faire en sorte que les partis politiques sud-soudanais s'entendent sur une structure de transition. » Il affirma également que « même si certains membres du MPLS voyaient le mérite d'une approche assez conciliante, la plupart nourrissaient ressentiment et dédain envers le point de vue de l'opposition et adoptaient une mentalité de type 'nous ne vous devons rien' lors des négociations ».[102]

La guerre Tchad-Soudan

Avant la crise du Darfour, le Soudan et le Tchad entretenaient des relations pacifiques. D'après certaines informations, après l'explosion de la rébellion armée au Darfour, le frère du président tchadien Idriss Déby aurait envoyé du soutien au Mouvement pour la justice et l'égalité. Les frères Déby appartiennent au groupe ethnique des Zaghawas et grandirent avec Khalil Ibrahim, le chef du MJE, lui aussi Zaghawa. O. el-Béchir riposta en soutenant les groupes rebelles de l'est du Tchad.

Le 25 décembre 2005, le Tchad déclara la guerre au Soudan. Les deux parties s'affrontèrent par procuration, soutenant les groupes rebelles de l'autre pays. La guerre prit une telle ampleur qu'en 2008, le groupe rebelle au Tchad soutenu par le Soudan renversa presque Déby.

La situation prit presque des airs de guerre régionale ; en 2008, la Mission des Nations Unies en République centrafricaine et au Tchad (MINURCAT) fut déployée et l'UE envoya des contingents militaires (EUFOR). Plusieurs activités de médiation à l'échelle régionale furent également mises en œuvre, mais aucune d'entre elles n'aboutit, même si le conflit s'était un peu apaisé en 2010. En février 2006, Mouammar Kadhafi s'occupa de la médiation de l'Accord de Tripoli. En mai 2007, le Soudan et le Tchad signèrent l'Accord de Riyad, dont la médiation eut lieu en Arabie Saoudite. La Libye agit à nouveau en qualité de médiatrice pour l'Accord de Syrte en octobre 2007, et Abdoulaye Wade, le président du Sénégal, géra la médiation de l'Accord de Dakar en mars 2008.

Les médiateurs promirent au Tchad et au Soudan des récompenses importantes s'ils signaient les divers accords, mais les médiations ne surent traiter correctement les raisons qui alimentaient les attaques respectives entre les deux pays par procuration, et les tensions ne furent pas atténuées.

Cecily Brewer explique que

> « les guerres par procuration sont des conflits interétatiques, où les affrontements se font à l'aide de moyens intra-étatiques… les conséquences de la résolution de conflit ne sont pas négligeables. Souvent, l'attention et les efforts de résolution sont portés sur les symptômes intra-étatiques du conflit, tandis que le moteur interétatique du conflit est négligé ».[103]

C. Brewer affirme par ailleurs qu'en cas de guerre par procuration, les médiateurs devraient chercher à conclure un accord dont l'objectif est de réduire les raisons qui alimentent le soutien par procuration, mais également d'obtenir l'engagement des parties selon lequel elles mettront un terme à ce soutien.

Au vu du non-respect de tous les accords successifs, la médiation ne fit qu'amoindrir, et non augmenter, la confiance qui régnait entre le Soudan et le Tchad. L'exclusion des groupes rebelles des processus de médiation constitue un autre facteur ayant contribué à l'échec de ces accords. La guerre entre le Tchad et le Soudan contribua à l'échec du DPA, lequel n'abordait pas la question du rôle du Tchad au Darfour, la raison étant que le Tchad continua à soutenir les rebelles après la signature de l'accord (le MJE, lui, ne le signa même pas).

Enseignements clés

La fragmentation des parties

La division constante des groupes, qu'elle soit due à leur position vis-à-vis du Gouvernement du Soudan ou au fait que dans la plupart des cas, la cohésion interne était inexistante dès le début, pose problème pour le médiateur, qui dispose alors de deux possibilités : non-reconnaissance du groupe ou reconnaissance du groupe, si le fait de ne pas reconnaître le groupe est susceptible d'avoir un impact considérable sur les négociations.

Le manque de coordination

L'Accord de Paix sur le Darfour (DPA) a fait face à d'innombrables obstacles procéduriers, à commencer par le manque de coordination des efforts entre les différents médiateurs impliqués dans le processus. La multitude de médiateurs et les programmes de travail incompatibles ont permis au gouvernement et aux mouvements armés de prétendre qu'ils coopéraient, sans que cela ne soit réellement le cas. Un médiateur doit influencer les médiateurs conjoints afin de simplifier le processus et ainsi répondre aux défis en matière de crédibilité.

Une dynamique complexe

L'interaction entre le contexte économique, politique et social au sens large a des conséquences considérables sur le processus de médiation. La dégradation des relations entre le Tchad et le Soudan en 2006 a freiné les activités de médiation, tout comme le déclin du soutien apporté au DPA et au processus de Doha en 2010. Quand bien même l'échec dudit DPA a été largement imputé à la « diplomatie des échéances », il n'en reste pas moins que les circonstances internationales, régionales et internes étaient loin d'être propices à un règlement.

Une combinaison stratégique d'ouverture et de fermeture

Les médiateurs doivent comprendre comment le contexte de la médiation et les issues souhaitées sont liés. D'une part, les médiateurs auraient dû agir de façon unie lorsqu'ils sollicitaient les parties pour les négociations de cessez-le-feu, ayant de ce fait recours à l'exclusion et à la médiation « de force » afin d'obtenir des concessions. Parallèlement, ils auraient dû renforcer le soutien de manière ascendante, inclure la société civile qui représentait le Darfour dans son ensemble et mener une campagne d'information publique stratégique. Agir de cette manière aurait permis un soutien plus large, y compris des PDI et des camps de réfugiés ; les médiateurs et négociateurs auraient de ce fait été en mesure de mieux « vendre » les concessions.

Le manque de volonté politique

Ni le gouvernement ni les mouvements armés ne renoncèrent à l'option militaire ou s'engagèrent pleinement envers la paix. Même si la gestion internationale du processus de paix n'était pas infaillible, le manque de volonté chez les Soudanais constitue la raison principale de l'échec des efforts de rétablissement de la paix. L'échec des processus de médiation est souvent imputable aux intentions hypocrites.

Notes

1. Khadadiagala, 2007, p. 189.
2. Khadadiagala, *ibid.*
3. Khadadiagala, 2007, p. 190.
4. Khadadiagala, *ibid.*

5. Khadadiagala, *ibid.*
6. Khadadiagala, 2007, p. 191.
7. Khadadiagala, *ibid.*
8. Khadadiagala, 2007, p. 192.
9. Khadadiagala, *ibid.*
10. Khadadiagala, 2007, p. 191.
11. Khadadiagala, 2007, p. 197.
12. Khadadiagala, 2007, p. 198.
13. Khadadiagala, *ibid.*
14. Khadadiagala, 2007, p. 199.
15. Khadadiagala, 2007, p. 201.
16. Khadadiagala, 2007, p. 203.
17. Khadadiagala, 2007, p. 206.
18. Khadadiagala, 2007, p. 211.
19. Khadadiagala, 2007, p. 213.
20. Khadadiagala, 2007, p. 232.
21. Khadadiagala, *ibid.*
22. Khadadiagala, 2007, p. 234.
23. Khadadiagala, *ibid.*
24. Khadadiagala, 2007, p. 235.
25. Khadadiagala, 200, p. 241.
26. Khadadiagala, 2007, p. 243.
27. Khadadiagala, 2007, p. 245.
28. Khadadiagala, *ibid.*
29. Simmons, Mark & Dixon, Peter : Accord. Peace by peace. Addressing Sudan's conflicts ; Accord Vol. 18. London : Conciliation Resources, 2006, p 30. http://www.c-r.org/sites/c-r.org/files/18_Sudan_2006_ENG_F.pdf
30. Khadadiagala, 2007, p. 246.
31. Simmons, Dixon, 2006, p. 25.
32. Simmons, Dixon, 2006, p. 23.
33. Simmons, Dixon, 2006, p. 29.
34. Simmons, Dixon, 2006, p. 25.
35. Simmons, Dixon, 2006, p. 30.
36. Simmons, Dixon, 2006, p. 26.
37. Simmons, Dixon, 2006, p. 27.
38. Simmons, Dixon, 2006, p. 27.
39. Simmons, Dixon, 2006 : p. 27.
40. Khadadiagala, 2007, p. 247.
41. Simmons, Dixon, 2006, p. 26.
42. ACCORD : The Conflict Management Work of the Civil Affairs Division of the United Nations Mission in Sudan (UNMIS). (« Le travail de gestion de conflit de la composante affaires civiles de la Mission des Nations Unies au Soudan » [MINUS]). Durban : ACCORD, 2010, p. 6.
43. Lanz, 2008, p. 79.

44. Flint & De Waal, 2008. p. 200.
45. Flint & De Waal, 2008. p. 202.
46. Flint & De Waal, *ibid.*
47. Flint & De Waal, p. 208.
48. International Crisis Group, « Unifying Darfur's Rebel's a Prerequisite for Peace. » 6 octobre 2005, p. 6 http://www.crisisgroup.org/~/media/Files/africa/horn-of-africa/sudan/B032%20Unifying%20Darfurs%20Rebels%20A%20Prerequisite%20for%20Peace.pdf
49. Flint & De Waal, p. 208–9.
50. Brooks, Sean P. : Enforcing a Turning point and imposing a deal : An Analysis of the Darfur Abuja Negotiations of 2006, In : International Negotiation, N. 13, 2008, p. 418.
51. Lanz, 2008, p. 79.
52. Lanz, 2008, p. 80.
53. Brooks, 2008, p. 418.
54. Brooks, 2008, p. 419.
55. International Crisis Group, « Unifying Darfur's Rebel's a Prerequisite for Peace. » 6 octobre 2005 http://www.crisisgroup.org/~/media/Files/africa/horn-of-africa/sudan/B032%20Unifying%20Darfurs%20Rebels%20A%20Prerequisite%20for%20Peace.pdf
56. Flint & De Waal, p. 205.
57. Lanz, 2008, p. 80.
58. Flint & De Waal, p. 210.
59. Flint & De Waal, p. 206.
60. Flint & De Waal, p. 212.
61. Flint & De Waal, p. 213.
62. Flint & De Waal, p. 215.
63. Flint & De Waal, p. 216.
64. Brooks, 2008, p. 426.
65. Brooks, 2008, p. 429.
66. Brooks, 2008, p. 415.
67. Itto, A. : "Guests at the Table, the Role of Women in Peace Processes" http://www.c-r.org/accord-article/guests-table-role-women-peace-processes [Dernière consultation le 21 juin 2012].
68. Nathan, L. : No Ownership No Peace : The Darfur Peace Agreement. Crisis States Research Centre, Working Paper No. 5, 2006, p. 3.
69. Nathan, Laurie : "Failings of the DPA," http://www.c-r.org/accord-article/failings-dpa [Dernière consultation le 21 juin 2012].
70. Flint & De Waal, p. 211.
71. Flint & De Waal, p. 210.
72. Nathan, L. : "'When Push Comes to Shove' The failure of International Mediation in African Civil Wars" in Track Two, Vol. 8, No. 2, Cape Town, Center for Conflict Resolution, November 1999.
73. Flint & De Waal, p. 226.
74. Omar Egemi : "Land and Peace Processes in Sudan" http://www.c-r.org/accord-article/land-and-peace-processes-sudan [Dernière consultation le 21 juin 2012].

75. Duursma : "Mediation with Muscles or Mind ? Lessons from a Conflict-Sensitive Mediations Style in Darfur", p. 17.
76. Mehler, Andreas / Melber, Henning / Walraven, Klaas van [ed] : Africa Yearbook : Politics, Economy and Society South of the Sahara in 2010. Leiden : Brill, 2009, p. 394.
77. Mehler et al., 2009, p. 388.
78. Duursma, 2011, p. 17.
79. African Union High Level Implementation Unit on Sudan : Statement" http://www.africa-union.org/root/ar/index/AUHIP%20Statement%2015%20January%202011.pdf
80. Sudan Tribune : Interview : Darfur Mediator says time for dialogue process has not yet come http://www.sudantribune.com/INTERVIEW-Darfur-Mediator-say-time,38577 [Dernière consultation le 05 juin 2012].
81. Rolandsen, Øystein H./ Breidlid, Ingrid Marie : A critical analysis of cultural explanations for the violence in Jonglei State, South Sudan, In : Accord Conflict Trends, No. 1, 2012, p. 49.
   *Jusqu'à la date de rédaction de ce manuel.
82. Mehler et al., 2011, p. 390.
83. UNMIS : The CPA monitor, Vol. 7, Nr. 66, 2011 http://unmis.unmissions.org/Portals/UNMIS/CPA%20Monitor/CPA%20Monitor%20May%202011.pdf [Dernière consultation le 08 juin 2012].
84. International Crisis Group : Negotiating Sudan's North-South Future. Africa Briefing Nr. 76, 2010. http://www.crisisgroup.org/en/regions/africa/horn-of-africa/south-sudan/B76-negotiating-sudans-north-south-future.aspx
85. Mehler et al, 2009 : p. 385.
86. Omeje, K. (2010). Dangers of Splitting a Fragile Rentier State : Getting it Right in Southern Sudan. Durban : ACCORD Occasional Papers, p. 25.
87. International Crisis Group : South Sudan : Compounding Instability in Unity State. Africa Report Nr. 179, 2011. http://www.crisisgroup.org/~/media/Files/africa/horn-ofafrica/sudan/179%20South%20Sudan%20-%20Compounding%20Instability%20in%20Unity%20State.pdf
88. African Union : African Union High-Level Implementation Panel on Sudan concludes a two-day meeting between Sudan and South Sudan on outstanding issues between the two states. Press release, 22 December 2011. http://www.au.int/en/sites/default/files/Communiqu%C3%A9-AUHIP-eng-22–12-11.pdf
89. African Union Peace and Security Department : The African Union welcomes the signing of a memorandum of understanding on non-aggression and cooperation by Sudan and South Sudan, 2012. http://www.peaceau.org/en/article/the-african-union-welcomes-the-signing-of-a-memorandum-of-understanding-on-non-aggression-and-cooperation-between-sudan-and-south-sudan
90. African Union : African Union High Level Implementation Panel Press Statement, 13 mars 2012 http://au.int/en/dp/ps/sites/default/files/AUHIP.Press_Statement.03.13.2012.pdf
91. IRIN : Briefing : Sudan's Border Clashes, 2012. www.irinnews.org/printreport.aspx?reportid=95196

92. EU Policy Department : Implementing the EU Concept on Mediation : Learning from the Cases of Sudan and the Great Lakes. http://www.chathamhouse.org/sites/default/files/0611eu_sudan.pdf
93. Voir le rapport de l'UA pour une analyse plus détaillée de l'implication de l'UE dans les négociations.
94. Duursma, 2011.
95. Arnold, Matthew B. / Alden, Chris : 'This Gun is Our Food :' Disarming White Army Militias of South Sudan. Conflict, Security, and Development, No. 7, Vol. 3, p. 366.
96. *Ibid*, p. 373.
97. *Ibid*, p. 375.
98. *Ibid*, p. 378.
99. International Crisis Group : Politics and Transition in the New South Sudan. Africa Report Nr. 172, 2011. http://www.crisisgroup.org/~/media/Files/africa/horn-of-africa/sudan/172%20-%20Politics%20and%20Transition%20in%20the%20New%20South%20Sudan.pdf
100. The Carter Center Election Observation Commission : Preliminary Statement, April 17, 2010 http://www.cartercenter.org/resources/pdfs/news/pr/sudan-preliminary-statement-041710.pdf
101. The International Crisis Group : Politics and Transition in the New South Sudan, 2011.
102. The International Crisis Group : Politics and Transition in the New South Sudan, 2011.
103. Brewer, 2011, p. 139.

Conclusion

L'étude de cas du Soudan apporte tout une série d'enseignements, qui permettent de développer les connaissances sur la médiation en contexte international. Pour des raisons évidentes, plus le conflit durait et donc, plus le nombre d'acteurs impliqués était important, plus les diverses situations devenaient complexes. En ce qui concerne les 5 phases du modèle de médiation, voici les principales leçons à en tirer :

Phase 1 – Se préparer à la médiation

Stratégie de médiation : la liaison entre le rétablissement de la paix et la consolidation de la paix ; les médiations politiques doivent transformer le système de partage du pouvoir dans le pays touché. Omettre de le faire ou ne pas régler la question de la violence structurale engendre une paix injuste. En situation de guerre et d'occupation, l'État ne peut pas assumer ses fonctions. S'il n'est pas en mesure de le faire, la consolidation de la paix n'aboutira pas et, de fait, la mise en œuvre de la paix sera gênée par toutes sortes d'obstacles lors du processus de légitimation. C'est pourquoi les arrangements relatifs à la question de partage du pouvoir doivent faire partie intégrante des efforts de rétablissement de la paix, dès le début.

Stratégie de médiation – la sécurité est essentielle : l'État est responsable de la sécurité de sa population, au sens large de la définition de 'sécurité humaine' (emploi de la force pour maintenir la stabilité, fonds de développement et processus transparents en matière de protection des droits de l'homme). Pour que le rétablissement de la paix aboutisse, la légitimité doit être établie grâce à des garanties concernant l'État de droit. Le dialogue national est crucial pour créer ce type de légitimité de l'État (qui s'appuie sur un contrat générationnel, social et politique avec les citoyens).

Phase 2 – Entrer en médiation

Assurer la représentation des parties prenantes politiques est un point clé pour inclure au processus l'ensemble des parties de manière égale, et ainsi garantir un processus juste et transparent. Lorsque trop de médiateurs sont impliqués, les parties au conflit en profitent pour mêler les médiateurs à des approches et stratégies contradictoires. De ce fait, la coordination des médiateurs et la complémentarité des efforts de rétablissement de la paix sont essentiels.

Phase 3 – Gérer la médiation

Le style de médiation : médiation politique et leadership : tandis que la maîtrise du processus est primordiale pour la mise en œuvre de l'accord, l'histoire montre aussi que les médiateurs doivent se comporter en leaders ; ils doivent parfois avoir recours à des tactiques coercitives, à l'influence et à la manipulation, afin de sortir d'une impasse ou d'inciter les parties à trouver un accord. Les médiateurs sont tenus de remédier au manque de communication ou aux problèmes de fond, mais ils doivent également faire pression pour rendre le contexte conflictuel plus enclin à la paix. Dans le cas du Soudan, les médiateurs eurent recours à d'innombrables styles et stratégies de médiation, mais leur finalité et leur complémentarité étaient insuffisantes. Le leadership lors d'initiatives de médiation commune est crucial pour un processus efficace et bien mené.

Style de médiation : l'ouverture en fonction du contexte : la participation et l'appui sont deux points bien différents, et l'ouverture à toutes les parties prenantes peut parfois compliquer les négociations, sans pour autant en améliorer le résultat. Négocier un arrangement à tout prix ne constitue pas la meilleure façon de promouvoir la paix, dès lors que l'engagement des signataires et l'appui des groupes représentés revêtent une plus grande importance que la participation de tous aux pourparlers de paix. Les médiateurs doivent utiliser la diplomatie publique et les médias pour rassembler ce soutien.

Phase 4 – Coordonner la médiation

Comme l'étude de cas sur les Médiations au Soudan l'a démontré, les médiateurs impliqués étaient trop nombreux, et leurs mandats et stratégies trop contradictoires. Les médiateurs n'essayèrent que trop rarement d'homogénéiser leurs efforts. Les parties en prirent conscience très rapidement et parvinrent ainsi à bloquer de multiples efforts et tentatives de médiation. C'est pourquoi il est primordial d'homogénéiser ces initiatives contradictoires, quoique souvent complémentaires, afin de diminuer les chances de voir les parties en conflit faire leur choix en matière de stratégie.

Phase 5 – Clore la médiation

Tout comme pour la situation au Mali ou au Sahara occidental, les parties en conflit n'eurent jamais l'impression d'être impliquées dans le processus. La majeure partie de la rédaction de l'accord se fit à huis clos, ne permettant donc pas aux parties de donner leur avis commun sur les premiers textes et les premières clauses. Il est parfois vital d'inclure les parties dès le début de la définition et de la rédaction de leurs propres problèmes et solutions. C'est à ce moment-là seulement que les sentiments de maîtrise et de responsabilisation peuvent naître.

Voici donc quelques recommandations afin de faire avancer davantage la professionnalisation de la médiation internationale :

Première recommandation : garantir un espace de médiation politique

Les pacificateurs doivent être déterminés à promouvoir un règlement juste (et non à parvenir à un accord à tout prix). L'issue des processus de médiation dépend, dans une certaine mesure, de l'équilibre des forces et du contexte local et géopolitique au moment-même où les négociations commencent. Des affrontements constants nuisent considérablement à la légitimité et à la crédibilité du processus. Toutefois, et afin de garantir la participation de groupes dissidents et autres acteurs armés non étatiques (cf le cas du Soudan), un accord de suspension provisoire des hostilités peut créer un climat plus propice et empêcher que des incidents militaires ne fassent dérailler le processus.

Par conséquent, la règle à respecter devrait être d'exclure les nouvelles factions n'ayant pas respecté le cessez-le-feu. Procéder de cette manière permettrait de gérer plus facilement les éléments perturbateurs éventuels et les ajustements qu'ils souhaiteraient apporter à leur « Meilleure Solution de Rechange (MESORE) ».

Deuxième recommandation : encourager la transparence

Il existe, pour de nombreux conflits violents, une économie de guerre sous-jacente que la plupart des parties prenantes et éléments perturbateurs souhaitent préserver (cf. le cas du Soudan). Le meilleur moyen de nuire aux profiteurs de guerre est de les exposer (en plus de leur imposer des sanctions). Les commissions d'enquête devraient être mandatées dans une optique de rétablissement de la paix ; la mission devrait se concentrer sur le rôle des économies de guerre dans la perpétuation du conflit et révéler les acteurs, leurs motivations, ainsi que les mécanismes impliqués. Ces commissions doivent être complétées par des mécanismes de contrôle sur place ou des instances de surveillance, leur rôle étant crucial pour le rétablissement de la paix, au vu du rôle parfois trop limité des acteurs étatiques.

Troisième recommandation : consolider une médiation multicouche

La co-facilitation des pouvoirs locaux, régionaux et internationaux est essentielle pour la médiation politique. Idéalement, elle s'apparente à un modèle en quatre volets, impliquant (1) les pouvoirs occidentaux, qui apportent le leadership et l'influence nécessaires ; (2) une organisation régionale, qui apporte la maîtrise et la connaissance ; (3) des ONG, qui apportent la connaissance du terrain et le renforcement des capacités ; et enfin (4) des mécanismes de résolution de conflit classiques ou locaux, qui permettent le réconciliation et le dialogue.

La co-facilitation au niveau systémique se fonde sur les avantages comparatifs des acteurs tiers et fait part de l'unité et du sérieux des efforts de rétablissement de la paix aux belligérants.

Quatrième recommandation : reconsidérer le droit à l'autodétermination et la souveraineté de l'État

Les revendications à l'autodétermination (via la séparation ou la sécession) ne devraient pas être ignorées, mais plutôt analysées, sur la base des critères politiques de ces demandes et du déroulement de la guerre en général. Les médiateurs doivent reconnaître le fait que la souveraineté de l'État n'est plus envisagée comme une notion inconditionnelle. Si des groupes cibles constamment (et violemment) discriminés souhaitent l'autodétermination, les médiateurs doivent se montrer ouverts à cette revendication et étudier avec soin la sévérité et la rigidité de la question. Cette stratégie permet aux gouvernements d'établir des institutions légitimes et représentatives, de promouvoir une politique participative et ouverte, et d'adopter une redistribution équitable des pouvoirs et de l'influence, afin de prévenir, gérer et diminuer les tendances séparatistes. Les médiateurs préparés peuvent rappeler aux gouvernements ce qu'engendrerait le fait de ne pas reconsidérer la question de la souveraineté de l'état et du droit à l'autodétermination.

Cinquième recommandation : l'utilisation du « pouvoir intelligent » par rapport à « la force » pour les pouvoirs émergents

Pour qu'une nation puisse gérer un processus de médiation, elle doit principalement user de pouvoir intelligent : l'association de la contrainte (puissance) et de l'attraction (pouvoir de convaincre). Les puissances émergentes peuvent par conséquent s'impliquer dans la médiation en veillant à ne pas sortir du rôle de facilitateur, lequel ne fait pas appel aux autres aspects du pouvoir. Ainsi, elles n'ont plus besoin d'attendre que le « pouvoir de convaincre » des grands États s'amenuise pour saisir l'occasion de mener les médiations. En fonction du contexte, les pays émergents exerçant à titre de médiateurs peuvent devenir des « formulateurs », au besoin, et avec l'appui des parties en conflit.

La médiation qui se fonde uniquement sur des stratégies visant à faciliter la communication peut contribuer à la résolution de conflit, laissant ainsi les parties en opposition utiliser leurs propres ressources pour la négociation. Néanmoins, si elles souhaitent être reconnues en qualité de « médiatrices constructives » sur la scène internationale, les puissances émergentes qui ont recours à la médiation politique doivent s'écarter du style traditionnel de médiation et tenter de relier le monde développé au monde en voie de développement.

Glossaire

Conflit

Relation entre deux parties indépendantes ou plus, où au moins l'une des parties perçoit la relation de manière négative ou identifie et recherche des intérêts et des besoins qui s'opposent. Les deux parties sont convaincues du bien fondé de leur position. Les conflits sont un élément essentiel au changement social. Ils deviennent dangereux s'ils ne sont pas résolus de manière pacifique et constructive.

Analyse de conflit

Analyse fondée sur l'action qui évalue les causes et les dynamiques d'un conflit afin d'identifier les points d'entrée d'une gestion et d'une transformation pacifiques du conflit.

Prévention de conflit

Expression très utilisée quoique souvent incomprise, étant donné que la règle d'or n'est pas de prévenir le conflit lui-même, mais plutôt son aggravation destructive ou le recours intense à la violence (= prévention de la violence).

Prévention de crise

Activités fixées sur le long terme visant à réduire les tensions structurelles ou à prévenir l'explosion ou la répétition de la violence (voir aussi : prévention de conflit).

Alerte rapide

Observation systématique d'un conflit latent, en utilisant des outils de prévision des conflits ; l'objectif étant de détecter des signes d'aggravation de conflit en temps et en heure (alerte rapide), afin de lancer des mesures de prévention (réponse rapide, action rapide).

Sécurité humaine

La sécurité humaine regroupe la protection face à la violence, mais aussi face à d'autres menaces, du bien-être physique et des moyens d'existence des individus, comme la destruction environnementale, les maladies ou encore les crises économiques.

Médiation internationale

Processus selon lequel une tierce partie aide deux parties ou plus, avec leur consentement, à prévenir, gérer ou résoudre un conflit, en les aidant à mettre au point des accords mutuellement acceptables.

Mandat

Une autorisation écrite qui permet à une personne d'exécuter des opérations et de mettre en œuvre des politiques.

Causes profondes du conflit

Les principales sources structurelles de tension qui ont conduit à un conflit violent ou qui sont susceptibles de le faire (cf. facteurs structurels du conflit).

Facteurs structurels du conflit

Différends et facteurs omniprésents et de longue date qui finissent par être incorporés aux politiques, aux structures et à la culture d'une société et qui sont susceptibles de créer les conditions préalables à un conflit violent (cf. causes profondes du conflit).

Stabilité structurelle

« L'expression de stabilité structurelle indique une situation dynamique de stabilité, en mesure de faire face aux dynamiques intrinsèques des sociétés démocratiques (émergentes). La stabilité structurelle peut ainsi se définir comme une situation impliquant un développement économique durable, une démocratie et un respect des droits de l'homme, mais aussi des structures politiques viables et des conditions économiques et sociales saines, à même de gérer les changements sans avoir recours à la violence ».

(Commission européenne 1996 : 2).

« La stabilité structurelle regroupe les objectifs complémentaires (lesquels se renforcent mutuellement) ayant trait à la paix sociale, au respect de l'État de droit et des droits de l'homme, au développement économique et social – le tout soutenu par des institutions politiques représentatives et dynamiques, capables de gérer les changements et de résoudre les litiges sans entrer dans un conflit violent ».

(OECD DAC 1997 : 10).

Violence

Action physique directe entreprise par les hommes dans le but de blesser, de faire du mal ou de tuer d'autres personnes.

Liste des acronymes

AAPS	Architecture africaine de paix et de sécurité
APF	Facilité de soutien à la paix pour l'Afrique
APG	Accord de paix global
APLS	Armée populaire de libération du Soudan
CAE	Communauté de l'Afrique de l'Est
CEDEAO	Communauté économique des États de l'Afrique de l'Ouest
CEEAC	Communauté économique des États de l'Afrique centrale
CEN-SAD	Communauté des États sahélo-sahariens
CER	Communautés économiques régionales
CEWARN	Mécanisme d'alerte rapide et de réponse aux conflits de l'IGAD
COMESA	Marché commun de l'Afrique orientale et australe
COPAX	Conseil de Paix et de sécurité de l'Afrique Centrale
CPS	Conseil de paix et de sécurité
CRC	Centre de recherche commun
CSSDCA	Conférence sur la sécurité, la stabilité, le développement et la coopération en Afrique
CSVA	Analyse des vulnérabilités structurelles du pays
CSVMS	Stratégie d'atténuation des vulnérabilités structurelles des pays
CUA	Commission de l'Union africaine
DGC	Division de la gestion des conflits de l'UA

EASF	Force en attente de l'Afrique de l'Est
ESC	Évaluation stratégique des conflits
ESF	Force en attente de la CEDEAO
FAA	Force africaine en attente
FO	Force opérationnelle
FOMAC	Force en attente de la CEEAC (Force multinationale de l'Afrique centrale)
GCI	Groupe de contact international
IGAD	Autorité intergouvernementale pour le développement
ISDSC	Comité interétatique de défense et de sécurité
LO	Agent de liaison
MESORE	Meilleure solution de rechange
MJE	Mouvement pour la justice et l'égalité
MPLS	Mouvement populaire de libération du Soudan
MR	Mécanismes régionaux
NARC	Capacité régionale de l'Afrique du Nord
OI	Organisations intergouvernementales, comme l'ONU ou l'UA
ONG	Organisation non gouvernementale
ONU	Organisation des Nations Unies
OUA	Organisation de l'unité africaine
PE	Protocole d'entente CPM/Comité du personnel militaire
PLANELM	Élément de planification
PNUD	Programme des Nations Unies pour le développement
PoW	Groupe des Sages
PSO	Opérations d'appui à la paix
PSOD	Division des opérations d'appui à la paix
RGPC	Résolution, gestion et prévention du conflit
RP	Responsable du personnel
RSI	Représentants spéciaux de l'Instance
SADC	Communauté de développement de l'Afrique australe
SCAR	Système continental d'alerte rapide
SOP	Procédure opérationnelle normalisée
SSF	Force en attente de la SADC
UA	Union africaine
UMA	Union du Maghreb arabe
UNSC	Conseil de sécurité des Nations Unies

Bibliographie, travaux cites et lectures supplementaires

African Union (1998). *Protocol on relations between the African Union (AU) and the Regional Economic Communities (RECs).* Disponible sur : <http://www.caast-net.org/images/zoo/uploads/AU-RECs-Protocol.pdf> [Dernière consultation le : 17/03/2013].

African Union (2003). *Protocol relating to the establishment of the PSC of the AU.* Disponible sur : <http://www.africa-union.org/root/au/organs/psc/Protocol_peace%20and%20security.pdf> [Dernière consultation le : 26/01/2012].

African Union (2000). *Acte constitutif de l'Union africaine.* Disponible sur : <https://au.int/sites/default/files/pages/32020-file-constitutive_act_french-1.pdf> [Dernière consultation le : 07/04/2013].

African Union (2012). *Knowledge management framework for mediation processes.* Addis Ababa : AU Press.

Al Jazeera (2013). African leaders sign DR Congo peace deal. *Al Jazeera.* [Source : Internet] 25 février 2013 Disponible sur : <http://www.aljazeera.com/news/africa/2013/02/201322473023560834.html> [Dernière consultation le : 16/05/2013].

All Africa (2013). Sudan and South Sudan Sign Agreement of an Implementation Action Plan *All Africa.* Disponible sur : <http://allafrica.com/stories/201303111254.html> [Dernière consultation le : 16/05/2013].

Alden, C. ; Schoeman, M. (2013). South Africa in the company of giants : The search for leadership in a transforming Global Order. *International Affairs*, Vol. 89, no. 1, pp. 111–129.

Arnold, Matthew B., and Alden, C. (2007). 'This Gun is Our Food :' Disarming White Army Militias of South Sudan, In : *Conflict, Security, and Development*, Vol. 3, no. 7, pp. 361–385.

Baree, M. (2008). Citizen Voices. *Forbes Magazine.* Disponible sur : <http://www.forbes.com/free_forbes/2008/1208/083.html> [Dernière consultation le : 20/01/2010].

BBC News Africa : Sudan : One Country or two ? Disponible sur : <http://www.bbc.co.uk/news/world-africa-12115013> [Dernière consultation le : 09/08/2017].

BBC. (2006) Uganda begins ceasefire with LRA. *BBC NEWS.* Disponible sur : <http://news.bbc.co.uk/2/hi/africa/5293630.stm> [Dernière consultation le : 16/05/2013].

Bercovitch, J. (2009). "Mediation and Conflict Resolution", in : Jacob Bercovitch, Victor Kremenyuk and I. William Zartman (Eds), *The Sage Handbook of Conflict Resolution.* London : Sage.

Bercovitch, J. (1997). Mediation in International Conflict : An Overview of Theory, A Review of Practice. In : Zartman, I. W. ; Rasmussen, J. L. (Ed.). *Peacemaking in International Conflict : Methods and Techniques.* Washington, D.C. : United States Institute of Peace Press, pp. 125–153.

Bercovitch, J. (2007). Mediation in international conflicts. In : Kriesberg, L. et al. (Ed.). *Peacemaking in international conflict.* Washington, D.C. : United States Institute of Peace, pp. 163–194.

Bekoe, D and Parajon, C. (2007). Women's Role in Liberia's Reconstruction. *United States Institute of Peace.* Disponible sur : <http://www.usip.org/publications/women-s-role-liberia-s-reconstruction> [Dernière consultation le : 02/05/2013].

Boshoff, H ; Waldermar, V and Rautenbach, G. (2010). *The Burundi Peace Process : From civil war to conditional peace.* Pretoria : Institute for Security Studies.

Boustany, N. (2007). The Woman Behind Uganda's Peace Hopes. *Washington Post Foreign Service.* Disponible sur : <http://www.washingtonpost.com/wp-dyn/content/article/2007/07/10/AR2007071001933.html> [Dernière consultation le : 03/04/2013].

Boutros-Ghali, B. (1992). *An Agenda for Peace : Preventive Diplomacy, Peacemaking and Peacekeeping.* New York : United Nations.

Brewer, Cecily G. (2011). Peril by Proxy : Negotiating Conflict in East Africa, *International Negotiation, Vol.* 16, no. 1, pp. 137–167.

Brosche, J. (2009). *Sharing Power-enabling Peace : Evaluating Sudan's Comprehensive Peace Agreement 2005.* Uppsala : Uppsala University.

Brooks, Sean P. (2008). Enforcing a Turning point and imposing a deal : An Analysis of the Darfur Abuja Negotiations of 2006, in : *International Negotiation*, no. 13, pp. 413–440.

Callimachi, R. (2008). Coup leaders seize cars from regime loyalist. *International Business Times.* Disponible sur : <http://au.ibtimes.com/articles/20081229/coup- leaders-seize-cars-from-regime-loyalist.htm> [Dernière consultation le : 16/04/2013]

Centre for African Studies (2006). *Darfur Peace Agreement.* [source : Internet], disponible sur : <http://africa.berkeley.edu/Sudan/Darfur/DPA_ABUJA-5-05-06-withSignatures.pdf> [Dernière consultation le : 18/04/2013]

Chalk, F. (1999). Hate radio in Rwanda. In : Adleman, H. and Suhrke, A. (Eds). *The path of a genocide : the Rwanda crisis from Uganda to Zaire.* New Brunswick, NJ : Transaction Publishers.

Chigas, D. (2003). Track II (Citizen) Diplomacy. *Beyond Intractability.* Disponible sur : <http://www.beyondintractability.org/bi-essay/track2diplomacy> [Dernière consultation le : 15/04/2013].

Cloke, K. (2001). *Mediating Dangerously : The Frontiers of Conflict Resolution.* San Francisco : Jossey-Bass.

Collier, D. (2001). Understanding process tracing. Political Science and Politics, v.44, no. 4, pp. 823–830.

Collins, Robert O. (2008). *A History of Modern Sudan*, Cambridge : Cambridge University Press.

Collins, Robert, O. (2005). *Civil wars and revolution in the Sudan : Essays on the Sudan, Southern Sudan and Darfur, 1962–2004.* Hollywood : Tsehai Publishers and Distributors.

Curtis, D. (2003). The Peace Process in Burundi : Successful African Intervention ? *Institute for Global Dialogue.* Disponible sur : <http://www.google.com/url?sa=t&rct=j&q=&esrc=s&frm=1&source=web&cd=1&ved=0CDAQFjAA&url=http%3A%2F%2Fwww.igd.org.za%2Fjdownloads%2FGlobal%2520Insight%2Fgi_24.pdf&ei=pKKUUaqUPJTH7AacoYCgAw&usg=AFQjCNGibbrtXpmhtpxZvlLIEsRoDKc67g&sig2=KzSqimKPWDxrASOxg-khcQ&bvm=bv.46471029,d.ZGU> [Dernière consultation le : 05/04/2013].

Da Rocha, J.P. (2016). Mediating International Conflicts : Challenges and Opportunities. *BRICS Policy Center Policy Brief*, Vol. 4, no. 1, pp. 1–37.

Devon, D B. (2013). *The crisis in Mali : A historical perspective on the Tuareg people.* Disponible sur : <http://www.globalresearch.ca/the-crisis-in-mali-a-historical-perspective-on-the-tuareg-people/5321407> [Dernière consultation le : 15/05/2013].

Dixon, P ; Simmons, M. (2006). *The role of track two initiatives in Sudanese peace processes.* Disponible sur : <http://www.c-r.org/sites/c- r.org/files/18_Sudan_2006_ENG_F.pdf> [Dernière consultation le : 15/05/2013].

Duursma, A. (2011). Mediation with muscles of minds ? Lessons from a conflict sensitive mediation style in Darfur, in : *Accord Conflict Trends*, No. 4, 2011, pp. 11–19.

Duursma, A. (2014). 'A current literature review of international mediation', in : *International Journal of Conflict Management*, Vol 25, no.1, pp. 81–98.

Druckman D and Albin C. (2011). Distributive justice and the durability of peace agreements. *Rev. Int. Stud.* 37, pp. 1137–1168.

Egemi, O. (2006). 'Land and Peace Processes in Sudan'. Disponible sur : <http://www.c-r.org/accord-article/land-and-peace-processes-sudan> [Dernière consultation le : 21/06/2012].

EU Policy Department : Implementing the EU Concept on Mediation : Learning from the Cases of Sudan and the Great Lakes. Disponible sur : <http://www.chathamhouse.org/sites/default/files/0611eu_sudan.pdf> [Dernière consultation le : 31/10/2017].

Feste, A.K. (2003). *Intervention : Shaping the global order.* Westport, CT : Praeger Publishers.

Flint, J. and De Waal, A. (2009). *Darfur : A New History of a Long War.* London : Zed Books.

Fourie, A ; Eloff, T. (2006). *Exploring the contributions of the private sector to the social, economic and political transformation process in South Africa.* Disponible sur : <http://www.international-alert.org/sites/default/files/publications/27_section_2_South_Africa.pdf> [Dernière consultation le : 15/05/2013].

Francis, D J. (2006). *Uniting Africa : building regional peace and security systems.* Hampshire : Ashgate Publishing Limited.

Gbowee, L. (2006). *A conversation with women peacebuilders : Leymah Gwobee and Shobha Gautam.* Boston, MA : Tufts University Press.

Ghais, S. (2005). *Extreme Facilitation*. San Francisco : John Wiley & Sons. Govender, K. and Ngandu, Y. (2010). *Towards enhancing the capacity of the African Union in Mediation*. Durban : ACCORD Press.

Hagos. A. (2001). *Media Intervention in Peace Building in Burundi – The Studio Ijambo Experience and Impact. Greater Horn of Africa Peace Building Project*. Washington, DC : Management Systems International.

Hannan, U & Besada, H. (2007). Dimensions of State Fragility : A Review of Social Science Literature. *The Centre for International Governance Innovation*. Disponible sur : <http://dspace.cigilibrary.org/jspui/bitstream/123456789/10008/1/Dimensions%20of%20State%20Fragility%20A%20Review%20of%20the%20Social%20Science%20Literature.pdf?1> [Dernière consultation le : 15/03/2013].

Harir, S. (1994). Arab Belt versus African Belt : Ethno-political conflict in Darfur and the regional cultural factors, in : Harrir, S. and Tvedt, T. (Eds), *Sudan : Shortcut to Decay*. Uppsala : Nordistka Africaininstitutet.

Higgins ET, King G. (1981). Accessibility of social constructs : Information processing consequences of individual and contextual variability. In : Cantor N., Kihlstrom J. (Eds.). *Personality, cognition, and social interaction*. Hillsdale, NJ : Lawrence Erlbaum Associates, pp. 69–121.

Ibrahim, F. N. (1984). *Ecological Imbalance in the Republic of Republic of the Sudan : With Special Reference to Desertification in Darfur*. Bayreuth : Germany.

Igboaka, P.C. (2009). *Africa beyond wars, diseases and disasters : Answers to the 101 most commonly asked questions*. Bloomington : AuthorHouse.

The Independent (1993). *Africa creates its own dollars 1 m peace fund*. Disponible sur : <http://www.independent.co.uk/news/world/africa-creates-its-own-dollars-1m-peace-fund-1505560.html> [Dernière consultation le : 18/03/2013].

Institut d'études de sécurité (1993). *Arusha peace and reconciliation agreement for Burundi*. Disponible sur : <http://www.issafrica.org/AF/profiles/Burundi/arusha.pdf> [Dernière consultation le : 04/04/2013].

Institut d'études de sécurité (2013). *List of Burundi Peace Agreement Documents*. Disponible sur : <http://www.issafrica.org/cdburundipeaceagreements/CDcontents.pdf> [Dernière consultation le : 11/04/2013].

International Crisis Group (2005). Unifying Darfur's Rebel's a Prerequisite for Peace. *Africa Briefing*, Nr. 32. Disponible sur : <http://www.crisisgroup.org/~/media/Files/africa/horn-of-africa/sudan/B032%20Unifying%20Darfurs%20Rebels%20A%20Prerequisite%20for%20Peace.pdf> [Dernière consultation le : 16/10/2017].

International Crisis Group (2010). Negotiating Sudan's North-South Future. *Africa Briefing*, Nr. 76. Disponible sur : <http://www.crisisgroup.org/en/regions/africa/horn-of-africa/south-sudan/B76-negotiating-sudans-north-south-future.aspx> [Dernière consultation le : 15/10/2017].

International Crisis Group (2011). Politics and Transition in the New South Sudan. *Africa Briefing*, Nr. 172. Disponible sur : <http://www.crisisgroup.org/~/media/Files/africa/horn-

of-africa/sudan/172%20%20Politics%20and%20Transition%20in%20the%20New%20 South%20Sudan.pdf> [Dernière consultation le :16/10/2017].

International Crisis Group (2011). South Sudan : Compounding Instability in Unity State. *Africa Briefing*, Nr. 179. Disponible sur : <http://www.crisisgroup.org/~/media/Files/africa/horn-of-africa/sudan/179%20South%20Sudan%20-%20Compounding%20 Instability%20in%20Unity%20State.pdf> [Dernière consultation le : 17/10/2017].

IRIN (2012). Briefing : Sudan's Border Clashes. Disponible sur : <http://www.irinnews.org/printreport.aspx?reportid=95196> [Dernière consultation le : 05/06/2012].

Itto, A. (2006). « Guests at the Table ? The Role of Women in Peace Processes ». Disponible sur : <http://www.c-r.org/accord-article/guests-table-role-women- peace-processes> [Dernière consultation le : 21/06/2012].

Jeong, Ho-Won. (2010). *Conflict management and resolution : An Introduction*. New York : Routledge.

Kasumba, Y ; Debrah, C. (2010). An overview of the African Standby Force (ASF). *Conflict Trends : ACCORD*. Disponible sur : <http://www.isn.ethz.ch/isn/Digital-Library/Publications/Detail/?ots591=0c54e3b3-1e9c-be1e-2c24-a6a8c7060233&lng=en&id=121674> [Dernière consultation le :16/05/2013].

Khadiagala, Gilbert M. (2007). *Meddlers or Mediators ?* Leiden : Brill, NV. Keck, T. (2011) Mediating Ethnic Conflict : Kofi Annan in Kenya. Disponible sur :<https://works.bepress.com/trevor_keck/2/> [Dernière consultation le : 18/05/2013].

Kleiboer, M. (1996). "Understanding Success and Failure of International Mediation", in : *Journal of Conflict Resolution*, Vol. 40, no. 2, pp. 360–389.

Kodjoe, W. (1994) "Regional Organizations and the Resolution of Internal Conflict : The ECOWAS Intervention in Liberia", in : *International Peacekeeping*. Vol. 1, no. 3, pp 256–290.

Kofi Annan Foundation. *The Kenya National Dialogue and Reconciliation*. Disponible sur : <http://kofiannanfoundation.org/kenya-national-dialogue-and-reconciliation> [Dernière consultation le : 13/04/2013].

Kriesberg, L. (1991). Conflict Resolution Applications to Peace Studies. *Peace andChange – A Journal of Peace Research*, Vol. 16, no. 4, pp. 400–417.

Lanz, D. (2008). Sudan/Darfur, Abuja Negotiations and the DPA, in : *Mediation Support Project : Unpacking the Mystery of Mediation in African Peace Processes*. Zuerich : Center for Security Studies, pp. 78–84.

Love, L., Stulberg, J. (2009). *The Middle Voice : Mediating Conflict Successfully*. Carolina Academic Press.

Mason, S J A ; Åberg A ; Laederach, S ; Lanz, D ; Litscher, J ; Sguaitamatti, D. (2008). *Unpacking the Mystery of Mediation in African Peace Processes*. Disponible sur : http://www.swisspeace.ch/fileadmin/user_upload/Media/Topics/Mediation/Resources/Publications/Aberg__Annika__Sabina_Laederach__David_Lanz__Jonathan_Litscher__Simon_J_A_Mason_and_Damiano_Sguaitamatti._Unpacking_the_Mystery_of_Mediation_in_African_Peace_Processes.pdf [Dernière consultation le : 15/05/2013].

Mehler, A., Melber, H., Walraven, K. van (2009). *Africa Yearbook : Politics, Economy and Society South of the Sahara in 2010*. Leiden : Brill.

Mwanasali, M. (2009). From non-interference to non-indifference : the emerging doctrine of conflict prevention in Africa. In : Akokpari, J., Ndinga- Muvumba, J. and Murithi, T. (Eds.). *The African Union and its Institutions.* Auckland and Centre for Conflict Resolution (CCR). Cape Town : Jacana Media.

Nathan, L. (2006). « The Failings of the DPA », Disponible sur : <http://www.c-r.org/accord-article/failings-dpa> [Dernière consultation le : 21/06/2012].

Nathan, L. (2006). *No Ownership No Peace : The Darfur Peace Agreement.* Crisis States Research Centre, Working Paper Vol. 2, no. 5.

Nathan, L. (2005). *Mediation and the African Union's Panel of the Wise.* London, Development Research Centre.

Nathan, L. (2009). *Plan of Action to Build the AU's Mediation Capacity.* Commissioned by the UN Department of Political Affairs.

Nathan, L. (2017). Marching orders : Exploring the mediation mandate, in : *African Security*, Vol 10, no. 2, pp. 1–21.

Ngubane, S ; Sipalla, C ; and Connolly, L. (2012). *Madagascar : A multitude of crises. ACCORD.* Mission Report : 21–25 June 2012.

Nindorera, A. (2003). *Ubushingantahe as a Base for Political Transformation in Burundi.* Boston : Consortium on Gender, Security and Human Rights Working Paper, No. 102.

Omeje, K. (2010). Dangers of Splitting a Fragile Rentier State : Getting it Right in Southern Sudan. Durban : *ACCORD Occasional Papers.*

Organization of African Unity (OAU) (1963). *OAU Charter.* Disponible sur : <http://www.au.int/en/sites/default/files/OAU_Charter_1963_0.pdf> [Dernière consultation le : 16/03/2013].

Organization of African Unity (OAU) (1964). 'Organization of African Unity : Protocol of the Commission of Mediation, Conciliation and Arbitration'. *International Legal Materials.* Vol. 3, no. 6, pp. 1116–1124.

Osaghae, E. and Robinson, G. (2005). Introduction. In : Porter, E. et al. *Researching conflict in Africa : insights and experiences.* New York : United Nations University, pp. 1–5.

Osman, M. (2008). « Sudan president offers Darfur ceasefire » *USA Today.* Disponible sur : <http://usatoday30.usatoday.com/news/world/2008–11-12-222844801_x.htm> [Dernière consultation le : 10/04/2013].

Oxford Analytica (2007). Ivory Coast : Ouagadougou Accord boosts peace prospects. *Oxford Analytica.* Disponible sur : <http://www.oxan.com/display.aspx?ItemID=DB132783> [Dernière consultation le : 16/05/2013].

Peck, C. (1998) *Sustainable Peace : The Role of the UN and Regional Organizations in Preventing Conflict.* Lanham : Rowman & Littlefield.

Premium Times. (2013) *Donors pledge $455 m for Mali military intervention.* Disponible sur : <http://premiumtimesng.com/news/foreign/117864-donors-pledge-455m-for-mali-military-intervention.html> [Dernière consultation le : 19/03/2013]

Rolandsen, Øystein H. / Breidlid, I. M. (2012). A critical analysis of cultural explanations for the violence in Jonglei State, South Sudan, in : *Accord Conflict Trends*, No. 1, pp. 49–56.

Simmons, Mark / Dixon, Peter (2006). "Addressing Sudan's conflicts", in : *Accord* Vol. 18. London : Conciliation Resources, 2006. Disponible sur : <http://www.c-r.org/sites/c-r.org/files/18_Sudan_2006_ENG_F.pdf> [Dernière consultation le : 20/08/2012].

Sudan Tribune (2012). Darfur Mediator says time for dialogue process has not yet come, Interview. Disponible sur : <http://www.sudantribune.com/INTERVIEW-Darfur-Mediator-say-time,38577> [Dernière consultation le : 05/06/2012].

Souaré, I. A. (2009). *Explaining the December 2008 Military Coup d'État in Guinea.* Conflict Trends Issue 1, 2009. Disponible sur : <http://www.accord.org.za/downloads/ct/ct_2009_1.pdf> [Dernière consultation le : 03/05/2013].

Stedman, S J. (1997 : modified in 2005). « Spoiler problems in peace processes ». *International Security.* Vol. 22, no. 2, pp 5–53.

Stedman, S.J. and Lyons, T. (2004). Conflict in Africa. In : Gyimah-Boadi, E. *Democratic reform in Africa : the quality of progress.* Colorado : Lynne Rienner Publishers, pp. 141–158.

Straus, S. (2013). Wars do end : Why conflict in Africa is falling. *African Arguments.* Disponible sur : <http://africanarguments.org/2013/01/28/wars-do- end-why-conflict-in-africa-is-falling-by-scott-straus/> [Dernière consultation le : 05/03/2013].

Svenson, I. (2013). Research on Bias in Mediation : Policy Implications. Penn State Journal of Law and International Affairs, Vol. 2, no. 1, pp. 17–26.

Tesfagiorgis, M. (2011). *Eritrea.* California : ABC-CLIO, LLC.

The Africa Report (2012). Sudan Seeks Ethiopian Mediation, 18 April 2012. Disponible sur : <http://www.theafricareport.com/index.php/20120418501809592/east-horn-africa/sudan-seeks-ethiopian-mediation-501809592.html> [Dernière consultation le : 18/10/2017].

The Carter Center Election Observation Commission (2010). Preliminary Statement, April 17, 2010. Disponible sur : <http://www.cartercenter.org/resources/pdfs/news/pr/sudan-preliminary-statement-041710.pdf> [Dernière consultation le : 17/10/2017].

Pettersson, T., and Wallensteen, P. (2015). Armed Conflicts, 1946–201, in : *Journal of Peace Research.* Vol. 52, no. 4, pp. 536–550.

Turner, M., and Kuehn, F. (2016). *The Politics of International Intervention : The Tyranny of Peace.* New York : Routledge.

Nations Unies (2012). *Directives des Nations Unies pour une médiation efficace.* Disponible sur : https://peacemaker.un.org/sites/peacemaker.un.org/files/GuidanceEffectiveMediation_UNDPA2012%28French%29_1.pdf[Dernière consultation le : 16/05/2013].

Nations Unies (2009). Document d'information : Réunion de groupes d'experts sur le sujet suivant : « Établir un lien entre paix et développement : rôle et capacités des organisations régionales et sous-régionales africaines » [source : Internet], disponible sur : <http://www.un.org/africa/osaa/reports/capacity_regional_organizations_2009.pdf> [Dernière consultation le : 15/05/2013].

MINUS (2011). The CPA monitor, Vol. 7, Nr. 66, 2011. Disponible sur : <http://unmis.unmissions.org/Portals/UNMIS/CPA%20Monitor/CPA%20M onitor%20May%202011.pdf> [Dernière consultation le : 08/06/2012].

Conseil de sécurité des Nations Unies (UNSC) (2012) Résolution 2056. [source : Internet], disponible sur : <http://www.un.org/ga/search/view_doc.asp?symbol=S/RES/2056(2012)> [Dernière consultation le : 15/05/2013].

Conseil de sécurité des Nations Unies (UNSC) (2012). *Adoptant la résolution 2071, le Conseil de sécurité exige des groupes armés qu'ils cessent les violations des droits de l'homme et les violations humanitaires au nord du Mali.* Disponible sur : <http://www.un.org/News/Press/docs/2012/sc10789.doc.htm> [Dernière consultation le : 15/05/2013].

Conseil de sécurité des Nations Unies (UNSC) (2012). *Résolution 2085.* Disponible sur : <http://www.un.org/ga/search/view_doc.asp?symbol=S/RES/2085(2012)> [Dernière consultation le : 15/05/2013].

United States Institute of Peace (2012). *Betty Bigombe : Building Peace in Uganda.* Disponible sur : <http://www.buildingpeace.org/teach-visit-us-and-learn/exhibits/witnesses-peacebuilding/betty-bigombe-building-peace-uganda> [Dernière consultation le : 18/03/2013].

University of Central Arkansas (2013). *Nigeria/Biafra (1967–1970).* Disponible sur : <http://uca.edu/politicalscience/dadm-project/sub-saharan-africa-region/nigeriabiafra-1967–1970/> [Dernière consultation le : 15/03/2013].

US Congress (2007). *African Organizations & Institutions : Cross-Continental Progress.* Washington : Diane Publishing.

Voice of America (2009). Former Ugandan Mediator Optimistic about Agreement with LRA. *Voice of America.* Disponible sur : <http://www.voanews.com/content/a-13–2006-12-15-voa41/398150.html> [Dernière consultation le : 03/04/2013].

Vuković, S. (2014). « Three Degrees of Success in International Mediation », *Millennium : Journal of International Studies* Vol. 42, no. 3, pp. 966–976.

Wallensteen, P. and Svensson, I. (2014). « Talking Peace : International Mediation in Armed Conflicts », *Journal of Peace Research* Vol. 51, no. 2, pp. 315–327.

Williams, P D. (2007). « From non-intervention to non-indifference : the origins and development of the African Union's security culture ». *African Affairs.* Vol. 106, no. 423, pp. 253–279.

World Bank (2006). « Effective Conflict Analysis Exercises : Overcoming Organizational Challenges ». *Report No. 36446-GLB.*

World Peace Foundation (2013). *AU High-level implementation panel for Sudan.* Disponible sur : <http://fletcher.tufts.edu/World-Peace-Foundation/Activities/AU-High-Level-Implementation-Panel-for-Sudan> [Dernière consultation le : 13/04/2013].

Yanagizawa-Drott. D. (2012). Propaganda and Conflict : Theory and Evidence from the Rwandan Genocide. Disponible sur : <https://epod.cid.harvard.edu/publications/propaganda-and-conflict-theory-and-evidence-rwandan-genocide> [Dernière consultation le : 22/10/2017].

Young, J. (2007). *Sudan IGAD peace process :An evaluation.* Disponible sur : <http://www.cmi.no/sudan/doc/?id=890> [Dernière consultation le : 12/04/2013].

Yousif, A ; Rothbart, D. (2012). *Sudan and South Sudan : Post-Separation Challenges.* School of Conflict Analysis and Resolution George Mason University : Virginia.

www.ingramcontent.com/pod-product-compliance
Ingram Content Group UK Ltd.
Pitfield, Milton Keynes, MK11 3LW, UK
UKHW021819290926
8980IPUK00003B/169

9 781433 165849